Excel

会计与财务管理
日常工作
应用大全 第3版

一线文化◎编著

中国铁道出版社有限公司

CHINA RAILWAY PUBLISHING HOUSE CO., LTD.

内 容 简 介

本书以 Excel 2021 为平台,从财会人员的工作需求出发,配合大量典型实例,全面系统地讲解了 Excel 在会计和财务管理工作中的应用。全书共 12 章。第 1~5 章,主要讲解财务表格的基本操作、财务数据的输入与编辑、财务数据的范围与条件限定、财务数据的统计分析等内容;第 6~12 章,通过大量翔实的案例,详细介绍了 Excel 的各种功能在财会工作中的应用,包括制作常见财务表单及账簿管理、往来账款分析、进销存管理与分析、固定资产管理、公司日常费用管理、工资数据管理、三大财务报表与财务指标分析的相关内容。

本书可作为需要使用 Excel 处理和分析财会数据的财务总监、财务经理、财务分析员、财务报表编制员、会计、出纳等专业人员的案头参考,也可以作为大、中专职业院校、电脑培训班的相关专业的教材。

图书在版编目(CIP)数据

Excel 会计与财务管理日常工作应用大全/一线文化编著. —3 版. —北京:中国铁道出版社有限公司, 2022.11
ISBN 978-7-113-29422-9

Ⅰ.①E… Ⅱ.①一… Ⅲ.①表处理软件-应用-会计 ②表处理软件-应用-财务管理 Ⅳ.①F232②F275-39

中国版本图书馆 CIP 数据核字(2022)第 120247 号

书　　名:Excel 会计与财务管理日常工作应用大全
　　　　　Excel KUAIJI YU CAIWU GUANLI RICHANG GONGZUO YINGYONG DAQUAN
作　　者:一线文化

责任编辑:于先军	编辑部电话:(010) 51873026	邮箱:46768089@qq.com

封面设计:宿　萌
责任校对:苗　丹
责任印制:赵星辰

出版发行:中国铁道出版社有限公司(100054,北京市西城区右安门西街 8 号)
网　　址:http://www.tdpress.com
印　　刷:三河市兴达印务有限公司
版　　次:2022 年 11 月第 1 版　2022 年 11 月第 1 次印刷
开　　本:787 mm×1 092 mm 1/16　印张:18.5　字数:414 千
书　　号:ISBN 978-7-113-29422-9
定　　价:69.80 元

前言

如何从成千上万条数据中提炼信息，把需要的数据报表快速呈给客户和领导？

如何通过大量的财务数据快速分析公司资产状况、营运能力和发展潜力？

项目预算执行情况到底如何？成本费用是否超支？销售收入、成本、费用是否正常？

…………

诸如此类的问题还有很多，面对客户的需求及公司领导的工作要求，你是否每天都是起早贪黑地忙碌工作？

大多数财会人员都在用 Excel 软件，但并非人人都会用 Excel。对于想用 Excel 提高财会工作效率、远离加班的朋友，这本书将是你们的正确选择！

通过本书，既能够快速学会 Excel 办公软件，又能够掌握 Excel 在财会工作中的应用，实现"早做完，不加班"的梦想，这本书包含了以下几方面的内容：

第一，软件功能操作不可少！（这是掌握 Excel 的必备知识和基础。）

第二，实用操作技巧不可少！（这是快速获取经验和技巧的一条捷径。）

第三，财务实战应用不可少！（这是身临其境、活学活用的演武场。）

享受 Excel，远离加班，享受更多生活。跟着本书前行，所有 Excel 疑难，所有财务数据、表格问题都将得到解决。

对于财会人员来说，Excel 是不可或缺的得力助手。在它的帮助下，财会人员不仅可以准确、高效地输入数据，快速制作出规范、美观的财务报表，大大提升工作效率，还能对数据进行管理、统计和分析，从中挖掘出更多宝贵信息，为企业的经营和管理决策提供有力支持。

为了让读者快速掌握 Excel 2021 在财会办公中的实际应用，我们精心策划并编写了本书，旨在让读者朋友轻松实现"早做完，不加班"的梦想。

这本书能带给我们的不仅仅是技术，更加让我们了解了分享知识的乐趣。本书既能有效帮助财会新人提升职场竞争力，也能帮助财务经理、数据分析师、会计、出纳等专业人员解决实际问题。

■ 本书特色

（1）讲解版本新、内容实用。全书在内容安排上，遵循"常用、实用"的原则，以微软公司的 Excel 2021 版本为写作标准，结合日常财务小公应用的实际需求，系统并全面地在 Excel 2021 软件中讲解财务数据的输入和编辑，财务表单的创建，会计账套的制作，财务数据的管理与统计分析等相关应用。

（2）图解写作，一看即懂，一学就会。为了让读者更易学习和理解，本书采用"步骤引导+图解操作"的写作方式进行讲解。而且，在步骤讲述中以"❶、❷、❸……"的方式分解出操作小步骤，并在图上进行对应标识，非常方便读者学习掌握。只要按照书中讲述的步骤方法去操作练习，就可以做出与书同步的效果来。真正做到简单明了、一看即会、易学易懂。

（3）技能操作+实用技巧+办公实战＝应用大全。本书充分考虑到读者"学以致用"的原则，对全书内容进行精心编排。第 1~第 5 章为软件技能操作的内容，这部分内容主要针对初学读者，从零开始，系统并全面地讲解了 Excel 软件功能操作与应用知识，让不懂的读者快速入门。第 6~第 12 章为财会办公实战应用的内容，每章都列举多个典型的财会案例，系统地讲解了财会办公中的一般流程和在实际财务管理中的综合应用，其目的是让读者学习到办公实战经验。

■ 丰富的学习资源，物超所值，学习更轻松

为了方便读者快速掌握学习内容，本书配套资源中超值赠送了丰富的学习资料，让你花一本书的钱，得到多本书的学习内容。具体包括：

❶素材文件：指本书中所有章节实例的素材文件。全部收录在配套资源的"素材文件"文件夹中。读者在学习时，可以参考图书讲解内容，打开对应的素材文件进行同步操作练习。

❷结果文件：指本书中所有章节实例的最终效果文件。全部收录在配套资源的"结果文件"文件夹中。读者在学习时，可以打开结果文件，查看其实例效果，为自己在学习中的练习操作提供帮助。

❸视频文件：本书提供了长达 246 分钟的与书同步的视频教程。

❹赠送：1000 个实用的 Excel 商务办公应用模板。你可以在日常商务办公中借鉴参考使用，高效处理和解决工作上的问题。

■ 你是否适合看本书

本书可作为需要使用 Excel 处理和分析财会数据的财务总监、财务经理、财务分析员、财务报表编制员、会计、出纳等专业人员的案头参考，也可以作为大、中专职业院校、电脑培训班的相关专业的教材。

作 者

2022 年 9 月

目 录

第1章　Excel 财务表格的基本操作 1

1.1　新建与保存日常账务处理工作簿 2

1.1.1　新建工作簿 2

1.1.2　保存工作簿 4

1.2　记账工作表的基本操作 5

1.2.1　重命名工作表 6

1.2.2　插入或删除工作表 7

1.2.3　移动或复制工作表 9

1.2.4　设置工作表标签颜色 10

1.2.5　隐藏和显示工作表 11

1.2.6　保护工作表 12

1.3　记账工作表中单元格的操作 13

1.3.1　插入单元格、行或列 14

1.3.2　删除单元格、行或列 16

1.3.3　合并单元格 18

1.3.4　调整行高和列宽 19

1.3.5　隐藏含有重要数据的行或列 20

1.4　提升效率——实用操作技巧 21

第2章　财务表格数据的录入与编辑 26

2.1　费用记录表中的数据输入 27

2.1.1　输入费用记录表中的文本数据 28

2.1.2　输入费用记录表中的日期数据 28

2.1.3　输入费用记录表中的金额数据 29

2.1.4　正确显示费用报销率（百分比值） 31

2.1.5　使用公式输入数据 32

2.2　收入统计表中数据的批量录入 33

2.2.1 有规则数据的填充输入 34

2.2.2 记忆式输入数据 35

2.2.3 从下拉列表中输入数据 36

2.3 应收账款清单中数据的修改及清除 37

2.3.1 修改数据 38

2.3.2 清除数据 40

2.3.3 恢复数据 41

2.4 应付账款清单中数据的移动及复制 41

2.4.1 在报表中移动及复制数据 42

2.4.2 使用"选择性粘贴"功能 43

2.5 供应商缴费明细表中数据的查找和替换 46

2.5.1 数据查找 47

2.5.2 数据替换 48

2.6 提升效率——实用操作技巧 49

第 3 章 财务数据的计算 53

3.1 Excel 中的公式和函数的用法 54

3.1.1 公式的输入原则 55

3.1.2 公式中常用的运算符 55

3.1.3 函数的使用方法 57

3.2 销售数据统计表中的公式计算 60

3.2.1 直接输入公式 61

3.2.2 使用鼠标指针选择公式元素 61

3.2.3 使用其他符号开头输入公式 62

3.2.4 编辑、更改或删除公式 63

3.2.5 复制公式完成批量计算 64

3.3 使用数组公式批量计算销售总额 66

3.3.1 使用数组公式 67

3.3.2 修改或删除数组公式 70

3.4 用财务函数进行财务分析 72

3.4.1 使用 PV 函数进行投资分析 73

3.4.2 使用 FV 函数计算投资终值 75

3.4.3 使用 PMT 函数计算房贷还款额 76

3.4.4 NPV 函数和 IRR 函数的综合应用 77

3.5　提升效率——实用操作技巧 79

第4章　财务数据的范围与条件限定 85

4.1　使用数据验证设置商品基本信息表 86

4.1.1　指定数值区间 86

4.1.2　制作下拉列表输入单位 88

4.1.3　控制商品编号的输入 89

4.2　使用条件格式突出显示满足条件的入库记录 90

4.2.1　突出显示大于指定值的金额 91

4.2.2　突出显示最高前5项价格 93

4.2.3　使用数据条直观对比产品数量 94

4.2.4　使用色阶比较产品价格的高低 95

4.2.5　使用图标集比较产品入库的金额 95

4.2.6　设置公式模糊查询产品信息 96

4.3　提升效率——实用操作技巧 98

第5章　财务数据的统计分析 103

5.1　固定资产清单中的数据排序 104

5.1.1　按购买日期或资产原值进行简单排序 105

5.1.2　按类别名称和月折旧额进行复杂排序 106

5.1.3　按使用部门为固定资产进行自定义排序 107

5.2　应付账款清单中的数据筛选 109

5.2.1　筛选指定供应商的应付账款记录 110

5.2.2　按未付金额筛选应付账款记录 111

5.2.3　高级筛选的运用 112

5.3　应收账款清单中数据的分类汇总 113

5.3.1　统计不同客户的还款合计 114

5.3.2　统计不同客户的还款平均值 116

5.4　使用数据透视表统计工资数据 117

5.4.1　创建工资数据透视表 118

5.4.2　创建工资数据透视图 122

5.5　提升效率——实用操作技巧 124

第6章　常用会计表单与账簿管理 128

6.1　制作记账凭证录入表 129

6.1.1 优化会计科目名称 130

6.1.2 制作记录凭证录入表 130

6.2 制作明细账 134

6.2.1 引用分级明细科目 135

6.2.2 制作三栏式明细账 137

6.3 制作总分类账 142

6.3.1 制作科目汇总表 143

6.3.2 制作总分类账 146

6.4 提升效率——实用操作技巧 148

第 7 章 往来账款分析 152

7.1 应收账款管理 153

7.1.1 逾期应收账款分析 154

7.1.2 应收账款账龄分析 156

7.2 应付账款管理 160

7.2.1 制作应付账款到期提示表 161

7.2.2 制作应付账款付款方案 163

7.3 提升效率——实用操作技巧 165

第 8 章 进销存管理与分析 172

8.1 进销存管理 173

8.1.1 创建基础信息超级表 174

8.1.2 制作采购管理表单 175

8.1.3 制作销售管理表单 179

8.1.4 制作库存汇总表 184

8.2 进销存业务分析 187

8.2.1 制作进销存分析表 188

8.2.2 设置存货紧缺预警 189

8.3 提升效率——实用操作技巧 190

第 9 章 固定资产管理 196

9.1 制作固定资产入账登记表 197

9.1.1 录入固定资产原始信息 197

9.1.2 计算固定资产相关数据 198

9.2 固定资产折旧额计算 200

9.2.1　制作固定资产信息查询表 201

9.2.2　计算折旧额 201

9.3　提升效率——实用操作技巧 206

第 10 章　公司日常费用管理 212

10.1　差旅费统计与分析 213

10.1.1　制作差旅费动态筛选明细表 213

10.1.2　按部门和日期动态统计费用 219

10.1.3　制作差旅费用动态分析图 220

10.2　日常费用统计与分析 222

10.2.1　制作上半年日常费用统计表 223

10.2.2　按费用类别分析日常费用 223

10.2.3　1—6 月日常费用比较 225

10.2.4　企业日常费用预测 226

10.3　收支结构分析 228

10.3.1　制作上半年收支数据汇总表 229

10.3.2　制作收支结构分析图 229

10.4　提升效率——实用操作技巧 231

第 11 章　工资数据管理 235

11.1　制作工资管理表单 236

11.1.1　制作基本工资表 237

11.1.2　制作奖金表 238

11.1.3　制作补贴表 239

11.1.4　制作保险费缴纳一览表 240

11.2　月末员工工资统计 241

11.2.1　个人所得税相关知识 241

11.2.2　制作员工工资表 243

11.2.3　制作自动工资条 246

11.3　制作工资系统登录对话框 247

11.3.1　保存为启用宏的工作簿 248

11.3.2　设置个人信息选项与宏安全性 249

11.3.3　设置用户登录窗体 249

11.4　提升效率——实用操作技巧 251

第 12 章　财务报表与指标分析 256

12.1　财务报表分析 257

12.1.1　资产负债表分析 258

12.1.2　利润表分析 262

12.1.3　现金流量表分析 268

12.2　财务指标分析 275

12.2.1　偿债能力指标分析 276

12.2.2　营运能力指标分析 278

12.2.3　盈利能力指标分析 281

12.2.4　发展能力指标分析 282

12.3　提升效率——实用操作技巧 283

第1章 Excel 财务表格的基本操作

➢本章导读

　　使用 Excel 处理会计数据之前，首先要学会财务报表的基本操作，包括新建与保存工作簿、工作表的基本操作、单元格的基本操作等内容。本章以新建与保存日常账务处理工作簿、记账工作表的基本操作和记账工作表中单元格的操作为例介绍 Excel 的基本操作。

➢知识要点

- ❖ 新建工作簿
- ❖ 保存工作簿
- ❖ 重命名工作表
- ❖ 插入和删除工作表
- ❖ 移动和复制工作表
- ❖ 设置工作表标签颜色
- ❖ 隐藏和显示工作表

- ❖ 保护工作表
- ❖ 插入单元格、行或列
- ❖ 删除单元格、行或列
- ❖ 合并单元格
- ❖ 调整行高和列宽
- ❖ 隐藏行与列

➢案例展示

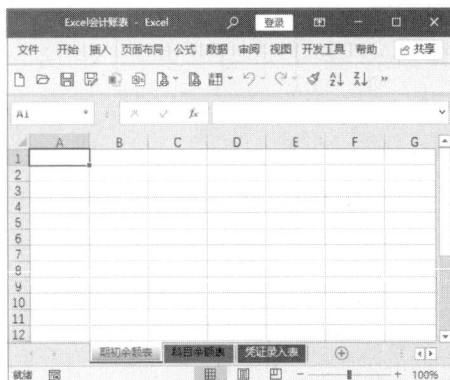

1.1 新建与保存日常账务处理工作簿

案例概述

工作簿是 Excel 工作区中一个或多个工作表的集合。本节以新建与保存日常账务处理工作簿为例，介绍创建和保存 Excel 2021 工作簿的基本方法，主要包括新建空白工作簿、将工作簿重命名为"日常账务处理"、保存操作中的工作簿、另存为工作簿、设置工作簿的字段保存时间间隔等内容。

案例效果

在本案例中主要介绍工作簿的创建和保存方法，包括新建空白工作簿、重命名工作簿和保存工作簿等相关知识。

"日常账务处理"工作簿创建完成后的效果如下图所示。

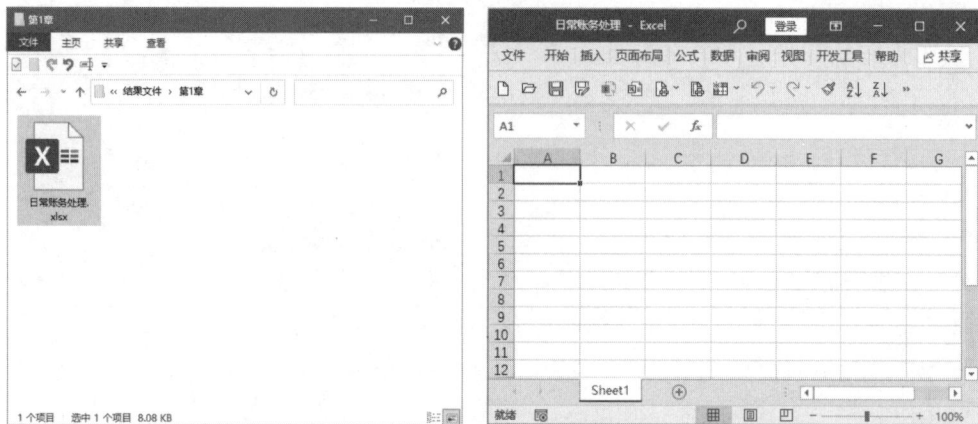

制作思路

"日常账务处理"工作簿的创建和保存思路如下：

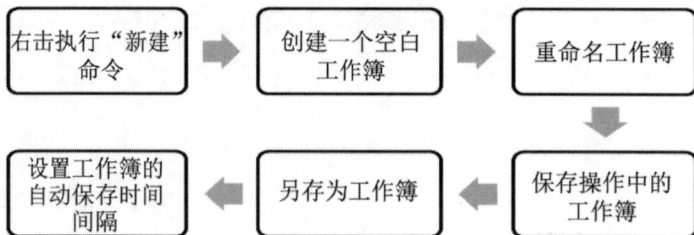

右击执行"新建"命令 → 创建一个空白工作簿 → 重命名工作簿 → 保存操作中的工作簿 ← 另存为工作簿 ← 设置工作簿的自动保存时间间隔

1.1.1 新建工作簿

在 Excel 中，用于保存数据信息的文件称为工作簿。下面讲解使用 Excel 2021 创建日常账务处理工作簿。

1．新建空白工作簿

通常，启动 Excel 2021 软件后，软件将自动创建一个空白工作簿，用户可直接在该工作簿中输入内容。此外，也可以通过右键菜单新建空白工作簿，具体操作方法如下：

第 1 步：执行"新建"命令

在桌面或文件夹内右击，❶在弹出的下拉菜单中选择"新建"菜单项；❷在二级菜单中选择"Microsoft Excel Worksheet"命令，如下图所示。

第 2 步：查看新建的工作簿

此时即可在操作位置创建一个名为"新建 Microsoft Excel Worksheet.xlsx"的空白工作簿，如下图所示。

> **温馨小提示**
>
> 在打开的工作簿中，可以使用组合键 Ctrl+N，快速创建一个新的空白工作簿。此外，也可以在"文件"菜单中执行"新建"命令，根据 Excel 系统提供的随机模板创建工作簿，联机模板主要包括业务、个人、日历、列表、预算、小型企业、其他类别等内容。

2．将工作簿命名为"日常账务处理"

空白工作簿创建完成后，接下来将工作簿重命名为"日常账务处理"，具体操作如下：

第 1 步：执行"重命名"命令

❶在新建的工作簿图标上右击；❷在弹出的下拉列表中选择"重命名"命令，如下图所示。

第 2 步：执行重命名编辑操作

此时工作簿名称进入可编辑状态，直接将工作簿名称修改为"日常账务处理"即可，然后单击任意空白处，即可完成工作簿的重命名，如下图所示。

（💡温馨小提示）

除以上方法可以重命名工作簿外，还可以在保存工作簿时，在"另存为"对话框中修改文件名称，重新输入工作簿名称或选择工作簿的类型。

1.1.2　保存工作簿

创建或编辑工作簿后，用户可以将其保存起来，以供日后查阅，保存工作簿可以分为保存操作中的工作簿、另存为工作簿和设置自动保存工作簿三种情况。

1. 保存操作中的工作簿

保存操作中的工作簿的具体操作方法如下：

在打开的工作簿中，单击"保存"按钮🖫，即可完成工作簿的保存，如右图所示。

（💡温馨小提示）

为保证 Excel 操作的安全性，防止操作内容遗失，应当及时保存正在编辑的工作簿。

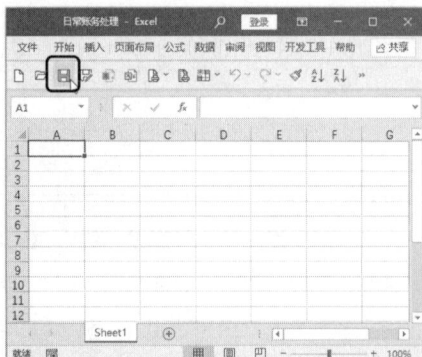

2. 另存为工作簿

在打开的工作簿中，用户可以根据需要将工作簿另存到一个新的保存位置，并设置新的工作簿名称，具体操作方法如下：

第1步：执行"另存为"命令

❶执行"文件"命令，选择"另存为"选项；❷在弹出的"另存为"界面中选择"浏览"命令，如下图所示。

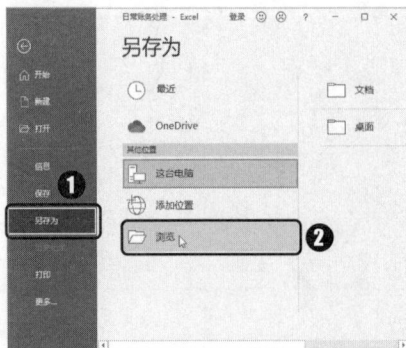

第2步：设置另存位置和名称

弹出"另存为"对话框，根据需要设置另存位置、文件名和保存类型即可，我们这里保持默认不变，如下图所示。

专家会诊台

问：另存为工作簿时，如果保存位置存在同名工作簿，应该如何进行保存设置呢？

答：如果保存位置存在同名工作簿，会弹出"另存为"对话框，并提示用户同名的工作簿已经存在，是否替换，如果替换原有同名文件，单击"是"按钮即可；如果不替换原有同名文件，重新选择保存位置，或修改文件名，或修改保存类型即可。

3．设置工作簿的自动保存时间间隔

Excel 具有自动保存功能，默认情况下，每隔 10 分钟自动保存一次，可以在断电或死机的情况下最大限度地减小损失。设置工作簿的自动保存时间间隔的具体操作方法如下：

第 1 步：执行"选项"命令	第 2 步：设置自动保存时间间隔

第 1 步：执行"选项"命令

在"文件"界面中单击"选项"选项卡，如下图所示。

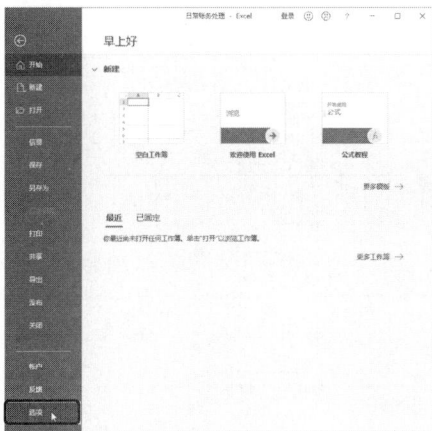

第 2 步：设置自动保存时间间隔

弹出"Excel 选项"对话框，❶选择"保存"选项卡；❷在"保存工作簿"选项组中将"保存自动恢复信息时间间隔"复选框右侧微调框中的数值改为"15"；❸单击"确定"按钮，如下图所示。

温馨小提示

在工作簿编辑过程中，Excel 会根据设置的间隔时间保存当前工作簿的副本。单击"文件"按钮，在弹出的下拉菜单中选择"信息"命令，在"版本"项中就可以看到自动保存的副本信息。

1.2　记账工作表的基本操作

案例概述

工作表是 Excel 的基本单位，用户可以对其进行重命名、设置工作表标签颜色、插入或删除、移动或复制、隐藏或显示，以及保护工作表等基本操作。本节以创建记账类工作表为例，为读者详细介绍工作表的基本操作。

案例效果

Excel 会计账套中通常包含多个记账工作表，如期初余额表、凭证录入表、科目余额表等，创建这些记账工作表时需要用到工作表的基本操作。下面就结合工作表的创建过程归纳和总结工作表的基本操作和实用技巧。

"记账工作表"制作完成后的效果如下图所示。

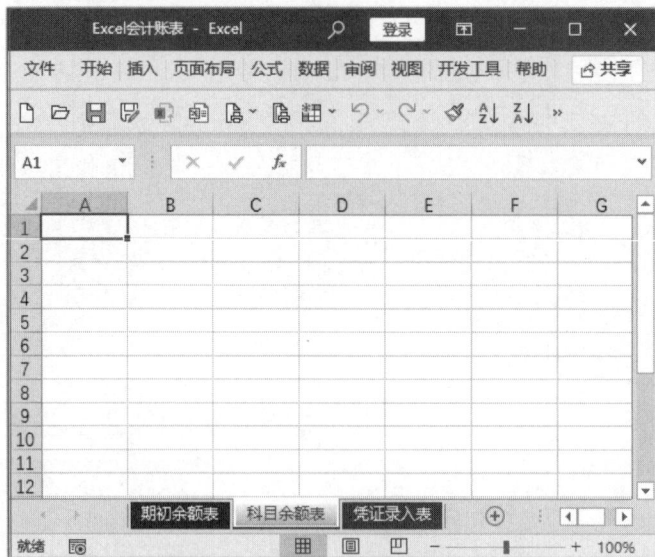

制作思路

"记账工作表"的创建思路如下：

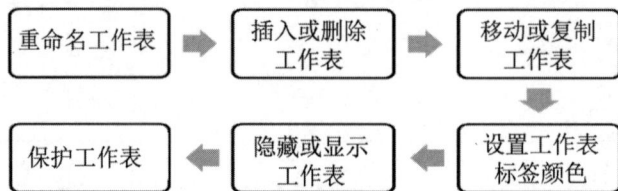

重命名工作表 → 插入或删除工作表 → 移动或复制工作表

移动或复制工作表 ↓ 设置工作表标签颜色

保护工作表 ← 隐藏或显示工作表 ← 设置工作表标签颜色

1.2.1 重命名工作表

默认情况下，工作簿中的工作表名称为 Sheet1、Sheet2 等。在日常办公中，用户可以根据实际需要为工作表重命名。重命名工作表的具体操作如下：

第 1 步：打开工作簿

打开本实例的素材文件"Excel 会计账表.xlsx"，使用 Excel 创建工作簿后，自动创建名为"Sheet1"的工作表，如下图所示。

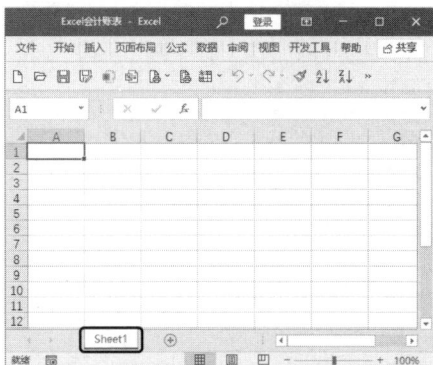

第 2 步：执行"重命名"命令

❶右击工作表标签"Sheet1"；❷在弹出的快捷菜单中选择"重命名"选项，如下图所示。

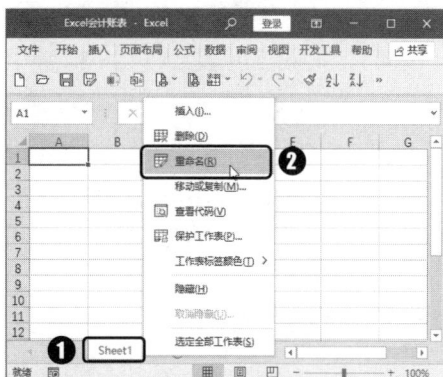

第 3 步：工作表标签进入可编辑状态

此时工作表标签处于可编辑状态，如下图所示。

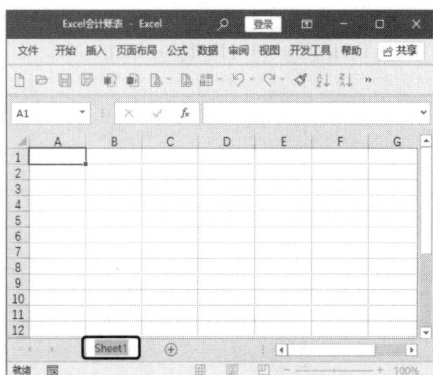

第 4 步：输入工作表名

将工作表名修改为"期初余额表"，按下 Enter 键即可，如下图所示。

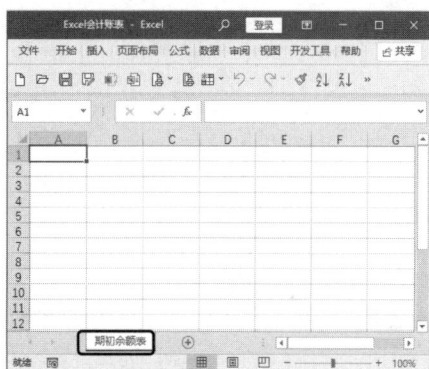

温馨小提示

除了在工作表标签上右击，在弹出的快捷菜单中选择"重命名"选项来执行工作表重命名操作以外，最简单快捷的方法是双击工作表标签，然后输入一个新的名称，为工作表进行重命名。

1.2.2　插入或删除工作表

工作表是工作簿的组成部分。默认设置下，新建 Excel 工作簿时仅同步创建一个工作表，即"Sheet1"。用户可以根据工作需要插入或删除工作表。

1. 插入工作表

在工作簿中插入工作表的具体方法如下：

第 1 步：执行"插入"工作表命令

❶右击工作表标签"期初余额表"；❷在弹出的快捷菜单中选择"插入"命令，如下图所示。

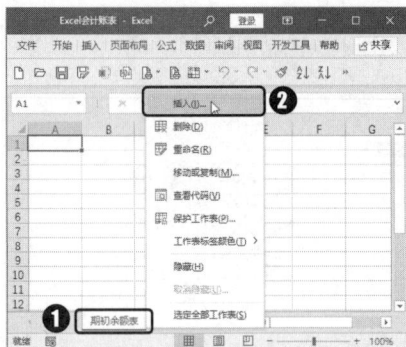

第 2 步：选择工作表类型

弹出"插入"对话框，❶在"常用"选项卡中选择"工作表"选项；❷单击"确定"按钮，如下图所示。

第 3 步：查看插入的工作表

此时即可在工作表"期初余额表"的左侧插入一个工作表"Sheet1"，如下图所示。

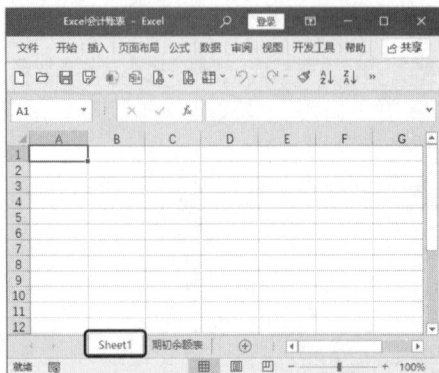

第 4 步：重命名工作表

将插入的工作表"Sheet1"重命名为"凭证录入表"，如下图所示。

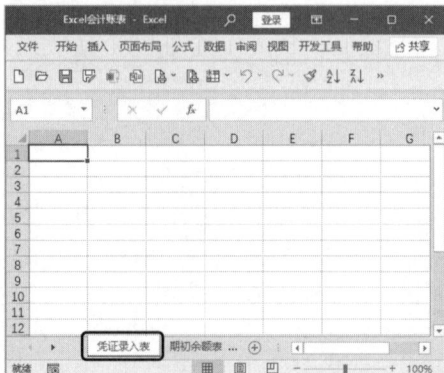

第 5 步：单击"新工作表"按钮

在工作表标签的右侧单击"新工作表"按钮，如下图所示。

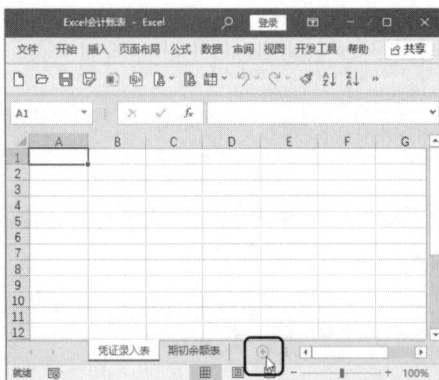

第 6 步：重命名工作表

此时即可创建一个新工作表，然后将其重命名为"科目余额表"，如下图所示。

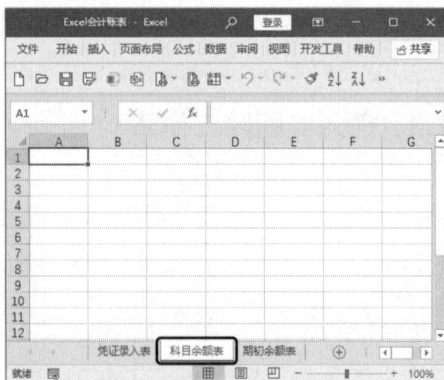

2. 删除工作表

删除工作表的操作非常简单，❶右击要删除的工作表标签；❷在弹出的快捷菜单中选择
"删除"命令即可，如下图所示。

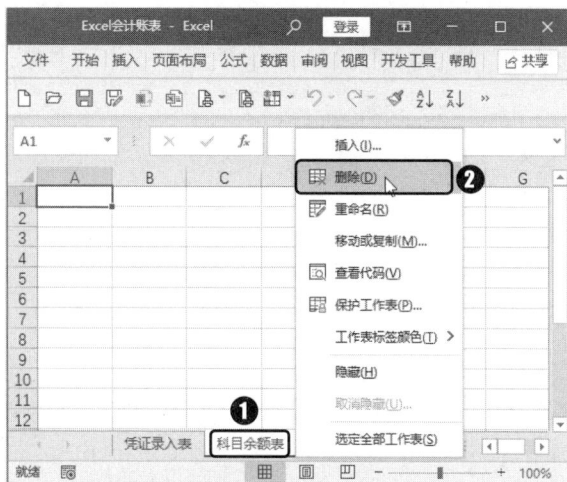

1.2.3 移动或复制工作表

移动或复制工作表是日常办公中常用的操作。用户既可以在同一工作簿中移动或复制工作表，也可以在不同工作簿中移动或复制工作表。移动或复制工作表的具体操作方法如下：

第1步：执行"移动或复制"命令

❶右击工作表标签"凭证录入表"；❷在弹出的快捷菜单中选择"移动或复制"命令，如下图所示。

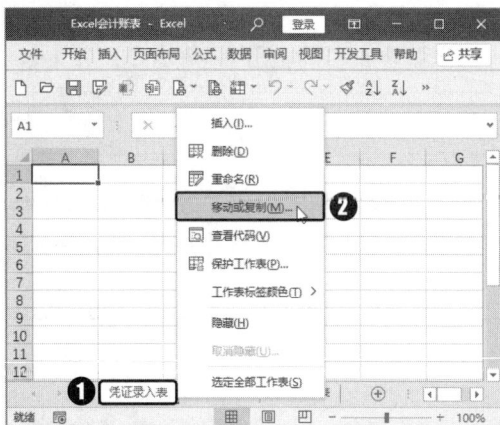

第2步：设置目标位置

弹出"移动或复制工作表"对话框，❶在"下列选定工作表之前"列表框中选择"移至最后"选项；❷单击"确定"按钮，如下图所示。

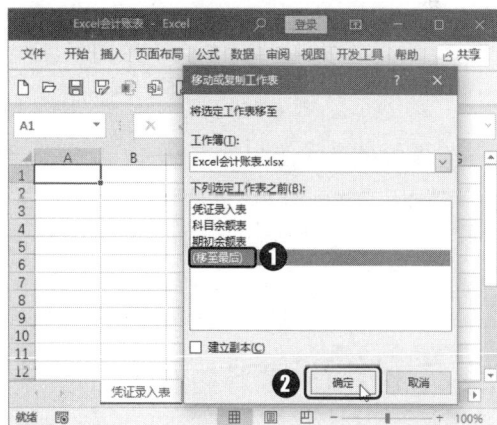

第 3 步：查看移动效果

此时工作表"凭证录入表"移到了工作簿的最后，如下图所示。

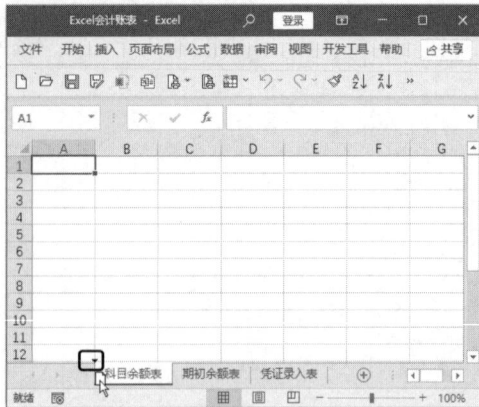

第 5 步：移动鼠标

按住鼠标左键不放，拖动工作表标签，将其移至目标位置，如下图所示。

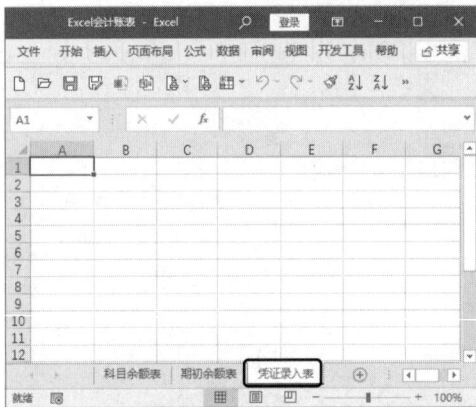

第 4 步：按住工作表标签

单击工作表标签"科目余额表"，按住鼠标左键不放，此时标签左端显示一个黑色下三角形，如下图所示。

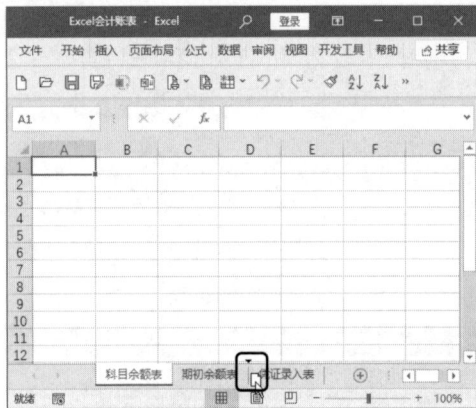

第 6 步：释放鼠标

释放鼠标，此时黑色三角形处的位置即为工作表的目标位置，如下图所示。

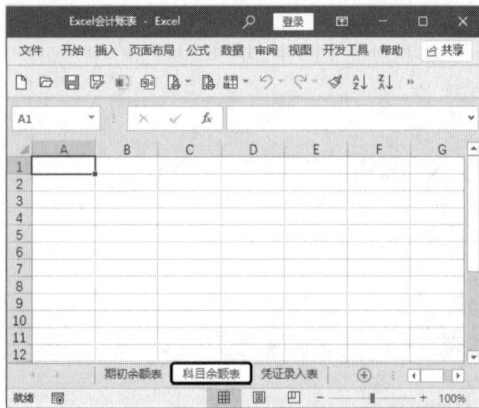

> 🔔 **温馨小提示**
>
> 通过"移动或复制工作表"对话框，在"工作簿"下拉列表中选择已经打开的其他活动工作簿，即可将工作表移动或复制到其他工作簿；选择"建立副本"复选框即可重新生成一个内容和格式相同的工作表副本，原工作表依然存在，且位置不变。

1.2.4　设置工作表标签颜色

当一个工作簿中有多个工作表时，为了提高观感效果，同时也为了方便对工作表的快速浏览，用户可以将工作表标签设置成不同的颜色。

第 1 步：执行工作表标签颜色命令

❶右击工作表标签"期初余额表"；❷在弹出的快捷菜单中选择"工作表标签颜色"选项；❸在弹出的颜色集"标准色"选项组中选择所需的颜色，如下图所示。

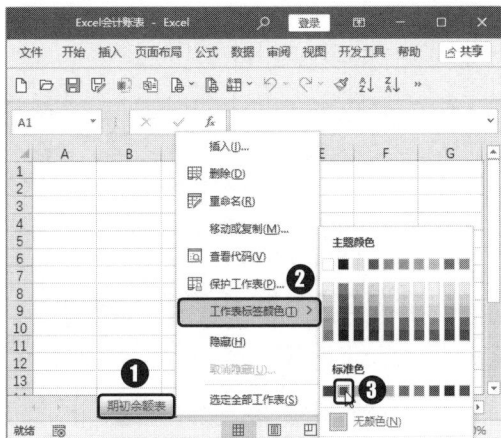

第 2 步：设置其他标签的颜色

使用同样的方法设置其他工作表标签的颜色，如下图所示。

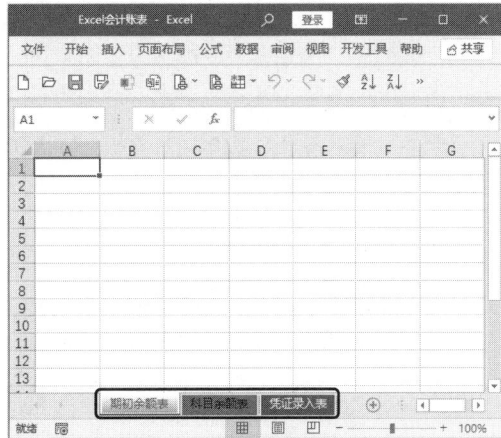

1.2.5　隐藏和显示工作表

为了防止别人查看工作表中的数据，我们可以将工作表隐藏起来，当需要时再将其显示出来。

1. 隐藏工作表

隐藏工作表的具体操作如下：

第 1 步：执行"隐藏"工作表命令

❶右击工作表标签"期初余额表"；❷在弹出的快捷菜单中选择"隐藏"命令，如下图所示。

第 2 步：查看隐藏效果

此时即可将工作表"期初余额表"隐藏，如下图所示。

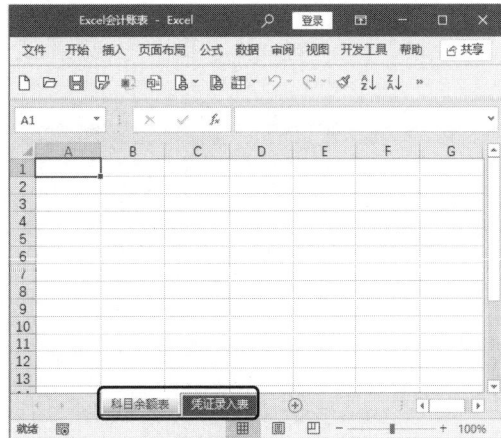

┌───┐
温馨小提示

    在 Excel 中，对暂时不使用或者带有隐私信息的工作表，我们可以将工作表标签进行隐藏，以备后期使用，被隐藏的工作表依然存在，下次需要使用时，将工作表标签取消隐藏即可。
└───┘

2．显示工作表

如果要将隐藏的工作表显示出来，具体操作如下：

第 1 步：执行"取消隐藏"命令	第 2 步：选择取消隐藏的工作表
❶右击任意一个工作表标签；❷在弹出的快捷菜单中选择"取消隐藏"命令，如下图所示。	弹出"取消隐藏"对话框，❶在"取消隐藏一个或多个工作表"列表中选中"期初余额表"选项；❷单击"确定"按钮，如下图所示，即可重新显示工作表"期初余额表"。

1.2.6   保护工作表

为了防止他人随意更改工作表，我们也可以对工作表设置密码保护。使用密码保护工作表的具体操作如下。

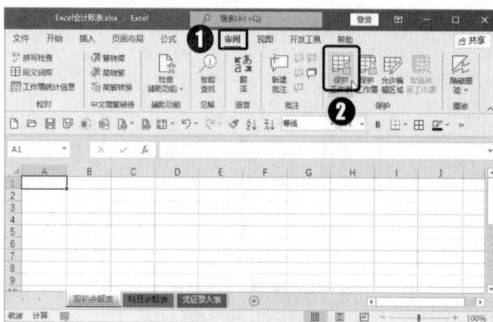

第 1 步：执行"保护工作表"命令	第 2 步：设置保护选项和密码
在"期初余额表"工作表中操作：❶单击"审阅"选项卡；❷在"保护"组中单击"保护工作表"按钮，如下图所示。	弹出"保护工作表"对话框，❶在"取消工作表保护时使用的密码"文本框中输入密码"123"；❷单击"确定"按钮，如下图所示。

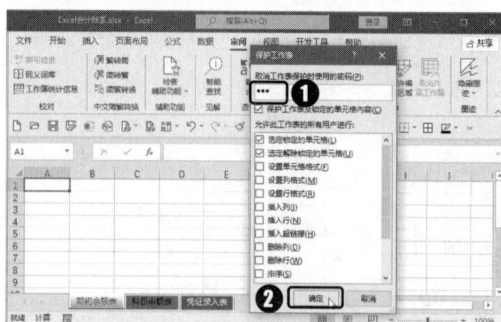

第 3 步：输入确认密码

弹出"确认密码"对话框，❶在"重新输入密码"文本框中输入密码"123"；❷单击"确定"按钮，如下图所示。

第 4 步：测试效果

此时就为工作表设置了密码保护，如果要修改某个单元格中的内容，即弹出"Microsoft Excel"对话框提示输入密码。这里应单击"确定"按钮关闭对话框，如下图所示。

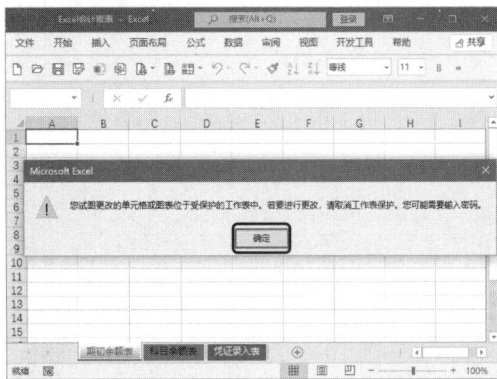

第 5 步：执行"撤销工作表"保护命令

如果要取消工作表的保护，❶单击"审阅"选项卡；❷在"更改"组中单击"撤销工作表保护"按钮，如下图所示。

第 6 步：输入密码

弹出"撤销工作表保护"对话框，❶在"密码"文本框中输入密码"123"；❷单击"确定"按钮即可撤销工作表保护，如下图所示。

1.3　记账工作表中单元格的操作

案例概述

财产投保明细表是记录企业财产投保状况的明细表单，通常包含财产编号、保单号、被保险财产名称、存放点、数量、保险期限、保额、保费、归属部门、抵押情形和备注等内容。本节将以财产投保明细表的编辑过程为例，为读者介绍 Excel 记账工作表中单元格的操作，掌握插入单元格、行或列，删除单元格、行或列，合并单元格，调整行高和列宽，以及隐藏含有重要数据的行或列的操作技巧。

案例效果

财产投保明细表是重要的财务表单之一。下面将结合财产投保明细表的制作过程，详细介绍单元格的基本操作，归纳和总结单元格操作的基本要点。

"财产投保明细表"制作完成后的效果如下图所示。

制作思路

"财产投保明细表"的制作思路如下：

1.3.1　插入单元格、行或列

在编辑完成的工作表中，有时需要进行后期编辑或修改，例如插入某个单元格，在某行或某列前面插入几行或几列，下面就来详细介绍。

1. 插入单元格

在工作表中插入单元格，就会出现单元格的移动情况，包括活动单元格右移和活动单元格下移两种情况。其中，活动单元格右移是指在选中单元格的左侧插入一个单元格；活动单元格下移是指在选中单元格上方插入一个单元格。插入单元格的具体操作方法如下：

第 1 步：执行插入命令

打开本实例的素材文件"财产投保明细表"，❶右击单元格 C5；❷在弹出的快捷菜单中选择"插入"命令，如下图所示。

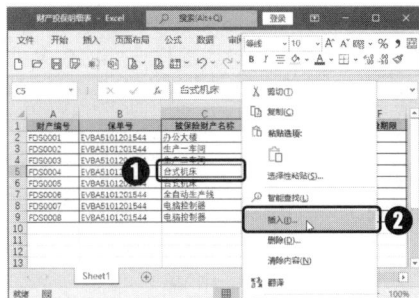

第 2 步：选择活动单元格下移单选钮

弹出"插入"对话框，系统默认选中"活动单元格下移"单选钮，直接单击"确定"按钮即可，如下图所示。

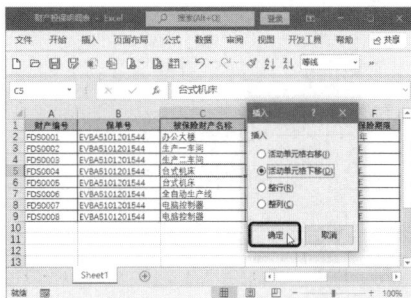

第 3 步：查看插入单元格的效果

此时即可在活动单元格的上方插入一个空白单元格，活动单元格及其下方单元格区域自动下移，如右图所示。

💡 温馨小提示

如果选中"活动单元格右移"单选钮，即可在活动单元格的左侧插入一个空白单元格，活动单元格及其右侧单元格区域自动右移。

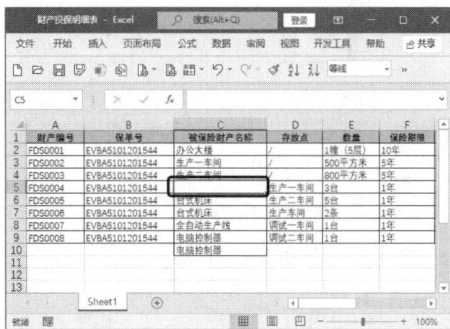

2．插入行或列

在工作表中插入行或列，是指在选中单元格的上方或左侧插入整行或整列。其中，整行是指在选中单元格的上方插入一行；整列是指在选中单元格的左侧插入一列，插入行或列的具体操作方法如下：

第 1 步：执行"插入"命令

❶右击单元格 C5；❷在弹出的快捷菜单中选择"插入"命令，如下图所示。

第 2 步：选中整行单选钮

弹出"插入"对话框，❶选中"整行"单选钮；❷单击"确定"按钮，如下图所示。

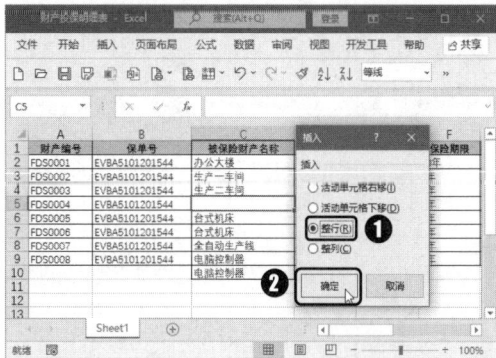

第 3 步：查看插入行的效果

此时即可在活动单元格的上方插入一个空行，活动单元格所在行及其下方行自动下移，如右图所示。

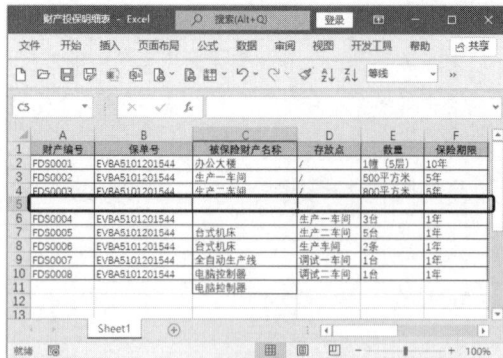

温馨小提示

如果选中"整列"单选钮，即可在活动单元格的左侧插入一个空白列，活动单元格所在列及其右侧列自动右移。

专家会诊台

问：在插入行或列时，有没有不用选中插入类型，直接就可以插入行或列的方法？

答：有的！在插入行或列之前，首先选中工作表中的行标或列标，然后执行"插入"命令，即可直接在选中行标的上方或选中列标的左侧插入空白行或空白列。

1.3.2 删除单元格、行或列

在编辑工作表单元格时，如果存在多余单元格、行或列，以及单元格位置错位的情况，用户可以根据需要删除单元格、行或列。

1. 删除单元格

在工作表中删除单元格，同样会出现单元格的移动情况，包括右侧单元格左移和下方单元格上移两种情况。其中，右侧单元格左移表示删除活动单元格所占用的列；下方单元格上移表示删除活动单元格所占用的行。删除单元格的具体操作方法如下：

第 1 步：执行"删除"命令

❶右击单元格 C6；❷在弹出的快捷菜单中选择"删除"命令，如下图所示。

第 2 步：选择"下方单元格上移"单选钮

弹出"删除"对话框，系统默认选中"下方单元格上移"单选钮，直接单击"确定"按钮即可，如下图所示。

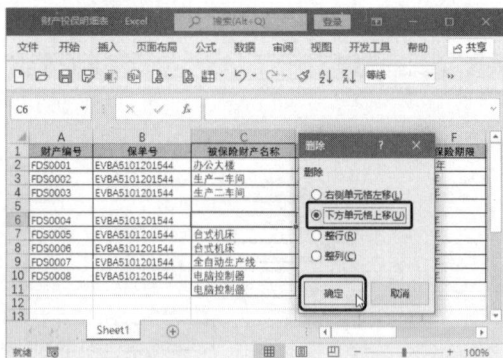

第 3 步：查看删除单元格的效果

此时即可将选中的单元格删除，且下方单元格上移，如右图所示。

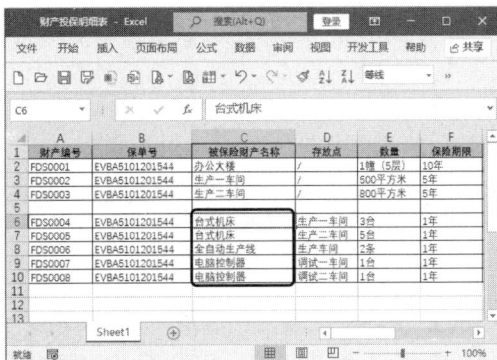

（💡温馨小提示）

如果选中"右侧单元格左移"单选钮，即可将选中的单元格删除，且右侧单元格左移。

2. 删除行或列

在编辑工作表时，如果存在多余的行与列，可以将其删除，删除行或列的具体操作方法如下：

第 1 步：执行"删除"命令

❶右击空行中的任意一个单元格，如单元格 B5；❷在弹出的快捷菜单中选择"删除"命令，如下图所示。

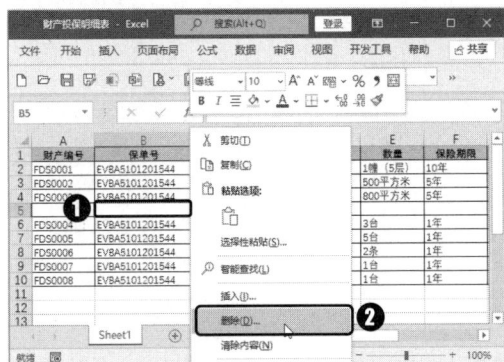

第 2 步：选中"整行"单选钮

弹出"删除"对话框，❶选中"整行"单选钮；❷单击"确定"按钮，如下图所示。

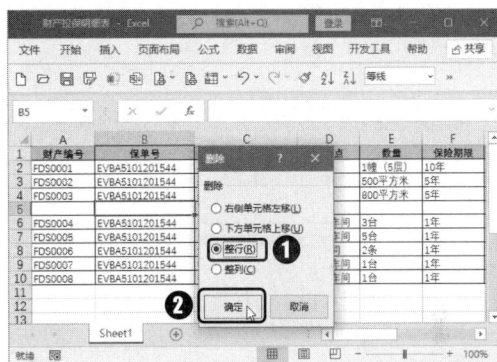

第 3 步：查看删除行的效果

此时即可删除选中单元格所在的整行，如右图所示。

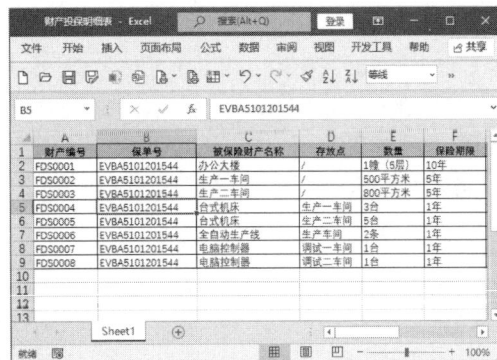

（💡温馨小提示）

如果选中"整列"单选钮，即可删除选中单元格所在的整列。

1.3.3　合并单元格

通常情况下，用于打印的表格文件都有表格标题，此时可以使用合并单元格功能，将标题行的单元格进行合并，具体操作如下：

第1步：选中整行

将光标移动到第 1 行的行标 "1" 上，单击，即可选中整行，如下图所示。

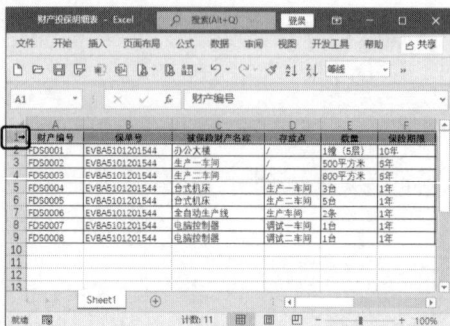

第2步：执行"插入"命令

右击行标 "1"，在弹出的快捷菜单中选择"插入"命令，如下图所示。

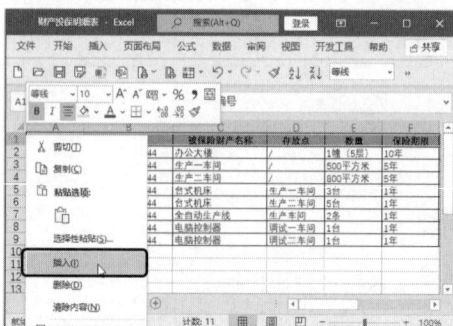

第3步：查看插入的空行

此时即可在首行位置插入一个空白行，如下图所示。

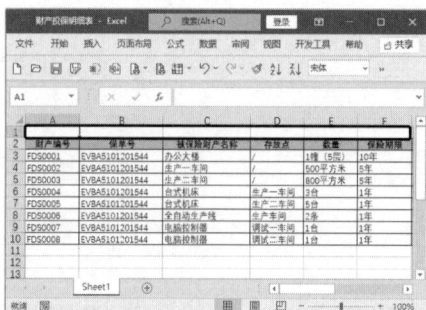

第4步：执行"合并后居中"命令

选中单元格区域 A1：K1，❶单击"开始"选项卡；❷在"对齐方式"组中单击"合并后居中"按钮，如下图所示。

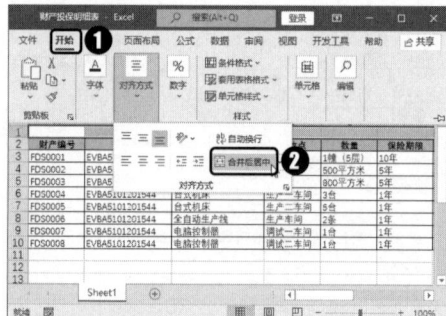

第5步：查看合并效果

此时即可将选中的单元格区域合并为一个单元格，如下图所示。

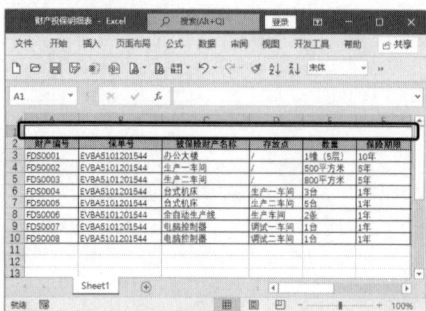

第6步：输入标题文字

在合并后的单元格中输入标题文字"财产投保明细表"，并设置字体格式，效果如下图所示。

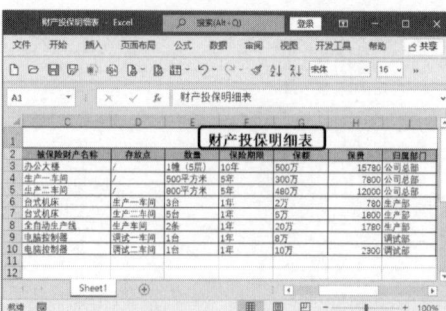

1.3.4　调整行高和列宽

在编辑工作表时，常常会碰到单元格中的文字过多造成内容显示不全，或者文字过少造成多余空白，或者行高不足造成显示不全等问题，这时我们就需要将行高或列宽调整到合适的尺寸。在行标或列标上拖动鼠标可以快速调整行高和列宽。具体的操作如下：

第 1 步：拖动鼠标调整行高	第 2 步：查看隐藏结果
将光标定位在第 1 行行标的下边线位置，此时光标变成双箭头，按住鼠标左键不放，向下拖动鼠标即可拉大第 1 行的高度，如下图所示。	调整完毕，释放鼠标，即可看到第 1 行行高的变化，如下图所示。

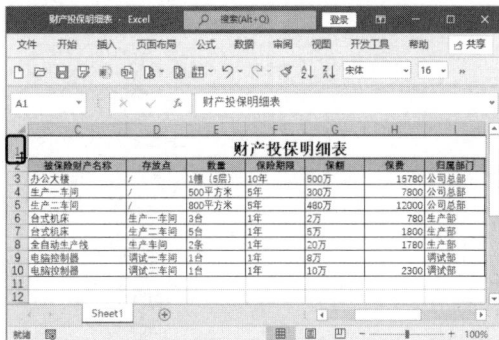

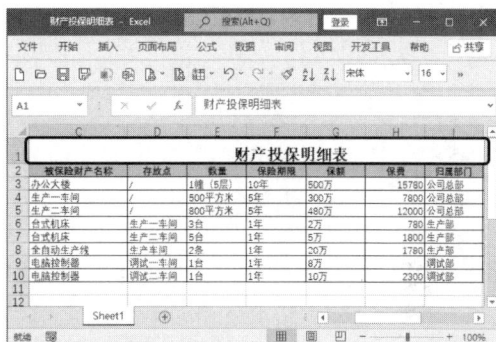

第 3 步：拖动鼠标调整列宽	第 4 步：查看列宽变化
将鼠标定位到列标 D 与列标 E 之间，此时光标变成双箭头，按住鼠标左键不放，向右拖动鼠标即可拉大列的宽度，如下图所示。	调整完毕，释放鼠标，即可看到 D 列列宽的变化，如下图所示。

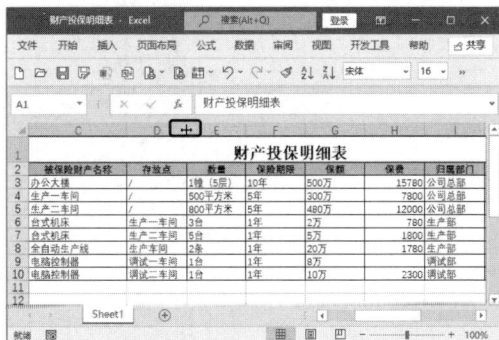

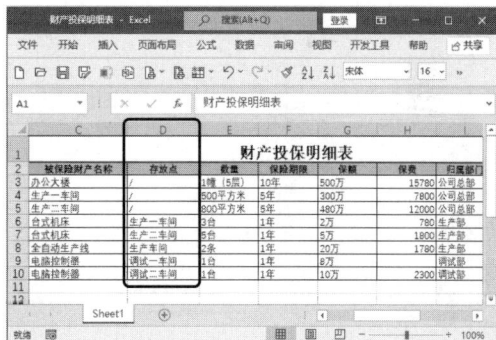

> **温馨小提示**
>
> 除了通过拖动鼠标直接调整行高和列宽以外，也可以单击"开始"选项卡，在"单元格"组中单击"格式"按钮，打开"行高"或"列宽"对话框，使用磅值来精确调整行高和列宽。

1.3.5 隐藏含有重要数据的行或列

对于工作表中含有重要数据的行或列，如果不希望其他人看到，可以将其隐藏起来，保护该行或列中数据的安全。下面以隐藏工作表中的某列为例，具体的操作方法如下：

第1步：执行"隐藏"命令

❶选中 G 列的列标，即可选中整个 G 列；❷右击后在弹出的快捷菜单中选择"隐藏"命令，如下图所示。

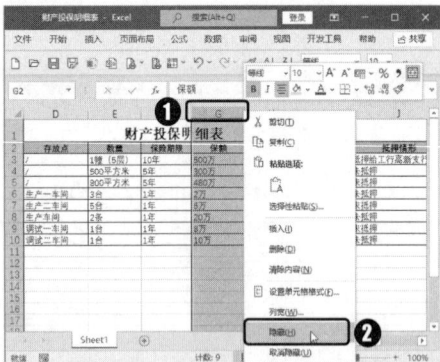

第2步：查看隐藏效果

此时即可隐藏选中的 G 列，并出现隐藏线，如下图所示。

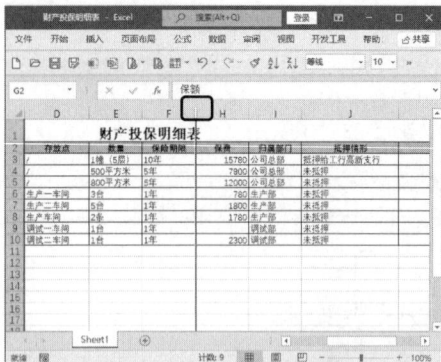

第3步：执行"取消隐藏"命令

❶拖动鼠标在列标上选中 G 列前后的 F 至 H 列；❷右击后在弹出快捷菜单中选择"取消隐藏"命令，如下图所示。

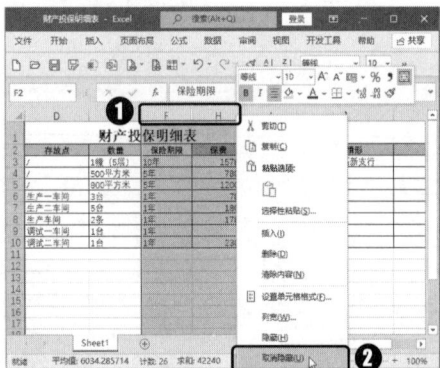

第4步：查看显示效果

此时即可重新显示之前隐藏的 G 列，如下图所示。

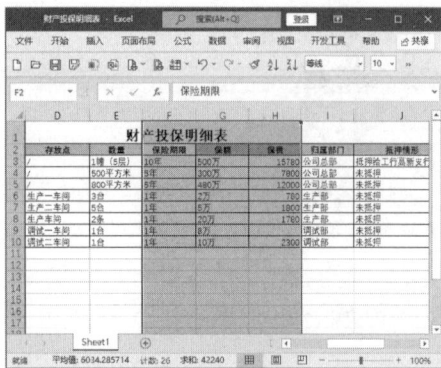

> **温馨小提示**
>
> 如果想要隐藏多个不连续的行或列，首先按住 Ctrl 键不放，依次单击行标或列标，选中要隐藏的不连续的行或列，然后右击，在弹出的快捷菜单中选择"隐藏"命令即可。隐藏后的行和列依然存在，并没有删除，下次使用时，取消隐藏即可。

1.4　提升效率——实用操作技巧

通过前面知识的学习，相信读者朋友已经掌握了工作簿和工作表的相关基础知识。下面给大家介绍一些实用技巧。

1．快速选中全部工作表

使用 Excel 制作和编辑表格时，经常遇到同时使用多个工作表的情况，例如查找、替换、合并计算等工作，下面教大家如何在 Excel 中快速选定全部的工作表，具体操作方法如下：

第 1 步：执行"选定全部工作表"命令

打开"素材文件\第 1 章\提升效率\会计报表.xlsx"文件，❶右击任意一个工作表标签；❷在弹出的快捷菜单中选择"选定全部工作表"选项，如下图所示。

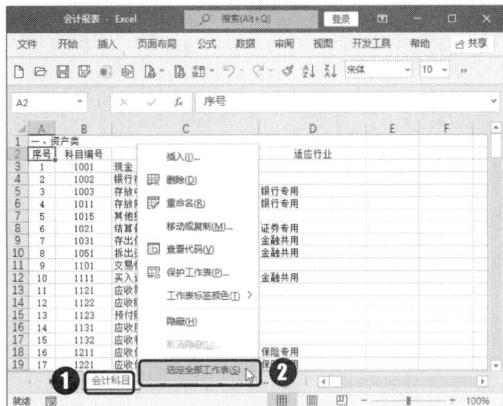

第 2 步：组成工作组

此时，选定的全部工作表就组成了工作表组，并在标题栏中显示"[组]"，此时即可对全部的工作表进行操作，如下图所示。

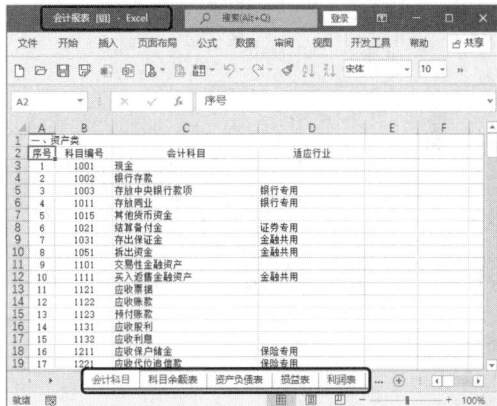

(温馨小提示)

工作组是同一个工作簿里的多个工作表的组合。如果工作组是不连续的，选择需要组合的第一个工作表标签，按住 Ctrl 键，再选择第二个、第三个……即可组成工作组；如果工作表是连续的，在选择第一个工作表后按住 Shift 键，再选择最后一个工作表，也可以组成工作组。

通常情况下，如果这些工作表的格式是相同的，在成组的工作表里，任意修改或编辑其中一个工作表的内容及格式，其余的工作表都会做同样的改变。

2．快速选定不连续的单元格

在 Excel 工作表中，经常需要选定不连续单元格来进行一些统计和计算等操作，下面为大家介绍快速选定不连续单元格的技巧，具体操作方法如下：

第1步：选中任意一个单元格	第2步：选中其他单元格
打开"素材文件\第1章\提升效率\快速选定不连续单元格.xlsx"文件，在工作表中选中任意一个单元格，如下图所示。	按住 Ctrl 键，然后移动鼠标选中其他不连续的单元格即可，如下图所示。

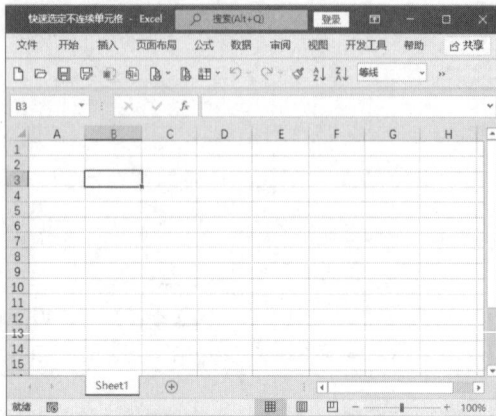

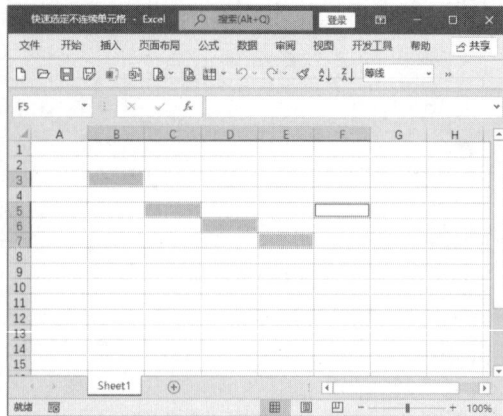

3．快速选定 Excel 数据区域

使用"Ctrl+Shift+方向键"可以快速选取批量数据区域，例如，选中首行数据，然后按下"Ctrl+Shift+↓"即可选中表格中的所有数据记录。下面分别介绍 Ctrl+Shift 组合键，与上、下、左、右各方向键之间的应用，具体操作如下：

第1步：向上选取数据	第2步：向下选取数据
打开"素材文件\第1章\提升效率\供应商缴费明细.xlsx"文件，选中数据区域中的一个单元格，例如选中单元格 C6，按 "Ctrl+Shift+↑"组合键，即可选中该单元格及其以上的数据区域，如下图所示。	按"Ctrl+Shift+↓"组合键，即可选中该单元格及其以下的数据区域，如下图所示。

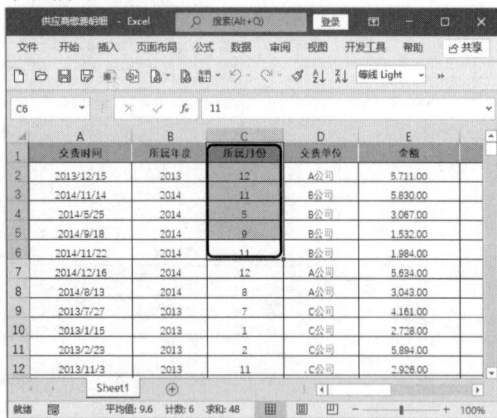

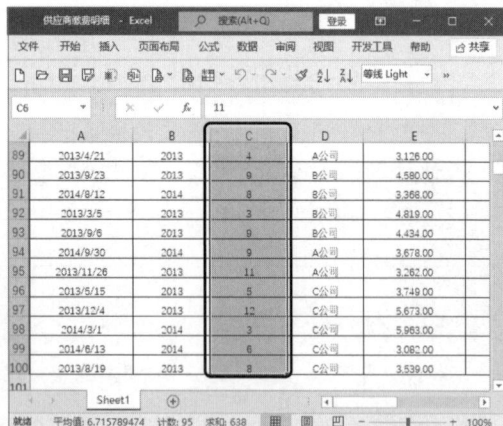

第 3 步：向左选取数据

按"Ctrl+Shift+←"组合键，即可选中该单元格及其以下和左边全部数据区域，如下图所示。

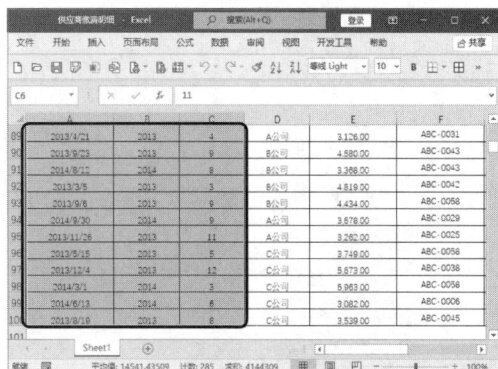

第 4 步：向右选取数据

按"Ctrl+Shift+→"组合键，即可选中该单元格及其以下和右边全部数据区域，如下图所示。

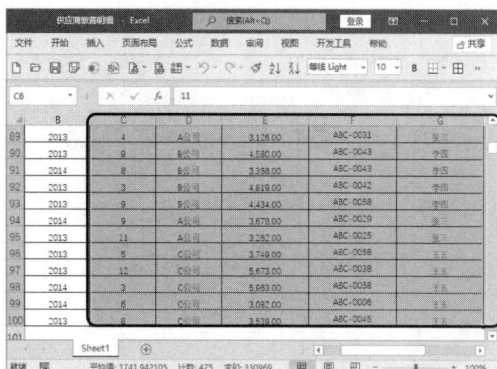

4. 快速选定 Excel 中的空白单元格

在 Excel 工作表中，有时会出现一些具有相同属性的空白单元格，如单元格中没有数据等，通过"定位条件"功能，可以快速选中这些空白单元格，然后快速替换这些空白单元格，如替换成"0"值等。具体操作方法如下：

第 1 步：执行"定位条件"命令

打开"素材文件\第 1 章\提升效率\差旅费统计.xlsx"文件，❶单击"开始"选项卡；❷在"编辑"组中单击"查找和选择"按钮；❸在弹出的下拉列表中选择"定位条件"选项，如下图所示。

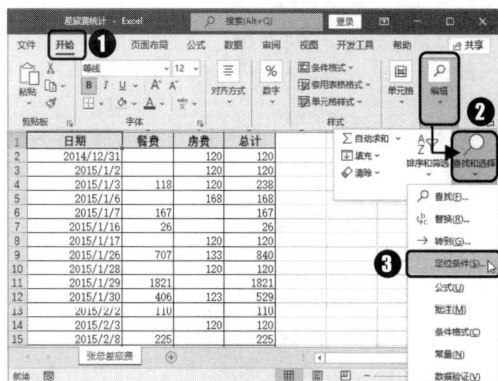

第 2 步：选中"空值"单选钮

弹出"定位条件"对话框，❶选中"空值"单选钮；❷单击"确定"按钮，如下图所示。

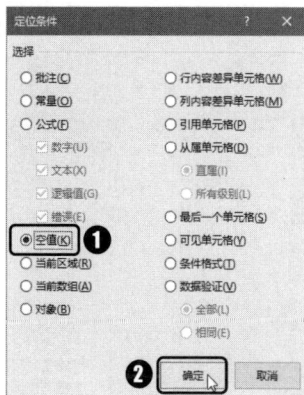

第 3 步：定位全部空白单元格

此时即可定位数据区域中的全部空白单元格，如下图所示。

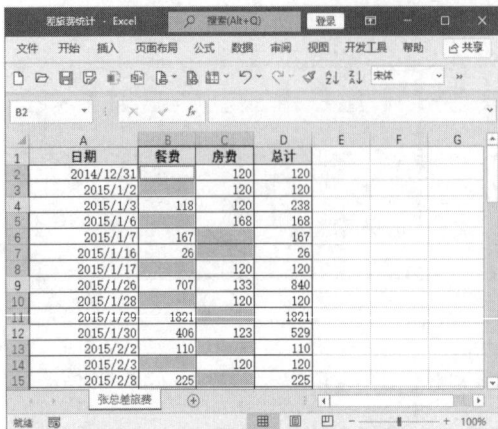

第 4 步：替换成 0 值

在编辑栏中输入数值"0"，然后按 Ctrl+Enter 组合键，此时即可在选中的空白单元格中批量输入 0 值，如下图所示。

5. 设置工作簿默认包含的工作表数量

打开 Excel 2021 的一个新工作簿，在工作表标签栏中只有 1 个默认的工作表 Sheet1，如果用户想要创建一个包含多个工作表的工作簿，就要逐一添加工作表，为了减少重复操作，用户可以通过设置默认工作表的数量来实现，具体操作方法如下：

第 1 步：单击"选项"按钮

启动 Excel 软件，单击"选项"按钮，如下图所示。

第 2 步：设置默认工作表数量

弹出"Excel 选项"对话框，❶单击"常规"选项卡；❷在"新建工作簿时"选项组中的"包含的工作表数"微调框中将数字设置为"5"；❸单击"确定"按钮，如下图所示。

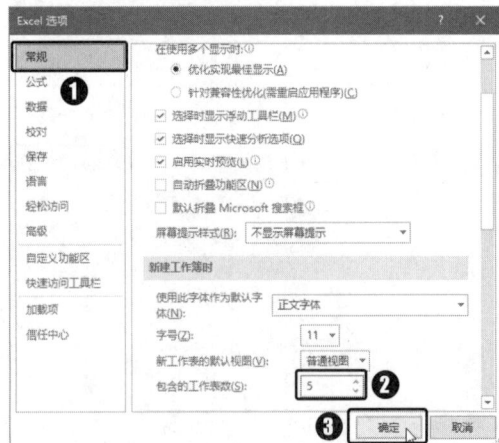

第 3 步：查看设置效果

新建一个工作簿，可看到其中包含 5 个空白工作表，如右图所示。

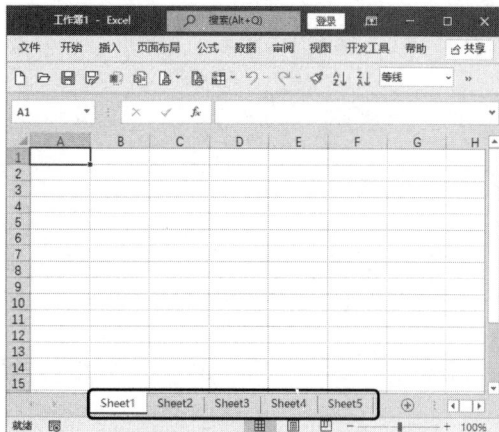

第2章

财务表格数据的录入与编辑

本章导读

创建 Excel 工作簿后，就可以录入和编辑数据了。本章主要从不同类型数据的输入方法、数据的批量输入技巧、数据的修改及清除、数据的移动及复制、数据的查找或替换等方面，详细介绍数据的输入与编辑技巧。本章以财务数据的输入与编辑为例介绍 Excel 的基本操作。

知识要点

- ❖ 输入文本数据
- ❖ 输入日期数据
- ❖ 输入金额数据
- ❖ 显示百分比数值
- ❖ 使用公式输入数据
- ❖ 有规则数据的填充输入
- ❖ 记忆式输入数据

- ❖ 从下拉列表中输入数据
- ❖ 数据的修改和清除
- ❖ 在报表中移动及复制数据
- ❖ 使用选择性粘贴功能
- ❖ 数据查找
- ❖ 数据替换

案例展示

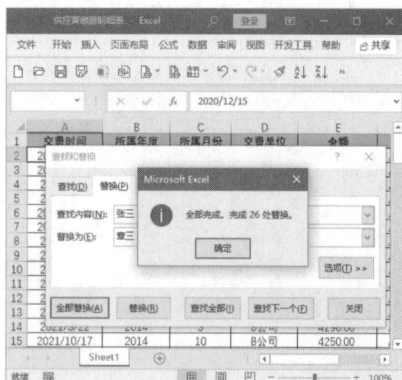

2.1 费用记录表中的数据输入

案例概述

费用记录表是记录和统计企业日常费用的重要表单。费用记录表主要包括日期、姓名、部门、项目、实用金额、报销系数和报销金额等内容。本节以创建费用记录表为例，为大家详细介绍工作表中数据的输入，如文本数据的输入、金额数据的输入、日期数据的输入和百分比数据的输入等内容。

案例效果

在本案例中主要介绍单元格中常用数据的输入方法，包括文本数据的输入、金额数据的输入、日期数据的输入和百分比数据的输入等内容。

"费用记录表"数据输入完成后的效果如下图所示。

制作思路

在"费用记录表"中输入数据的思路如下：

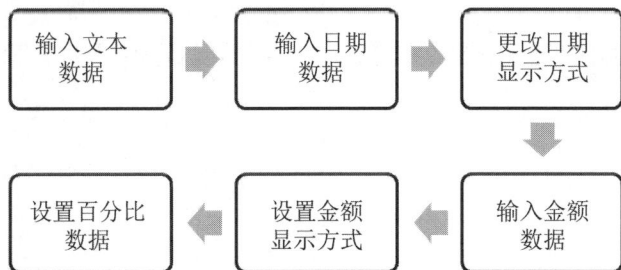

2.1.1 输入费用记录表中的文本数据

文本型数据是最常见的数据类型，输入方法最简单，直接单击单元格输入即可。字符文本应逐字输入。输入文本的具体操作方法如下：

第 1 步：输入首个文本	**第 2 步：依次输入其他文本**
打开"素材文件\第 2 章\费用记录表.xlsx 文件"，选中单元格 A1，输入文本"日期"并按 Enter 键确认即可，如下图所示。	在 B1:G1 单元格区域各单元格中依次输入"姓名""部门""项目""实用金额""报销系数""报销金额"文本，如下图所示。

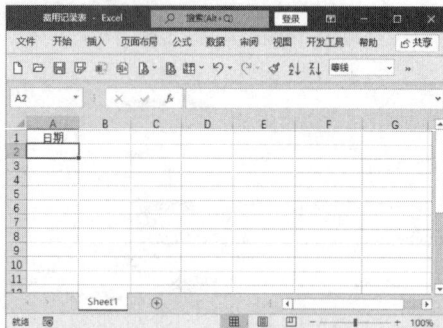

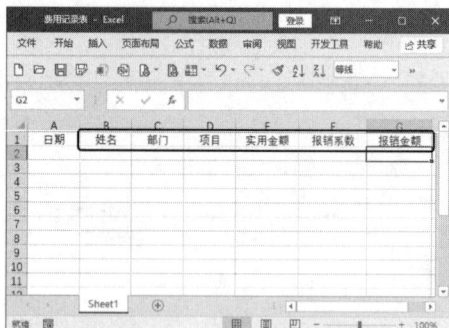

(温馨小提示)

除了直接在单元格中输入数据外，还可以在"编辑栏"中输入各种数据，按 Enter 键确认即可。

2.1.2 输入费用记录表中的日期数据

在 Excel 中，通常以 YY-MM-DD 形式，或 MM-DD 形式输入日期，也可以采用"/"作为连接符，即 YY/MM/DD 或 MM/DD 形式。无论采用哪种形式输入日期，默认以 YY/MM/DD 或 MM/DD 形式显示日期。可以通过设置单元格格式更改日期的显示方式。

输入日期并更改显示方式的具体操作如下：

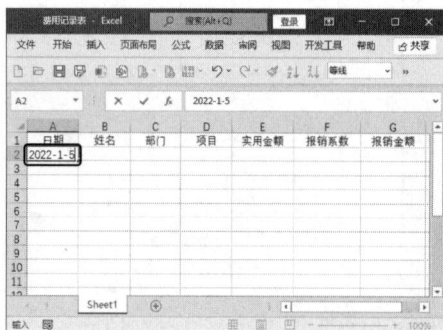

第 1 步：输入日期	**第 2 步：按下 Enter 键**
选中单元格 A2，输入日期"2022-1-5"，如下图所示。	按 Enter 键即可完成日期输入，日期显示为"2022/1/5"，如下图所示。

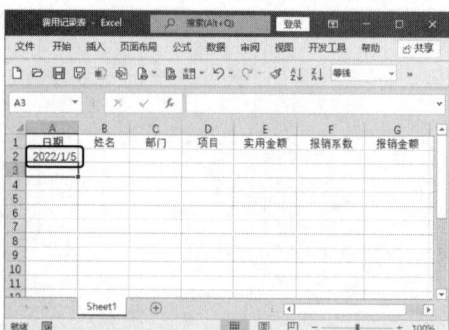

第 3 步：执行"对话框启动器"命令

　　单击 A 列列标选中 A 列；❶单击"开始"选项卡；❷单击"数字"组右下角的对话框启动器按钮 ⊠，如下图所示。

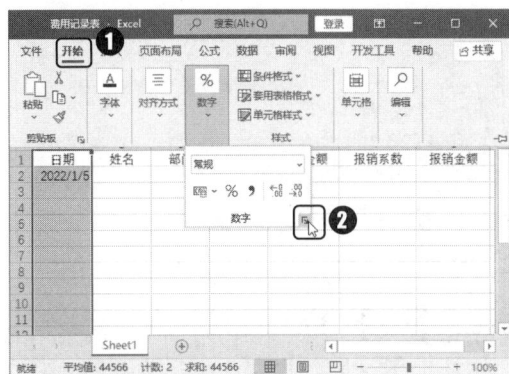

第 4 步：选择日期类型

　　弹出"设置单元格格式"对话框，❶在"数字"选项卡"分类"列表框中选择"日期"选项；❷在"类型"列表框中选择"*2012 年 3 月 14"选项；❸单击"确定"按钮，如下图所示。

第 5 步：查看日期更改效果

　　返回工作表中，日期的显示方式即变成了"2022 年 1 月 5 日"，如右图所示（后面在 A 列的其他单元格中输入日期后也同样按此方式显示）。

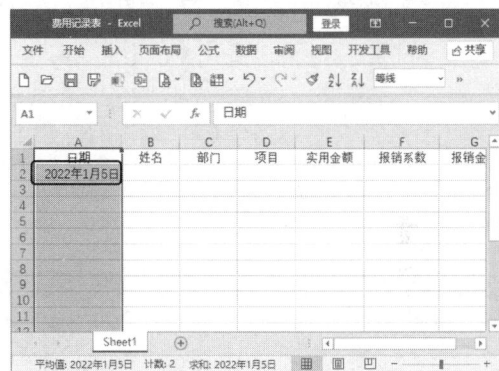

⸢ 💡温馨小提示 ⸣

　　在单元格中，日期的默认对齐方式是左侧对齐；在单元格内输入公式"=today()"，按 Enter 键，可以得到动态的日期。

2.1.3　输入费用记录表中的金额数据

　　金额数据，通常是指货币金额，是 Excel 中使用最为广泛的数据之一。默认情况下，工作表中的金额数据不带货币符号，也就是普通的数字格式，用户可以根据需要更改金额数据的显示方式，为其添加货币符号。

1．输入普通数字金额

　　输入金额数据的具体操作方法如下：

第 1 步：输入数字金额

单击单元格 E2，用数字键盘输入数字"900"，如下图所示。

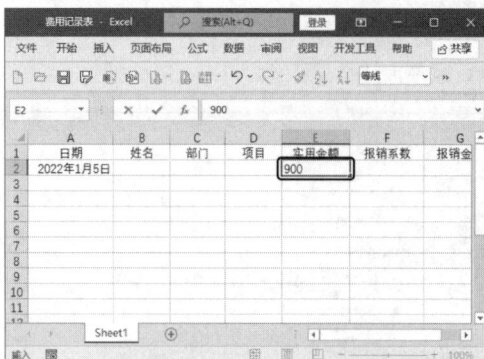

第 2 步：按 Enter 键

按 Enter 键即可完成普通数字金额的输入，数字自动右对齐，如下图所示。

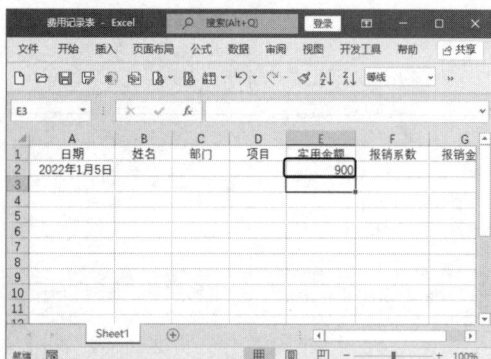

2. 更改货币金额的显示方式

一般情况下，大家习惯在金额前面加个人民币符号"¥"，在单元格中，可以直接通过格式设置，为数字金额添加货币符号，具体操作方法如下：

第 1 步：执行"设置单元格格式"命令

❶右击 E 列列标；❷在弹出的快捷菜单中选择"设置单元格格式"命令，如下图所示。

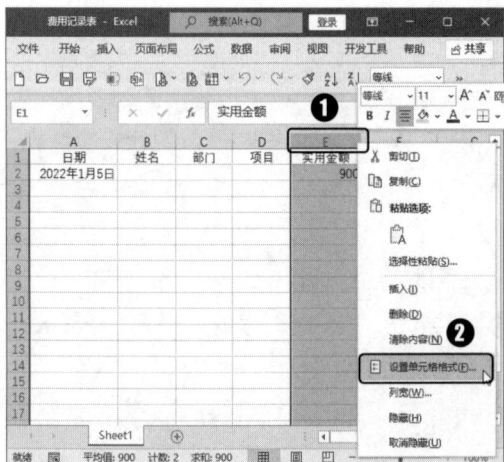

第 2 步：设置货币格式

弹出"设置单元格格式"对话框，❶在"数字"选项卡"分类"列表框中选择"货币"选项，可看到"小数位数"微调框中的数字默认为"2"，"货币符号(国家/地区)"默认设置为符号"¥"，"负数"列表框中默认选择为"¥-1,234.10"，本例保持以上默认设置；❷单击"确定"按钮，如下图所示。

第 3 步：查看设置效果

设置完毕，单元格 E2 中的数字金额 "900" 变成了货币金额 "¥900.00"，如右图所示。

（💡温馨小提示）

此外，单击"开始"选项卡，在"数字"组中的"数字格式"下拉列表中选择"货币"选项，可直接将数字设置为货币格式。

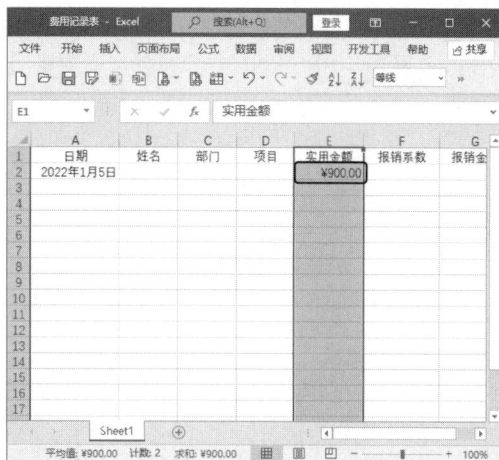

2.1.4　正确显示费用报销率（百分比值）

在 Excel 中输入数据时，经常会用到百分比数据，如果每次都输入百分比符号，显然非常麻烦，此时，可以先输入小数，然后将小数格式更改为百分比即可。

第 1 步：输入小数

单击单元格 F2，输入小数 "0.7"，如下图所示。

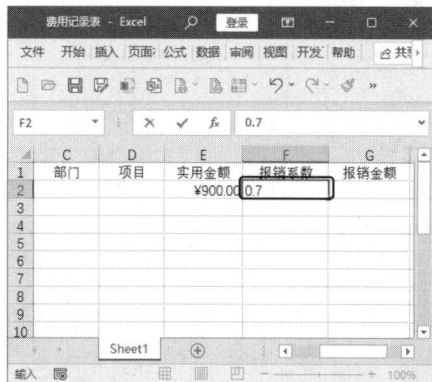

第 2 步：按 Enter 键

按 Enter 键即可完成小数输入，小数默认右对齐，如下图所示。

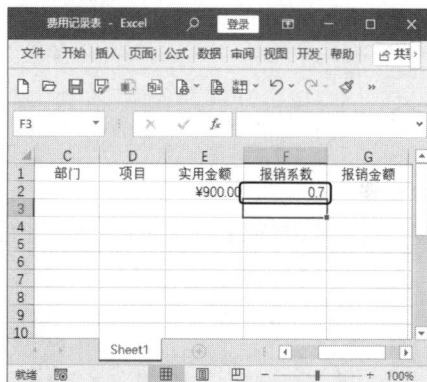

第 3 步：应用百分比样式

单击 F 列列标选中 F 列，❶单击"开始"选项卡；❷在"数字"组中单击"百分比样式"按钮 ％（或按组合键"Ctrl+Shift+%"），如右图所示。

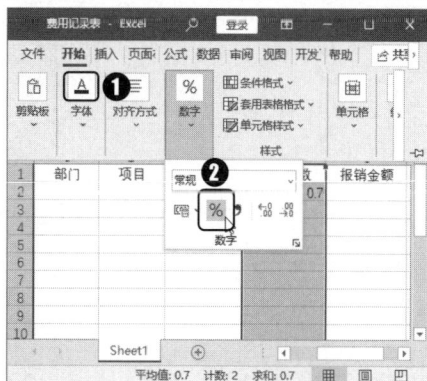

第4步：查看设置效果

此时即可将小数格式转换为百分比，如右图所示。

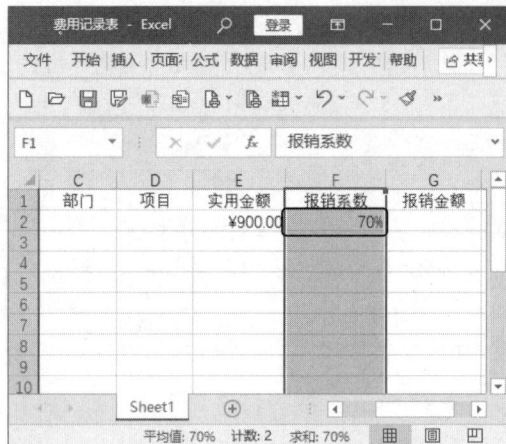

💡 温馨小提示

如果要设置百分比数值的小数位数，打开"设置单元格格式"对话框，在"分类"列表框中选择"数值"选项；在"小数位数"微调框中调整百分比的小数位数即可。

2.1.5　使用公式输入数据

公式是 Excel 工作表中进行数值计算和分析的等式。使用公式也可以快速输入数据，具体操作步骤如下：

第1步：输入等号

选中单元格 G2，首先输入"="号，如下图所示。

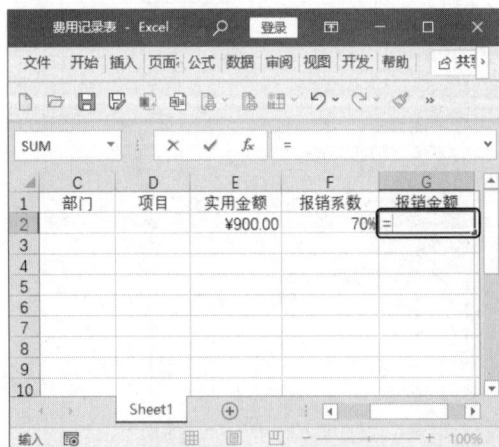

第2步：输入公式元素

依次输入公式元素"=E2*F2"，如下图所示。

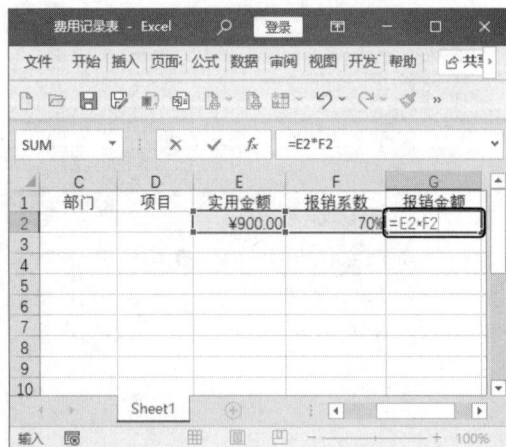

第 3 步：查看公式结果

　　输入公式后，按 Enter 键即可得到计算结果，如下图所示。

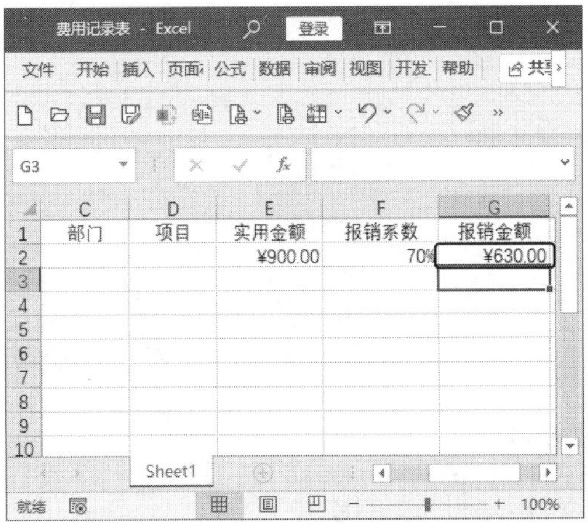

第 4 步：输入其他数据

　　使用上述方法，根据文本文件"费用记录表.txt"，输入费用记录表中的其他数据即可，最终效果如下图所示。

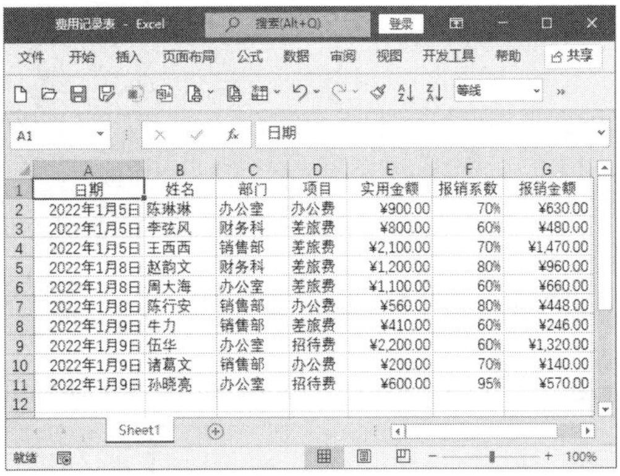

（💡温馨小提示）

　　在单元格中输入的公式会自动显示在公式编辑栏中，因此也可以在选中要返回值的目标单元格之后，在公式编辑栏中单击进入编辑状态，然后直接输入公式。

2.2　收入统计表中数据的批量录入

案例概述

　　收入统计表是统计一定时期销售收入的常用账表之一，是反映企业日常经营状况的重要表单。Excel 提供了一些数据的批量录入方法，接下来在收入统计表中详细介绍数据的批量录入方法和常用技巧。

案例效果

　　收入统计表通常包含序号、产品名称、产品类型、销售部门、成交单价、销售数量、销售额等内容。接下来使用数据填充功能、记忆式输入功能和下拉列表功能快速输入收入统计表中的各种数据。

　　"收入统计表"中数据录入完成后的效果如下图所示。

制作思路

在"收入统计表"中批量录入数据的具体思路如下：

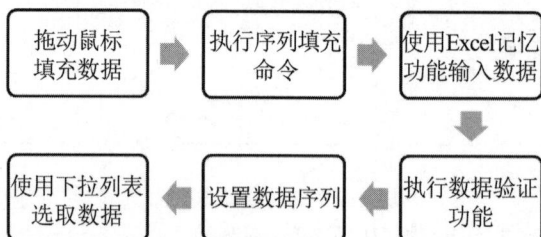

拖动鼠标填充数据 → 执行序列填充命令 → 使用Excel记忆功能输入数据

↓

使用下拉列表选取数据 ← 设置数据序列 ← 执行数据验证功能

2.2.1 有规则数据的填充输入

日常工作中经常用到序号或连续编号的输入，如"1，2，3"等。可以使用"填充序列"功能实现序号或编号的输入。输入数字编号的具体操作如下：

第1步：输入一个数字"1"	第2步：定位光标位置
打开"素材文件\收入统计表.xlsx"，在单元格A2中输入一个数字"1"，如下图所示。	将光标移动到单元格的右下角，变为"十"字形，如下图所示。

第 3 步：填充数字

按住鼠标左键不放，向下拖动到单元格 A28 后释放鼠标。此时选中的单元格区域就会全部填充为数字"1"，且在单元格 A28 的右下角出现一个"自动填充选项"按钮，如下图所示。

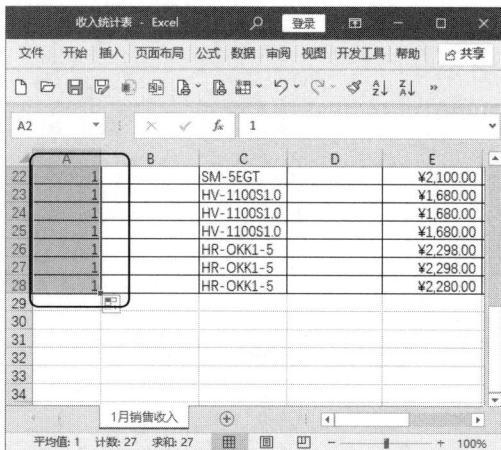

第 4 步：执行"填充序列"命令

单击"自动填充选项"按钮，在弹出的下拉菜单中选择"填充序列"命令，如下图所示。

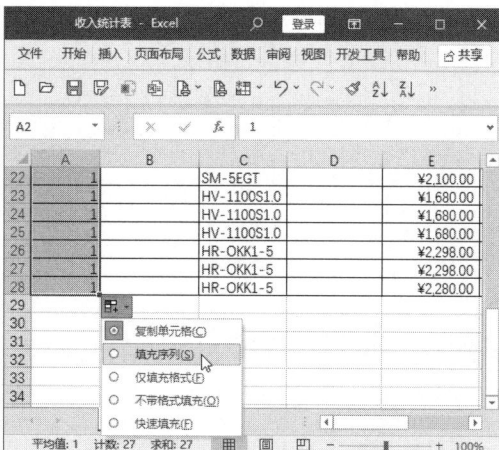

第 5 步：查看数据变化

此时即可在选中的单元格区域中填充上连续编号"1，2，3，……"，如右图所示。

（💡温馨小提示）

执行"序列填充"命令时，默认填充步长是"1"，如果要设置具体的填充选项，单击"开始"选项卡；在"编辑"组中单击"填充"按钮，在弹出的下拉列表中选择"序列"命令，然后在弹出的"序列"对话框中设置填充选择即可。

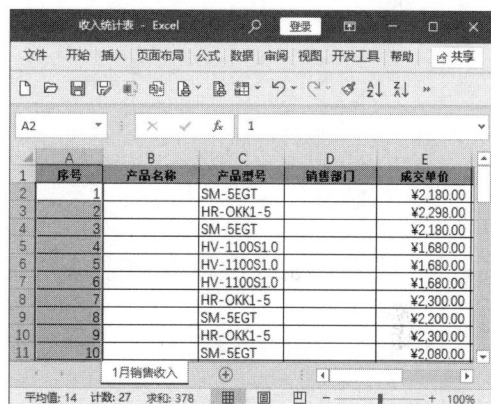

2.2.2　记忆式输入数据

默认情况下，Excel 自动开启"为单元格值启动记忆式输入"功能，将输入过的数据记录下来，在其下方单元格中再次输入相同的数据时，只需输入第一个汉字或第一个字符即可自动弹出之前输入的数据。使用记忆式输入功能输入数据的具体操作如下：

第 1 步：输入词组"彩电"

在单元格 B2 中输入词组"彩电"，如下图所示。

第 2 步：记忆式输入数据

在 B2 单元格下方的单元格 B3 中输入文字"彩"即会显示之前输入的词组"彩电"，按 Enter 键即可输入该词组，如下图所示。

第 3 步：输入其他产品名称

根据"收入统计表.txt"中的内容，通过记忆式输入功能，依次输入其他单元格中的产品名称，如右图所示。

2.2.3 从下拉列表中输入数据

Excel 中的单元格具有"序列"功能，可以通过设置数据来源把常用数据选项组成下拉列表，在下拉列表中选择数据记录完成输入。使用下拉列表输入数据的具体操作如下：

第 1 步：选中单元格区域

选中单元格区域 D2:D28，如下图所示。

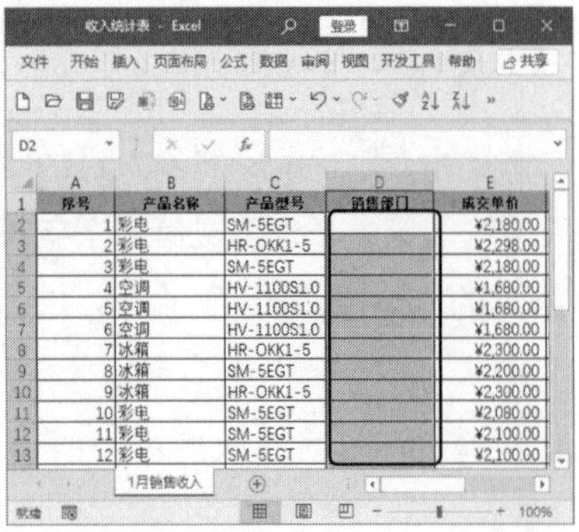

第 2 步：单击"数据验证"下拉按钮

❶单击"数据"选项卡；❷在"数据工具"组中单击"数据验证"下拉按钮，如下图所示。

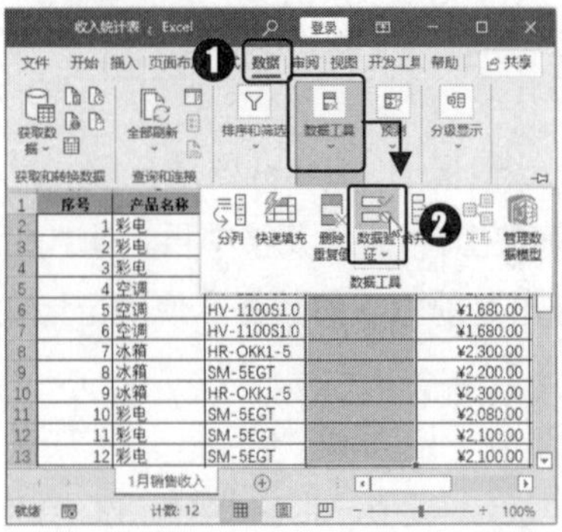

第 3 步：设置验证条件

弹出"数据验证"对话框，❶在"设置"选项卡的"允许"下拉列表中选择"序列"选项；❷在"来源"文本框中输入文本"销售一部,销售二部,销售三部"；❸单击"确定"按钮，如下图所示。

第 4 步：查看设置效果

返回工作表，此时即可看到 D2 单元格右侧出现一个下拉按钮。❶单击下拉按钮；❷在弹出的下拉列表中选择要输入的数据即可。例如选择"销售二部"选项，如下图所示，即可在 D2 单元格中输入文本"销售二部"。

第 5 步：输入全部销售部名称

根据文本文件"收入统计表.txt"中提供的数据，使用下拉列表功能，输入全部的销售部门名称即可，如右图所示。

---(温馨小提示)---

设置下拉列表的数据来源时，不但可以直接输入数据选项，还可以单击"来源"文本框右侧的"折叠"按钮，在工作表中拖动鼠标选取"数据列"作为数据来源。

2.3 应收账款清单中数据的修改及清除

案例概述

应收账款清单是反映企业一定时期内的债权状况的表单，记录每个客户各项赊销、还款明细。制作合理的应收账款清单，可以清晰地展现企业债权状况，及时安排应收账款催缴工作。本节以应收账款清单为例，介绍工作表中数据的修改、清除和恢复操作。

案例效果

应收账款清单主要包括月份、客户、应收账款、已收款项、余额等内容。在 Excel 表格中编辑数据时，应当掌握一定的编辑技巧，如"修改单元格数据""清除单元格""撤销与恢复"等。接下来对应收账款清单中的数据进行修改、清除和撤销与恢复操作。

"应收账款清单"数据修改及清除完成后的效果如下图所示。

制作思路

在"应收账款清单"中修改、清除和恢复数据的制作思路如下：

双击单元格修改数据 → 在编辑栏中修改数据 → 清除内容 → 执行"撤销"命令 → 恢复清除的数据内容

2.3.1 修改数据

修改单元格数据的方法主要有两种：一是双击单元格进行修改；二是在编辑栏中修改。

1. 双击单元格修改

双击单元格修改数据的具体操作方法如下：

第1步：选中单元格

打开"素材文件\第2章\应收账款清单.xlsx"文件，选中单元格B7，如下图所示。

第2步：双击单元格

在单元格B7上双击，此时单元格进入编辑状态，并显示闪动的光标，如下图所示。

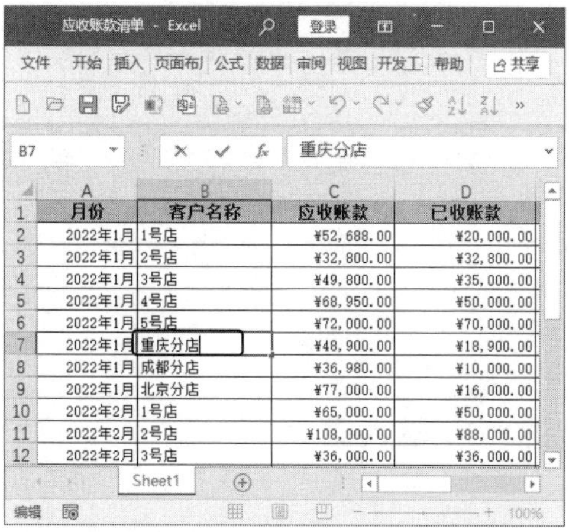

第3步：选中文本

在单元格B7中拖动鼠标选中要修改的文本，例如选中文本"重庆"，如下图所示。

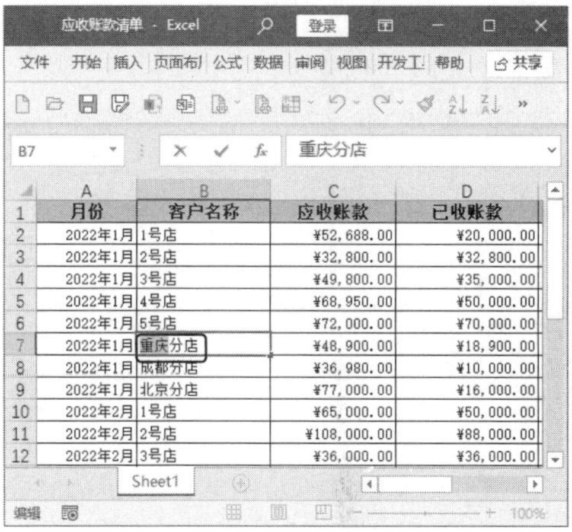

第4步：输入文本

直接输入文本"上海"即可修改完成，如下图所示。

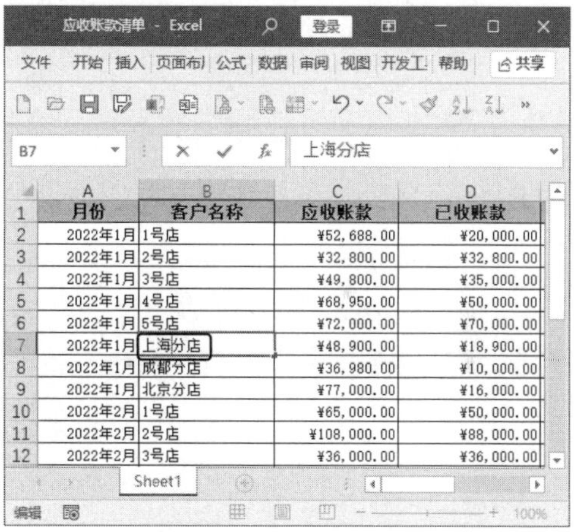

2. 在编辑栏修改

在编辑栏中修改数据的具体操作方法如下：

第1步：在编辑栏中选择要修改的数字

选中单元格C2，在编辑栏中选择要更改的数字或文本，例如选择数字"52688"，如下图所示。

第2步：直接输入数字

直接输入数字"60000"，此时选中的数字"52688"就被修改成了"60000"，如下图所示。

2.3.2 清除数据

Excel 具有"清除"功能，可以删除单元格中的所有内容，或者仅删除格式、内容、批注、超链接等。清除单元格内容的具体操作方法如下：

第1步：选中数据区域

选中单元格区域 A12:E14，如下图所示。

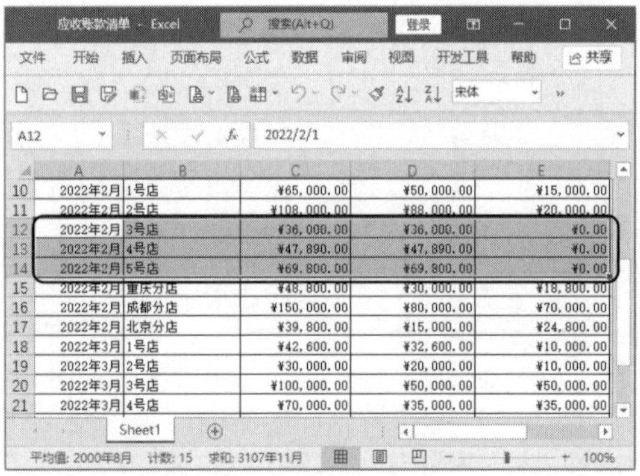

第2步：执行"清除内容"命令

❶单击"开始"选项卡；❷在"编辑"组中单击"清除"按钮；❸在弹出的下拉列表中选择"清除内容"选项，如下图所示。

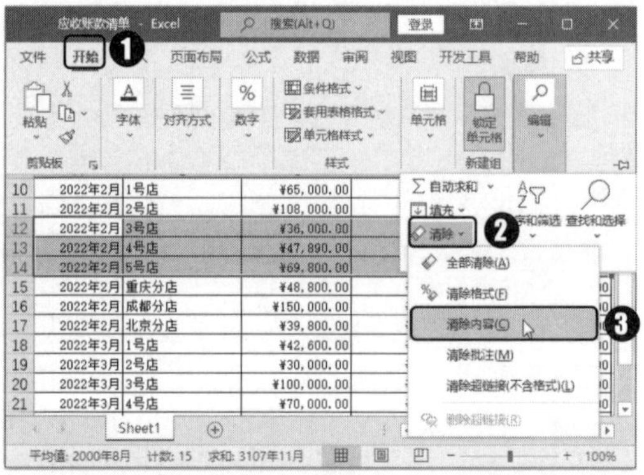

第3步：查看清除内容的效果

此时即可清除选中单元格区域中的数据，如右图所示。

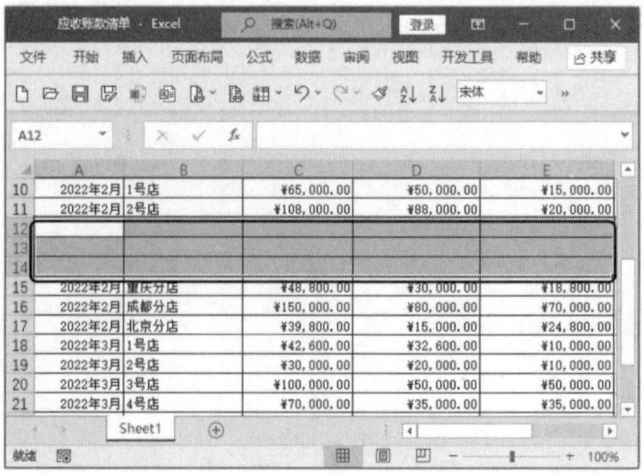

（ 💡温馨小提示 ）

用户也可以选中三个整行，执行删除命令，直接删除行，这样不仅删除整行，还可以同时删除其中的内容和格式。

2.3.3　恢复数据

在 Excel 中，提供了撤销与恢复操作，利用"撤销"功能，可以撤销最近一次或多步的操作，而恢复到在执行该项操作前的系统状态。恢复数据的具体操作方法如下：

第 1 步：单击"撤销"按钮	第 2 步：查看恢复的数据
单击"快速访问工具栏"中的"撤销"按钮，或按 Ctrl+Z 组合键，如下图所示。	此时即可撤销上一步操作，恢复清除的单元格内容，如下图所示。

2.4　应付账款清单中数据的移动及复制

案例概述

应付账款清单是反映企业因购买材料、商品和接受劳务供应等经营活动应支付的款项清单。制作合理的应付账款清单，可以清晰地展现企业债务状况，及时安排应付账款还款工作。本节以应付账款清单为例，介绍工作表中数据的移动及复制。

案例效果

应付账款清单主要包括业务日期、对方单位、应付账款数额、已付金额、未付金额、清款期限等内容。在 Excel 表格中编辑数据时，应当掌握一定的移动及复制技巧，如"在报表中移动及复制数据""使用选择性粘贴功能复制及移动数据""方便快捷的粘贴选项功能"等。接下来对应付账款清单中的数据进行数据的移动及复制操作。

"应付账款清单"数据移动及复制完成后的效果如下图所示。

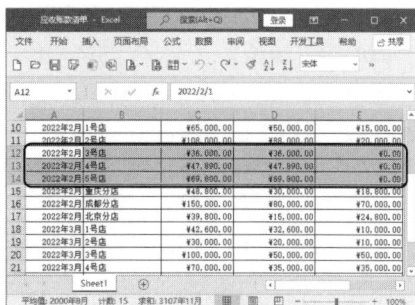

制作思路

"应付账款清单"数据的移动及复制思路如下：

```
使用"复制和粘    →    使用"拖动法"   →    "选择性粘贴"
贴"功能移动及          移动及复制数据        功能简介
复制数据
                                              ↓
使用"移动和复制          使用选择性粘贴
工作表"功能移动  ←      功能
整张表单
```

2.4.1 在报表中移动及复制数据

在报表中移动及复制数据的方法主要有两种：一是使用"复制和粘贴"功能移动及复制数据；二是使用拖动法复制与移动数据。

1. 使用"复制和粘贴"功能

"复制和粘贴"是 Office 办公软件的基本功能之一。复制的组合键是 Ctrl+C；粘贴的组合键是 Ctrl+V。使用"复制和粘贴"功能，可以快速复制及移动数据，具体操作方法如下：

第 1 步：复制数据和格式

打开"素材文件\第 2 章\应付账款清单.xlsx"文件，选中单元格 G3，按组合键 Ctrl+C，即可复制单元格中的数据和格式，如下图所示。

第 2 步：粘贴数据和格式

选中单元格 G5，按组合键 Ctrl+V，即可将复制的数据和格式粘贴到选中的单元格 G5 中，如下图所示。

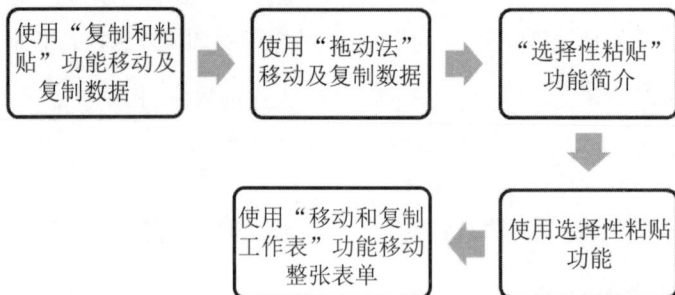

2. 使用拖动法

在 Excel 表格中，还可以使用鼠标拖动法来移动单元格中的内容。要移动单元格内容，应首先单击要移动的单元格或选定单元格区域，然后将光标移至单元格区域边缘，当光标变为箭头形状后，拖动光标到指定位置并释放鼠标即可。具体操作方法如下：

第 1 步：选中单元格

选中要移动的单元格 C18，然后将光标移至单元格区域边缘，光标变为箭头形状，如下图所示。

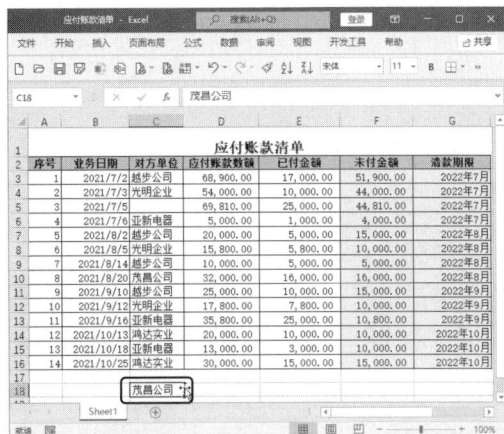

第 2 步：移动单元格

按住鼠标左键不动，拖动光标到指定的单元格 C5 中，如下图所示。

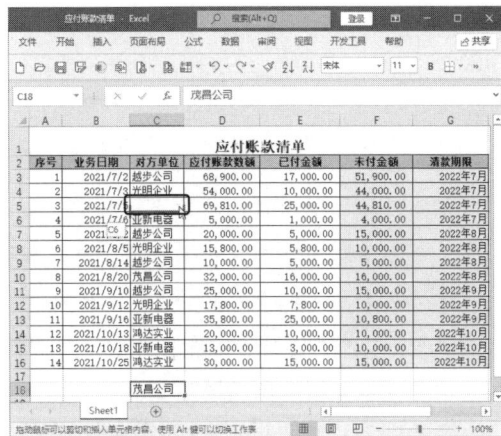

第 3 步：查看移动和复制效果

释放鼠标，此时即可将单元格 C18 中的数据和格式移动到单元格 C5 中，如右图所示。

（💡温馨小提示）

使用鼠标拖动法来移动单元格中的内容，原来的单元格中的内容就消失不见了。

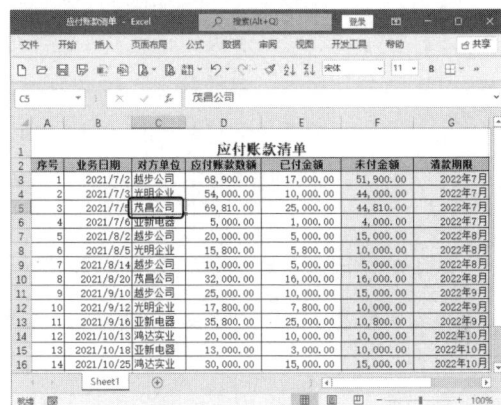

2.4.2 使用"选择性粘贴"功能

"选择性粘贴"是 Office 软件的一项粘贴性功能，通过使用"选择性粘贴"能够将复制来的内容过滤掉格式和样式，粘贴为不同于内容源的格式，能够在日常办公中起到非常大的作用和帮助。接下来对 Excel 2021 表格中的"选择性粘贴"功能进行详细介绍。

1. "选择性粘贴"功能简介

"选择性粘贴"具有多种粘贴选项和运算方式，包括全部、公式、数值、格式、批注等，如下图所示。使用选择性粘贴，可以方便用户快速复制和粘贴数据。

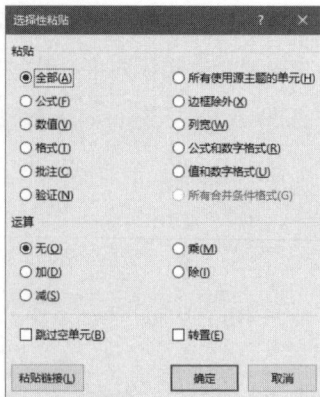

下面介绍一下主要粘贴方式及其含义。

【全部】：包括内容和格式等，其效果等于直接粘贴。

【公式】：只粘贴文本和公式，不粘贴字体、格式（字体、对齐、文字方向、数字格式、底纹等）、边框、注释、内容校验等。当复制公式时，单元格引用将根据所用引用类型而变化。如要使单元格引用保持不变，请使用绝对引用。

【数值】：只粘贴文本，如果单元格中的内容是计算公式，就只粘贴计算结果。

【公式】和【数值】两项不改变目标单元格的格式。

【格式】：仅粘贴源单元格格式，但不能粘贴单元格的有效性。粘贴格式包括字体、对齐、文字方向、边框、底纹等，不改变目标单元格的文字内容（功能相当于格式刷）。

【批注】：把源单元格的批注内容复制过来，不改变目标单元格的内容和格式。

【验证】：将复制单元格的数据有效性规则粘贴到粘贴区域，只粘贴验证内容，其他保持不变。

【所有使用源主题的单元】：粘贴使用复制数据应用的文档主题格式的所有单元格内容。

【边框除外】：粘贴除边框外的所有内容和格式，保持目标单元格和源单元格相同的内容和格式。

【列宽】：将某个列宽或列的区域粘贴到另一个列或列的区域，使目标单元格和源单元格拥有同样的列宽，不改变内容和格式。

【公式和数字格式】：仅从选中的单元格粘贴公式和所有数字格式选项。

【值和数字格式】：仅从选中的单元格粘贴值和所有数字格式选项。

【所有合并条件格式】：粘贴并合并单元格中的条件格式。当选项呈灰色时，表示单元格中未设置条件格式。

下面介绍一下几种运算方式的含义。

【无】：对源区域，不参与运算，按所选择的粘贴方式粘贴。

【加】：把源区域内的值与新区域相加，得到相加后的结果。

【减】：把源区域内的值与新区域相减，得到相减后的结果。

【乘】：把源区域内的值与新区域相乘，得到相乘后的结果。

【除】：把源区域内的值与新区域相除，得到相除后的结果（此时如果源区域是 0，那么结果就会显示#DIV/0!错误）。

2．使用"选择性粘贴"功能移动或复制数据

接下来使用"选择性粘贴"功能中的"粘贴、值和数字格式、格式"三个选项，移动或复制财务数据，具体操作方法如下：

第1步：执行"复制"命令

选中单元格 F3，按组合键 Ctrl+C，即可对单元格 F3 执行"复制"命令，如下图所示。

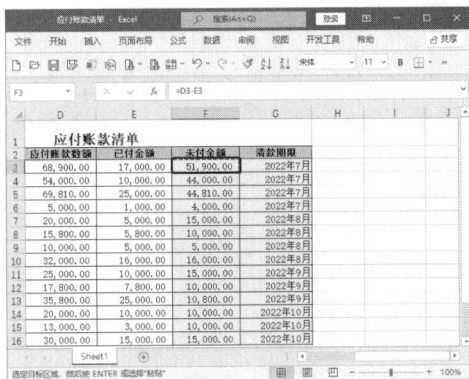

第2步：以"粘贴"方式粘贴复制的内容

选中任意空白单元格，❶单击"开始"选项卡；❷单击"剪贴板"组中的"粘贴"下拉按钮；❸在弹出的下拉列表中单击"粘贴"按钮，即可将源单元格中的所有数据、公式及格式全部粘贴到目标单元格中，如下图所示。

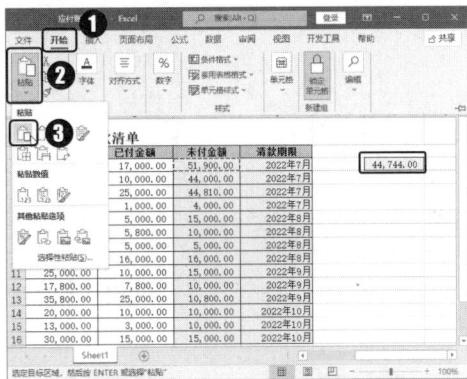

第3步：以"值和数字格式"方式粘贴复制的内容

再次复制单元格 F3，选中任意空白单元格，❶单击"开始"选项卡；❷单击"剪贴板"组中的"粘贴"下拉按钮；❸在弹出的下拉列表中选择"值和数字格式"按钮，即可将源单元格中的数据值和数字格式粘贴到目标单元格中，如下图所示。

第4步：以"格式"方式粘贴复制的内容

再次复制单元格 F3，选中任意空白单元格，❶单击"开始"选项卡；❷单击"剪贴板"组中的"粘贴"下拉按钮；❸在弹出的下拉列表中单击"格式"按钮，即可将源单元格中的单元格格式粘贴到目标单元格中，如下图所示。

(🖥 专家会诊台)

问：在选择性粘贴选项中有个"粘贴链接"功能，"粘贴链接"和"粘贴数值"的区别是什么？

答：使用粘贴链接的好处就是复制后的数据能随源数据自动更新。

"粘贴链接"：其实就是指粘贴源数据地址到 Excel 中，当源数据发生变化时，Excel 中的数据也会随之发生变化，这时候就会自动更新。

"粘贴数值"：是粘贴入 Excel 中的数值与数值源的数据没有任何关系；而粘贴链接是保持数据的同步更新。

2.5 供应商缴费明细表中数据的查找和替换

案例概述

供应商缴费明细表是记录供应商缴费情况的明细表单，通常包括交费时间、所属年度、所属月份、交费单位、金额、收据号、交款人等内容。Excel 具有"查找和替换"功能，不仅可以查找各种类型的数据，还可以将查找的内容替换为所需的数据，大大提高工作效率。本节将以查找和替换供应商缴费明细表中的数据为例，为读者介绍 Excel 表格数据的查找和替换操作。

案例效果

供应商缴费明细表是反映供应商资金实力和商业信誉的重要表单之一。接下来使用查找和替换功能，在供应商缴费明细表中查找和替换供应商缴费数据，例如查找某公司的缴费情况，查询某年度、某月份的缴费情况等。

"供应商缴费明细表"数据查找和替换完成后的效果如下图所示。

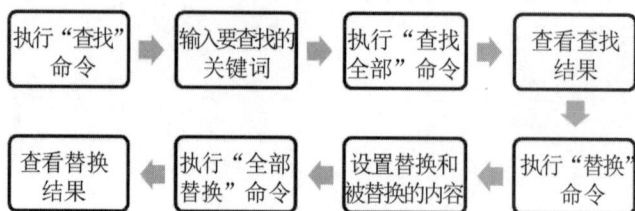

制作思路

"供应商缴费明细表"数据的查找和替换思路如下：

执行"查找"命令 → 输入要查找的关键词 → 执行"查找全部"命令 → 查看查找结果 → 执行"替换"命令 → 设置替换和被替换的内容 → 执行"全部替换"命令 → 查看替换结果

2.5.1　数据查找

　　在 Excel 表格中，可以通过搜索关键词库快速查找数据，如搜索姓名、年度、月份、公司名称等。下面根据关键词"A 公司"来查找 A 公司的缴费明细，具体操作方法如下：

第 1 步：执行"查找"命令

　　打开"素材文件\第 2 章\供应商缴费明细表.xlsx"文件，❶单击"开始"选项卡；❷在"编辑"组中单击"查找和选择"下拉按钮；❸在弹出的下拉列表中选择"查找"选项，如下图所示。

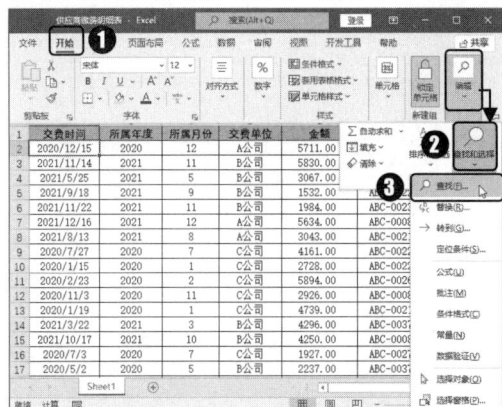

第 2 步：输入关键词

　　弹出"查找和替换"对话框，❶在"查找"选项卡下的"查找内容"文本框中输入"A 公司"；❷单击"查找全部"按钮，如下图所示。

第 3 步：查看查找结果

　　此时在"查找和替换"对话框的下方弹出列表框，列示出所有关键词为"A 公司"的数据记录，如下图所示。

第 4 步：定位数据位置

　　在"查找和替换"对话框中，❶单击要查看的数据记录；❷此时即可在工作表中定位到相应的数据记录；❸查找完毕，单击"关闭"按钮即可关闭对话框，如下图所示。

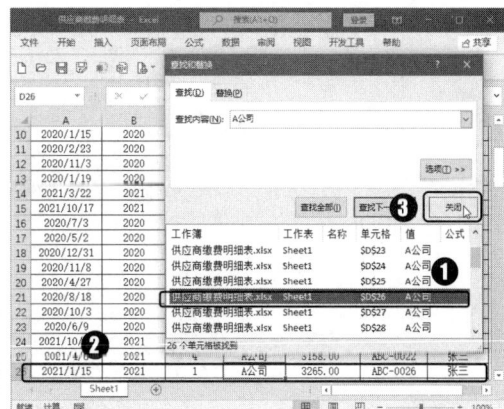

2.5.2 数据替换

在编辑工作表时，如果发生数据输入错误，且数量较多，可以使用替换功能，将错误数据替换成正确数据，例如将交款人"张三"替换成"章三"，具体操作方法如下：

第 1 步：执行"替换"命令

❶单击"开始"选项卡；❷在"编辑"组中单击"查找和选择"下拉按钮；❸在弹出的下拉列表中选择"替换"选项，如下图所示。

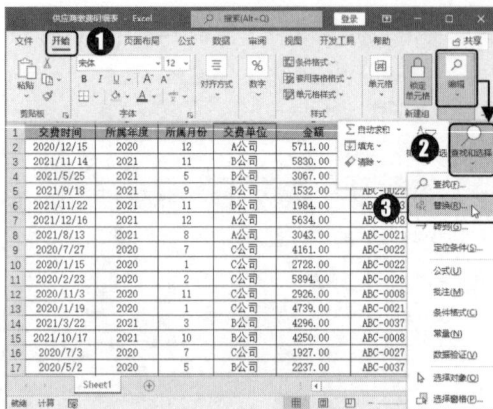

第 2 步：输入替换内容

弹出"查找和替换"对话框，❶在"替换"选项卡下的"查找内容"文本框中输入"张三"，在"替换为"文本框中输入"章三"；❷单击"全部替换"按钮，如下图所示。

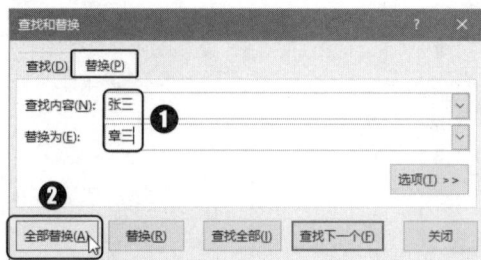

第 3 步：查看替换数量

弹出"Microsoft Excel"对话框，提示"全部完成。完成 26 处替换。"信息，❶单击"确定"按钮；❷然后单击"关闭"按钮，如下图所示。

第 4 步：查看替换效果

返回工作表，此时工作表中的交款人"张三"就全部替换成了"章三"，替换效果如下图所示。

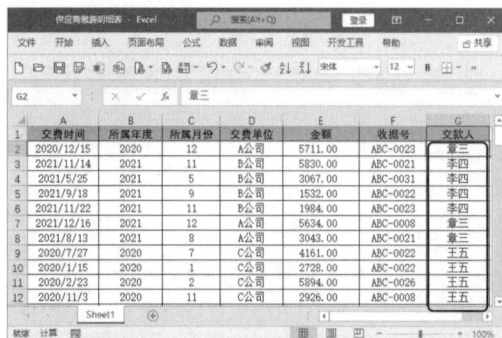

> **温馨小提示**
>
> （1）如果要对多个工作表执行查找或替换工作，可以先将它们选定为工作表组，再执行相应的操作。
>
> （2）查找数据时，也可以单击"查找下一个"按钮，Excel 在找到数据后，会将单元格指针指向所找到的单元格，这时再单击"替换"按钮来替换目标字符串，若不想替换找到的字符串，可直接再单击"查找下一个"按钮即可。

2.6　提升效率——实用操作技巧

通过前面知识的学习，相信读者朋友已经掌握财务数据的输入与编辑的相关基础知识。下面结合本章内容，给大家介绍一些实用技巧。

1. 奇特的 F4 键

F4 键是 Excel 中一个重要的"重复键"，在输入和编辑数据时用于重复上次操作，既方便，又快捷。接下来使用 F4 键，重复进行字体加粗操作，具体操作方法如下：

第 1 步：执行字体加粗命令

打开"素材文件\第 2 章\提升效率\奇特的 F4 键.xlsx"文件，选中单元格 A1，❶单击"开始"选项卡；❷在"字体"组中单击"加粗"按钮，如下图所示。

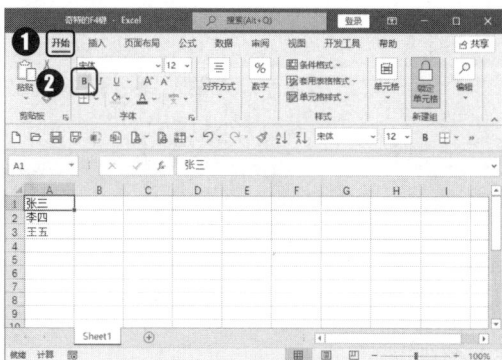

第 2 步：查看字体加粗效果

此时，单元格 A1 中的文字就执行了加粗操作，如下图所示。

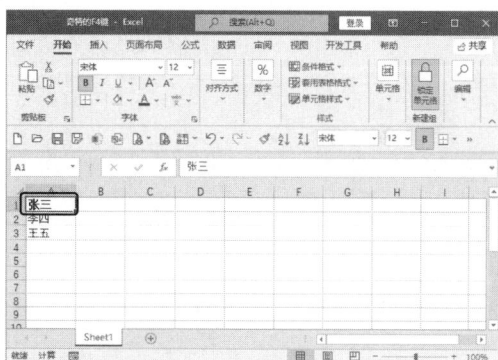

第 3 步：使用 F4 键重复加粗操作

选中单元格区域 A2:A3，按 F4 键，此时选中单元格区域中的文字就会重复上次的加粗操作，加粗效果如右图所示。

（💡温馨小提示）

F4 键除了可以重复上次操作外，还可以转换公式中的单元格及区域的引用方式，即相对引用、绝对引用和混合引用之间的转换。

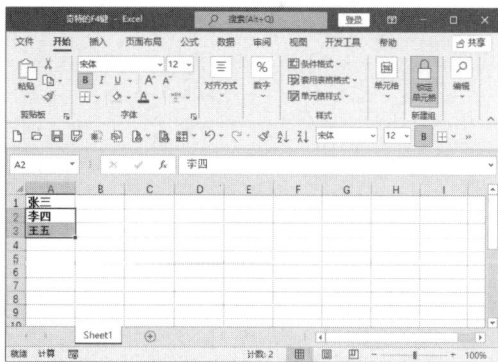

2. 快速输入有序数据

在输入和编辑表格时，经常用到有序数据，如序号（1，2，……），日期（1日，2日，……）等，使用 Excel 的填充功能，可以快速输入这些有序数据，具体操作方法如下：

第 1 步：输入前两个有序数据

打开"素材文件\第 2 章\提升效率\快速输入有序数据.xlsx"文件，在单元格 A2 与 A3 中分别输入数据"2021/9/1"和"2021/9/2"，如下图所示。

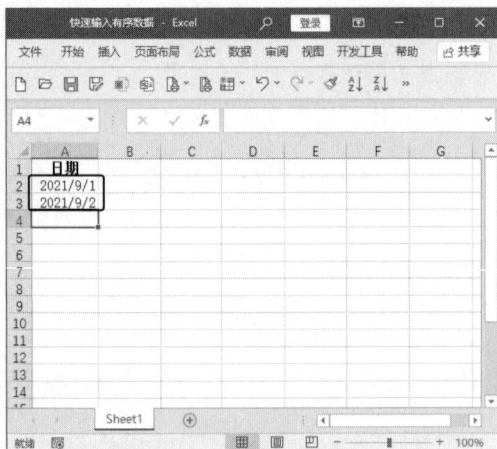

第 2 步：定位鼠标指针

选中单元格区域 A2:A3，将光标移动到单元格 A3 的右下角，光标变成十字形状，如下图所示。

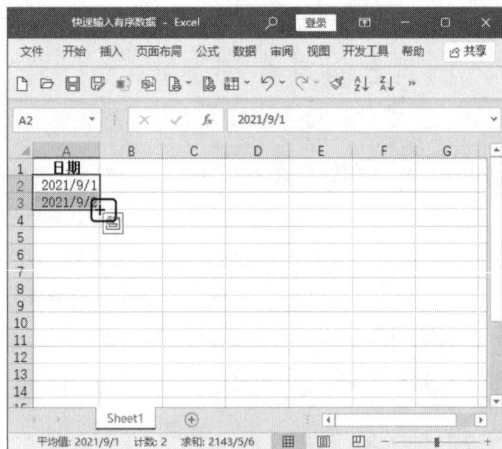

第 3 步：拖动鼠标填充数据

按住鼠标左键不放，向下拖动鼠标，光标至单元格 A31 后释放鼠标。此时即可输入 9 月连续的日期，如右图所示。

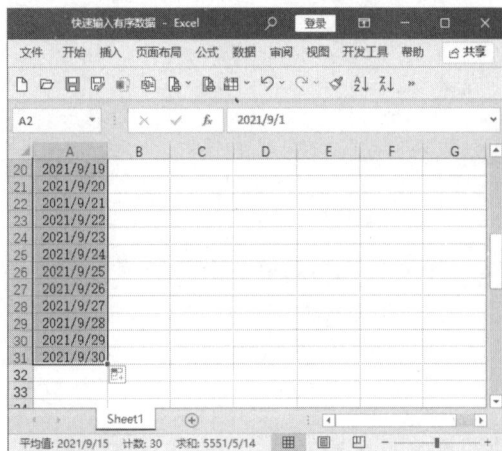

3. 输入以"0"开头的数字编号

在 Excel 表格中输入以"0"开头的数字，系统会自动将"0"过滤掉，例如输入"0001"，则会自动显示成"1"。那么如何输入以"0"开头的数字呢？通过设置单元格格式，自定义数字类型，即可解决这个问题，具体操作方法如下：

第 1 步：打开对话框启动器

打开"素材文件\第 2 章\提升效率\输入'0'开头的数字编号.xlsx"文件，❶选中要输入编号的单元格 A2；❷单击"开始"选项卡；❸在"数字"组中单击"对话框启动器"按钮，如下图所示。

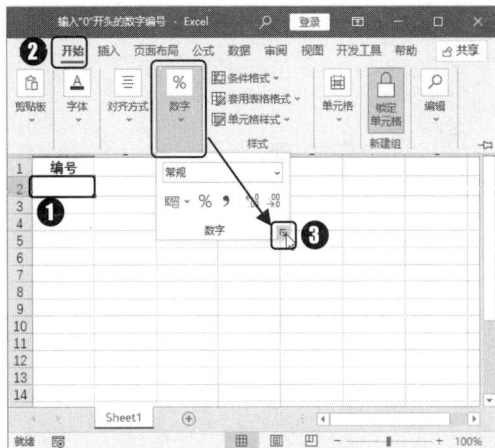

第 2 步：自定义数字格式

弹出"设置单元格格式"对话框，❶在"数字"选项卡下的"分类"列表框中选择"自定义"选项；❷在"类型"文本框中输入"00000"；❸单击"确定"按钮关闭对话框，如下图所示。

第 3 步：输入编号

在单元格 A2 中输入数字"1"，如下图所示。

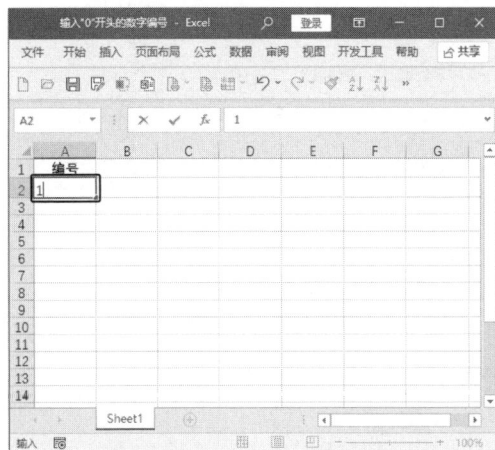

第 4 步：查看设置效果

按 Enter 键，此时即可看到单元格 A2 显示数字"00001"，如下图所示。

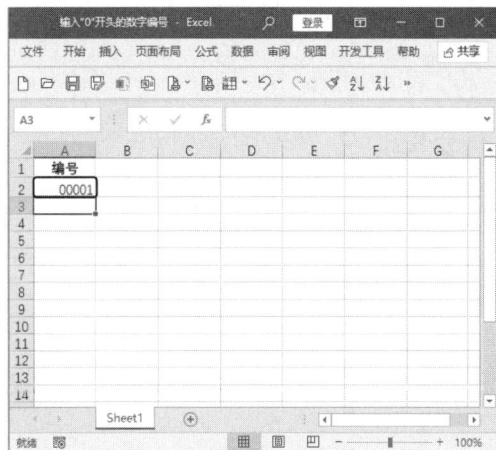

4. 设置货币的"万元"单位

在使用 Excel 工作表记录金额的时候，如果金额较大，使用万元等来显示金额就会更直观明了，通过设置单元格格式，自定义数字类型，可以轻松实现以"万元"为单位来显示金额。接下来将金额设置为以"万元"为单位来显示，并保留两位小数，具体操作方法如下：

第1步：打开对话框启动器

打开"素材文件\第2章\提升效率\设置货币的'万元'单位.xlsx"文件，选中单元格区域 B3:E7，❶单击"开始"选项卡；❷在"数字"组中单击"对话框启动器"按钮，如下图所示。

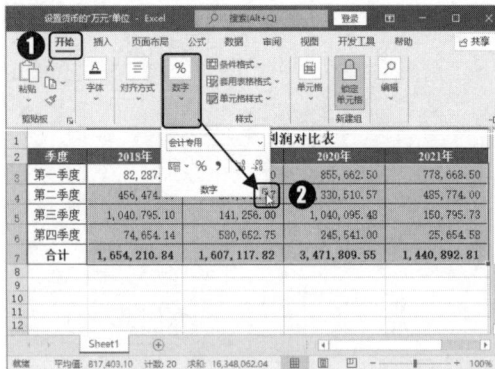

第2步：自定义货币格式

弹出"设置单元格格式"对话框，❶单击"数字"选项卡；❷在"分类"列表框中选择"自定义"选项；❸在"类型"文本框中输入"0!.0000万元"或"#!.0000万元"；❹单击"确定"按钮，如下图所示。

第3步：查看设置效果

返回工作表，此时选中区域的金额就变成以"万元"为单位显示，如右图所示。

（💡温馨小提示）

如果要以"万"为单位显示金额，并保留一位小数，将数据类型自定义为"#"."#,"万""即可。

52

第 **3** 章

财务数据的计算

↳本章导读

　　公式和函数是 Excel 的两大利器，在数据计算和数据分析中发挥着极其重要的作用。本章主要介绍公式和函数的计算方法和技巧，包括 Excel 中公式和函数的用法、销售数据统计表中的公式计算、数组公式的应用、财务函数的应用等内容。

↳知识要点

❖ 公式的输入原则

❖ 公式中常用的运算符

❖ 函数的使用方法

❖ 直接输入公式

❖ 使用鼠标输入公式元素

❖ 使用其他符号开头输入公式

❖ 编辑、更改或删除公式

❖ 复制公式完成批量计算

❖ 使用数组公式

❖ 修改或删除数组公式

❖ 使用 PV 函数进行投资分析

❖ 使用 FV 函数计算投资终值

❖ 使用 PMT 函数计算房贷还款额

❖ NPV 函数和 IRR 函数的综合应用

↳案例展示

3.1 Excel 中的公式和函数的用法

案例概述

公式是 Excel 工作表中进行数值计算和分析的等式。公式输入是以"="开始的。简单的公式有加、减、乘、除等，复杂的公式可能包含函数、引用、运算符和常量等。本节主要讲述公式和函数的基本用法，包括公式的输入原则，公式中常用的运算符，以及函数的基本用法等内容。

案例效果

本案例中主要介绍 Excel 中公式的基本用法，包括公式的输入原则，公式中常用的运算符，函数的使用方法等内容。

Excel 工作表中公式和函数界面效果如下图所示。

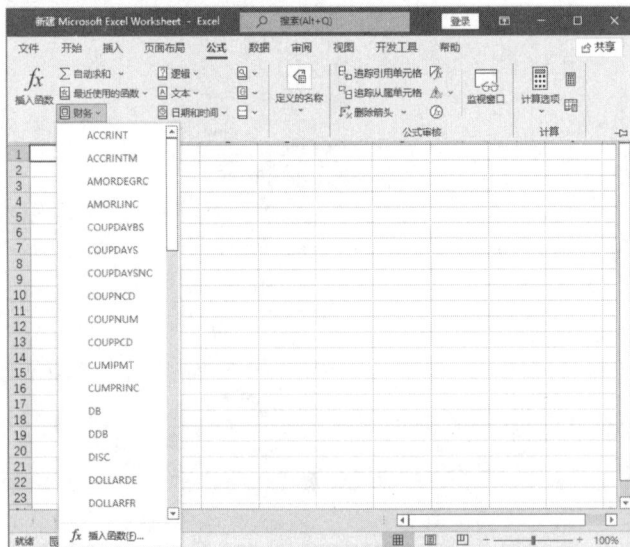

制作思路

公式和函数用法的思路如下：

3.1.1　公式的输入原则

Excel 中的公式必须遵循规定的语法：

（1）所有公式以等号（＝）开始，在等号（＝）后输入要计算的元素。

（2）参加计算单元格的地址表示方法：列标+行号，例如 A3，E10 等。

（3）参加计算单元格区域的地址表示方法：左上角的单元格地址：右下角的单元格地址，例如 A2:F7，B1:G8，C1:G20 等。

3.1.2　公式中常用的运算符

运算符是公式的基本元素，也是必不可少的元素，每一个运算符代表一种运算。

1. 运算符类型

在 Excel 2021 中有 4 种运算符类型，分别是算术运算符、比较运算符、文本运算符和引用运算符。

（1）算术运算符。用于完成基本的数学运算。算术运算符的主要种类和含义如表 3-1 所示。

表 3-1　算术运算符的种类及其含义

运算符类型	运 算 符	含 义	示 例
算术运算符	+	加法运算	A1＋B1
	－	减号运算	A1－B1 或－C1
	*	乘法运算	A1*B1
	/	除法运算	A1/B1
	%	百分比运算	15%
	^	乘方运算	10^3（与 10*10*10）

（2）比较运算符。用于比较两个值。当用操作符比较两个值时，结果是一个逻辑值，为 True 或 False。其中，True 表示"真"，False 表示"假"。比较运算符的主要种类和含义如表 3-2 所示。

表 3-2　比较运算符的种类及其含义

运算符类型	运 算 符	含 义	示 例
比较运算符	=	等于运算	A1=B1
	>	大于运算	A1>B1
	<	小于运算	A1<B1
	>=	大于或等于运算	A1>=B1
	<=	大于或等于运算	A1>=B1
	<>	不等于运算	A1<>B1

（3）文本运算符。使用和号(&)连接一个或更多字符串以产生更大的文本。文本运算符的主要种类和含义如表 3-3 所示。

表 3-3　文本运算符的种类及其含义

运算符类型	运 算 符	含 义	示　例
文本运算符	&	用于连接多个单元格中的文本字符串，产生一个文本字符串	A1&B1

（4）引用运算符。用于标明工作表中的单元格或单元格区域。引用运算符的主要种类和含义如表 3-4 所示。

表 3-4　引用运算符的种类及其含义

运算符类型	运 算 符	含 义	示　例
引用运算符	：（冒号）	区域运算符，对两个引用之间，包括两个引用在内的所有单元格进行引用	B5:B15
	，（逗号）	联合操作符，将多个引用合并为一个引用	SUM(B5:B15,D5:D15)
	（空格）	交叉运算，即对两个引用区域中共有的单元格进行运算	A1:B8 B1:D8

2．公式中运算符的优先顺序

公式中众多的运算符在进行运算时很显然有着不同的优先顺序，正如最初接触数学运算时就知道"*""/"运算符优于"+""-"运算符一样，只有这样它们才能默契合作实现各类复杂的运算。公式中运算符的优先顺序如表 3-5 所示。

表 3-5　运算符的优先顺序

优先顺序	运 算 符	说　明
1	：（冒号）　，（逗号）　（空格）	引用运算符
2	−	作为负号使用（如：−8）
3	%	百分比运算
4	^	乘幂运算
5	* 和 /	乘和除运算
6	+ 和 −	加和减运算
7	&	连接两个文本字符串
8	=、<、>、<=、>=、<>	比较运算符

3.1.3　函数的使用方法

Excel 是一款重要的办公自动化软件。Excel 中的函数就是一些预定义的公式，结合一些参数的特定数值按特定的顺序或结构进行计算。用户可以直接使用函数对某个数据区域内的数值进行一系列的函数运算，如统计和计算销售数据、确定房贷支付额、计算求和或平均值、排序显示和运算文本数据，分析和处理日期值和时间值等。例如，使用 SUM 函数可以对单元格或单元格区域进行加法运算。

1．函数中的参数

函数中的参数可以是数字、文本、形如 True 或 False 的逻辑值、数组、形如 #N/A 的错误值或单元格引用。给定的参数必须能产生有效的值。参数可以是常量、公式或其他函数，也可以是数组、单元格引用等。例如，SUM 函数公式"=SUM(D2:D4)"中的参数就是单元格相对引用区域 D2:D4。

2．函数中的数组

引用了数组，并在编辑栏可以看到以"{}"括起来的公式就是数组公式。而数组公式的作用就是对一组或多组数据进行处理，然后得到想要的结果。按 Ctrl+Shift+Enter 组合键，即可实现公式到数组公式的转变。

3．单元格的引用

单元格的引用方法包括相对引用、绝对引用与混合引用三种。

单元格的相对引用是基于包含公式和引用的单元格的相对位置而言的。如果公式所在单元格的位置改变，引用也将随之改变；如果多行或多列地复制公式，引用会自动调整。默认情况下，新公式使用相对引用。

单元格中的绝对引用则总是在指定位置引用单元格（例如 $A$1）。如果公式所在单元格的位置改变，绝对引用的单元格始终保持不变；如果多行或多列地复制公式，绝对引用将保持不变。

混合引用包括绝对列和相对行（例如 $A1），或是绝对行和相对列（例如 A$1）两种形式。如果公式所在单元格的位置改变，则相对引用改变，而绝对引用不变。如果多行或多列地复制公式，相对引用自动调整，而绝对引用保持不变。

4．函数的种类

Excel 2021 版中，函数共包括 13 类，分别是财务、逻辑、文本、日期与时间、查找和引用、数据库、数学和三角、统计、工程、多维数据集、信息、兼容性，以及 Web 函数。

其中常用的财务函数大体上可分为四类：投资计算函数、折旧计算函数、偿还率计算函数、债券及其他金融函数等。使用财务函数，可以进行一般的财务计算，如确定贷款的支付额、投资的未来值或净现值，以及债券或息票的价值等。

（1）常用的投资计算函数的名称及功能和含义见表 3-6。

表 3-6　常用的投资计算函数及其含义

函数名称	功能和含义
EFFECT	计算实际年利息率
FV	基于固定利率和等额分期付款方式计算投资的未来值
FVSCHEDULE	计算一系列复利率和初始本金的终值
IPMT	计算定期偿还、固定利率条件下给定期次内的某项投资回报的利息
NOMINAL	计算名义年利率（单利）
NPER	基于固定利率和等额分期付款方式，计算投资或贷款的周期数
NPV	在已知定期现金流量和贴现率的条件下计算某项投资的净现值
PMT	计算固定利率下，贷款的等额分期偿还额
PPMT	计算在定期偿还、固定利率条件下给定期次某项投资回报的本金部分
PV	计算某项投资的净现值
XIRR	计算某一组不定期现金流量的内部报酬率
XNPV	计算某一组不定期现金流量的净现值

（2）常用的折旧计算函数的名称及功能和含义见表 3-7。

表 3-7　常用的折旧计算函数及其含义

函数名称	功能和含义
AMORDEGRC	计算每个会计期间的折旧额
DB	使用固定余额递减法计算指定期间内固定资产的折旧额
DDB	使用双倍余额递减或其他方法计算指定期间内的资产折旧额
SLN	计算一个期间内固定资产的直线折旧额
SYD	使用年数总和法计算指定期间内固定资产的每期折旧额
VDB	使用双倍余额递减法计算指定期间内固定资产的折旧额，可设置最后两年或转为直线法

（3）常用的偿还率计算函数的名称及功能和含义见表 3-8。

表 3-8　常用的偿还率计算函数及其含义

函数名称	功能和含义
IRR	计算某一连续现金流的内部报酬率
MIRR	计算在考虑投资成本以及现金再投资利率下一系列分期现金流的内部报酬率
RATE	计算投资或贷款的每期实际利率

（4）常用的债券及其他金融计算函数的名称及功能和含义见表 3-9。

表 3-9　常用的债券及其他金融函数及其含义

函数名称	功能和含义
ACCRINTM	计算到期付息债券的应计利息
COUPDAYB	计算从付息期开始到结算日之间的天数
COUPDAYS	计算包括结算日期的付息期间的天数
COUPDAYSNC	计算从结算日到下一个付息日期的天数
COUPNCD	计算结算日期后的下一个付息日期
COUPNUM	计算从结算日与到期日之间可支付的息票数
COUPPCD	计算结算日期前的上一个付息日期
CUMIPMT	计算两个付款期之间为贷款累积支付的利息
CUMPRINC	计算两个付款期之间贷款累积支付的本金
DISC	计算债券的贴现率
DOLLARDE	转换以分数形式表示的货币为以小数表示的货币值
DOLLARFR	转换以小数表示的货币值为以分数表示的货币值
DURATION	计算定期付息债券的年持续时间
INTRATE	计算完全投资型债券的利率
ODDFPRICE	计算每张票面为 100 元且第一期为奇数的债券的现价
ODDFYIELD	计算第一期为奇数的债券的收益
ODDLPRICE	计算每张票面为 100 元且最后一期为奇数的债券的现价
ODDLYIELD	计算最后一期为奇数的债券的收益
PRICE	计算每张票面为 100 元且定期支付利息的债券的现价
PRICEDISC	计算每张票面为 100 元的已贴现债券的现价
PRICEMAT	计算每张票面为 100 元且在到期日支付利息的债券的现价
TBILLPRICE	计算每张票面为 100 元的短期国债的现价
TBILLYIELD	计算短期国债的收益
YIELD	计算定期付息债券的收益
YIELDDISC	计算已贴现债券的年收益
YIELDMAT	计算到期付息债券的年收益率

在财务函数中有两个常用的变量：f 和 b。其中，f 为年付息次数，如果按年支付，则 $f=1$；按半年期支付，则 $f=2$；按季支付，则 $f=4$。b 为日计数基准类型，如果日计数基准为"US（NASD）30/360"，则 $b=0$ 或省略；如果日计数基准为"实际天数/实际天数"，则 $b=1$；如果日计数基准为"实际天数/360"，则 $b=2$；如果日计数基准为"实际天数/365"，则 $b=3$；

如果日计数基准为"欧洲 30/360", 则 $b=4$。

3.2 销售数据统计表中的公式计算

案例概述

使用公式进行数据计算是 Excel 的一项重要功能。本节结合实例"年度销售统计表"中的数据计算,介绍 Excel 中公式的用法、输入和编辑公式的方法以及复制公式的方法。

案例效果

公式是 Excel 工作表中进行数值计算和分析的等式。公式输入是以"="开始的。简单的公式有加、减、乘、除等,复杂的公式可能包含函数、引用、运算符和常量等。

"年度销售统计表"中的数据计算结果如下图所示。

品名	第一季度	第二季度	第三季度	第四季度	年度合计
家电	378,568.50	384,558.09	374,272.60	428,704.00	1,566,103.19
食品	525,580.40	125,878.35	472,249.00	335,530.60	1,459,238.35
服装	330,500.00	553,895.00	677,645.00	447,837.50	2,009,877.50
化妆品	425,800.00	589,878.35	752,339.00	554,050.09	2,322,067.44
日常百货	174,500.00	525,420.23	488,025.20	578,146.00	1,766,091.43
家具	101,800.63	225,878.00	343,384.72	476,522.00	1,147,585.35
小家电	234,100.00	302,898.00	297,444.24	510,445.28	1,344,887.52
电脑	450,200.00	102,578.35	117,603.76	278,667.34	949,049.45
季度合计	2,621,049.53	2,810,984.37	3,522,963.52	3,609,902.81	12,564,900.23

制作思路

在"年度销售统计表"中使用公式进行数据计算的具体思路如下:

直接输入公式 → 使用鼠标输入公式元素 → 使用其他符号开头输入公式 ↓

复制公式完成批量计算 ← 删除公式 ← 编辑、更改公式

3.2.1 直接输入公式

公式以"="号开始,如果直接输入公式,而不加起始符号,Excel 会自动将输入的内容作为数据。直接输入公式的具体操作如下:

第 1 步:输入等号

打开"素材文件\第 3 章\年度销售统计表.xlsx"文件,选中单元格 F2,首先输入"="号,如下图所示。

第 2 步:输入公式元素

依次输入公式元素"B2+C2+D2+E2",如下图所示。

第 3 步:查看计算结果

输入公式后,按下 Enter 键即可得到计算结果,如右图所示。

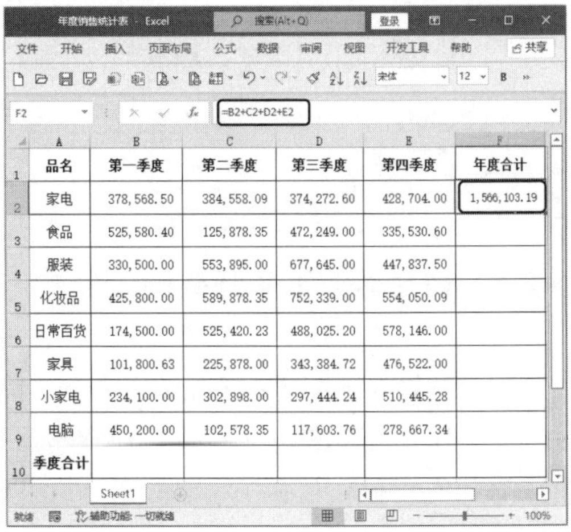

(温馨小提示)

在单元格中输入的公式会自动显示在公式编辑栏中,因此也可以在选中要返回值的目标单元格之后,在公式编辑栏中单击进入编辑状态,然后直接输入公式。

3.2.2 使用鼠标指针选择公式元素

如果公式中引用了单元格,除了采用手工方法直接输入公式外,还可以用鼠标指针选择单元格或单元格区域配合公式的输入,具体操作方法如下:

第 1 步：输入公式元素

选中单元格 B10，输入 "=" 公式起始符号，再输入 "SUM()"，如下图所示。

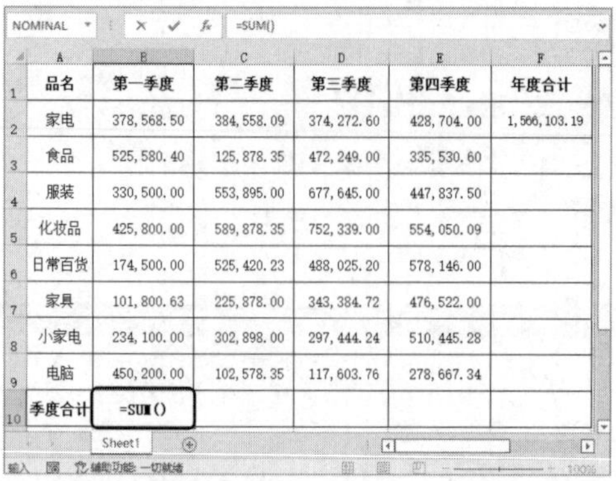

第 2 步：选择引用区域

将光标定位在公式中的括号内，拖动鼠标选中单元格区域 B2:B9，如下图所示。

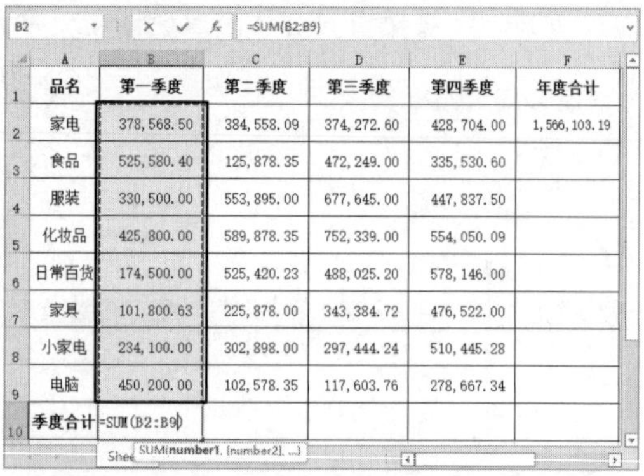

第 3 步：查看完整公式

释放鼠标，即可在单元格 B10 中看到完整的求和公式 "=SUM(B2:B9)"，如下图所示。

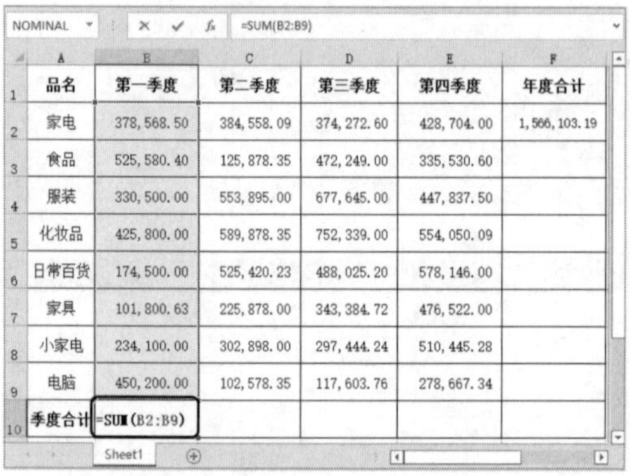

第 4 步：查看计算结果

此时即可完成公式的输入，按 Enter 键即可得到计算结果，如下图所示。

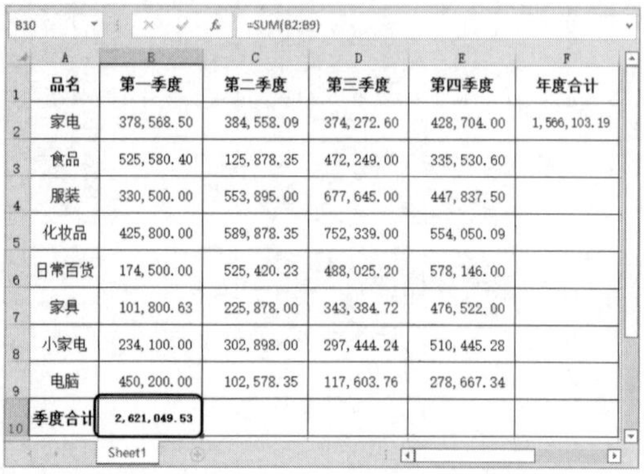

3.2.3 使用其他符号开头输入公式

公式的输入一般以 "=" 为起始符号，除此之外，还可以使用 "+" 和 "-" 两种符号来开头，系统会自动在 "+" 和 "-" 两种符号的前方加入 "="。使用其他符号开头输入公式的具体操作如下：

第 1 步：使用加号输入公式

选中单元格 F3，首先输入 "+" 符号，再输入其他公式元素，输入完成后按 Enter 键，程序会自动在公式前面加上 "=" 符号，如下图所示。

第 2 步：使用减号输入公式

选中单元格 G1，首先输入 "-" 符号，再输入公式的后面部分，输入完成后按 Enter 键，程序会自动在公式前面加上 "=" 符号，并将第一个数据源当作负值来计算，如下图所示。

品名	第一季度	第二季度	第三季度	第四季度	年度合计
家电	378,568.50	384,558.09	374,272.60	428,704.00	1,566,103.19
食品	525,580.40	125,878.35	472,249.00	335,530.60	1,459,238.35
服装	330,500.00	553,895.00	677,645.00	447,837.50	
化妆品	425,800.00	589,878.35	752,339.00	554,050.09	
日常百货	174,500.00	525,420.23	488,025.20	578,146.00	
家具	101,800.63	225,878.00	343,384.72	476,522.00	
小家电	234,100.00	302,898.00	297,444.24	510,445.28	
电脑	450,200.00	102,578.35	117,603.76	278,667.34	
季度合计	2,621,049.53				

第一季度	第二季度	第三季度	第四季度	年度合计	-1,566,103.19
378,568.50	384,558.09	374,272.60	428,704.00	1,566,103.19	
525,580.40	125,878.35	472,249.00	335,530.60	1,459,238.35	
330,500.00	553,895.00	677,645.00	447,837.50		
425,800.00	589,878.35	752,339.00	554,050.09		
174,500.00	525,420.23	488,025.20	578,146.00		
101,800.63	225,878.00	343,384.72	476,522.00		
234,100.00	302,898.00	297,444.24	510,445.28		
450,200.00	102,578.35	117,603.76	278,667.34		
2,621,049.53					

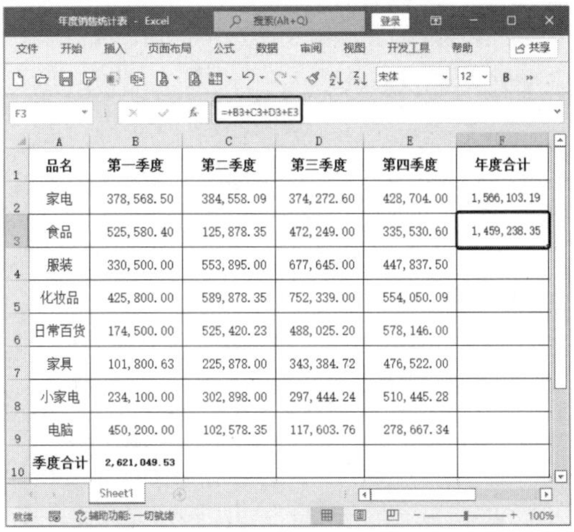

3.2.4　编辑、更改或删除公式

输入公式后，如果需要对公式进行更改或是发现有错误需要更改，可以利用下面的方法来重新对公式进行编辑、修改或删除操作。

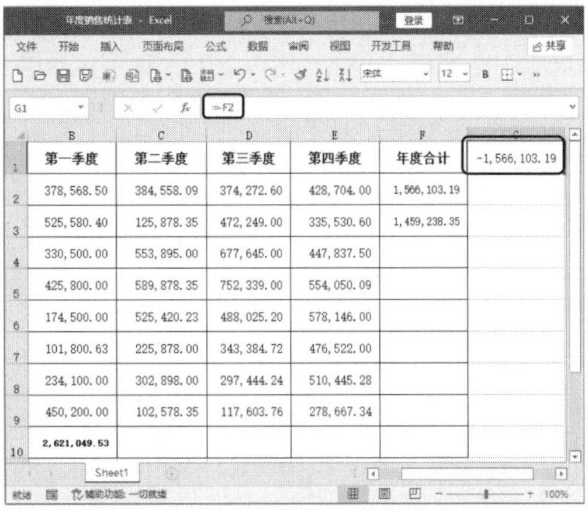

1. 编辑或更改公式

编辑公式的方法主要有以下两种：

（1）双击法：在输入了公式且需要重新编辑公式的单元格中双击，即可进入公式编辑状态，直接重新编辑公式或对公式进行局部修改即可。

（2）按 F2 功能键：选中需要重新编辑公式的单元格，按 F2 键，即可对公式进行编辑。

第 1 步：双击单元格

双击单元格 F3，单元格中的公式进入编辑状态，如下图所示。

品名	第一季度	第二季度	第三季度	第四季度	年度合计
家电	378,568.50	384,558.09	374,272.60	428,704.00	1,566,103.19
食品	525,580.40	125,878.35	472,249.00	335,530.60	=+B3+C3+D3+E3
服装	330,500.00	553,895.00	677,645.00	447,837.50	
化妆品	425,800.00	589,878.35	752,339.00	554,050.09	
日常百货	174,500.00	525,420.23	488,025.20	578,146.00	
家具	101,800.63	225,878.00	343,384.72	476,522.00	
小家电	234,100.00	302,898.00	297,444.24	510,445.28	
电脑	450,200.00	102,578.35	117,603.76	278,667.34	
季度合计	2,621,049.53				

第 2 步：更改公式

在公式中删除“=”符号右侧的第一个“+”符号，然后按 Enter 键即可完成公式的编辑和修改，如下图所示。

品名	第一季度	第二季度	第三季度	第四季度	年度合计
家电	378,568.50	384,558.09	374,272.60	428,704.00	1,566,103.19
食品	525,580.40	125,878.35	472,249.00	335,530.60	1,459,238.35
服装	330,500.00	553,895.00	677,645.00	447,837.50	
化妆品	425,800.00	589,878.35	752,339.00	554,050.09	
日常百货	174,500.00	525,420.23	488,025.20	578,146.00	
家具	101,800.63	225,878.00	343,384.72	476,522.00	
小家电	234,100.00	302,898.00	297,444.24	510,445.28	
电脑	450,200.00	102,578.35	117,603.76	278,667.34	
季度合计	2,621,049.53				

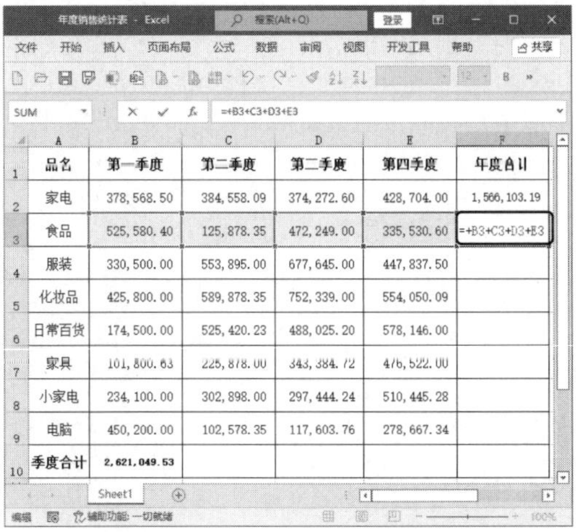

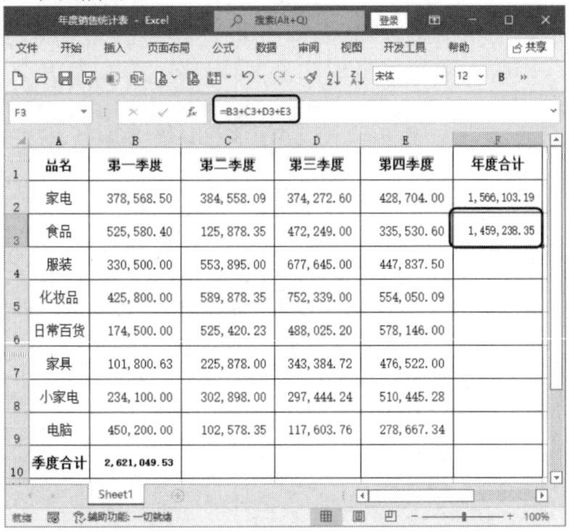

2．删除公式

在编辑和输入数据时，如果某个公式是多余的，就可以将其删除，删除公式的具体操作如下：

第 1 步：选中单元格	第 2 步：删除公式
选中单元格 G1，如下图所示。	直接按 Delete 键即可删除单元格中的公式，如下图所示。

(💡温馨小提示)

单击选中需要修改公式的单元格，在 Excel 表格数据区域上方的编辑栏中也可以进行公式修改。若表格部分或全部被保护，需要先取消保护方能进行公式修改。

3.2.5　复制公式完成批量计算

用户既可以对公式进行单个复制，还可以进行快速填充，从而完成数据的批量计算。

1．复制和粘贴公式

复制和粘贴公式的具体操作如下：

第 1 步：复制公式	第 2 步：粘贴公式
选中要复制公式的单元格 F3，然后按下 Ctrl+C 组合键，此时单元格的四周出现绿色虚线边框，说明单元格处于复制状态，如下图所示。	选中要粘贴公式的单元格 F4，然后按下 Ctrl+V 组合键，此时即可将单元格 F3 中的公式粘贴到单元格 F4 中，并自动根据行列的变化调整公式，得出计算结果，如下图所示。

专家会诊台

问：复制或自动填充公式时，公式是如何发生变化的？

答：在复制或自动填充公式时，如果公式中有单元格的引用，那么自动填充的公式会根据单元格引用的情况产生不同的列数和行数变化。

2．填充公式

填充公式的具体操作如下：

第1步：定位光标

选中要填充公式的单元格 F4，然后将光标移动到单元格的右下角，变成十字形状的填充柄，如下图所示。

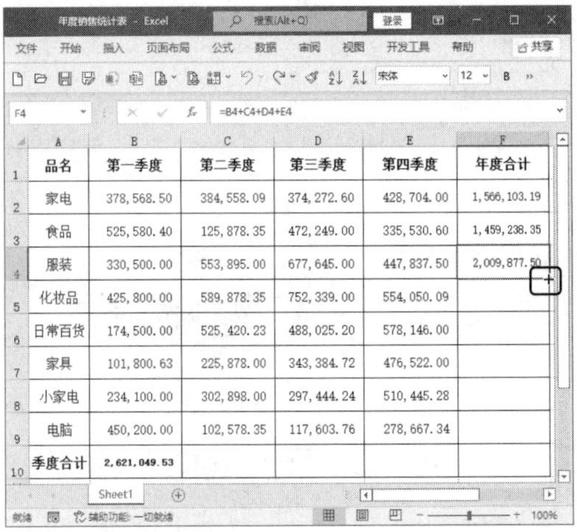

第2步：向下拖动填充柄

向下拖动填充柄至 F9 单元格即可将公式从 F5 填充到单元格 F9，如下图所示。

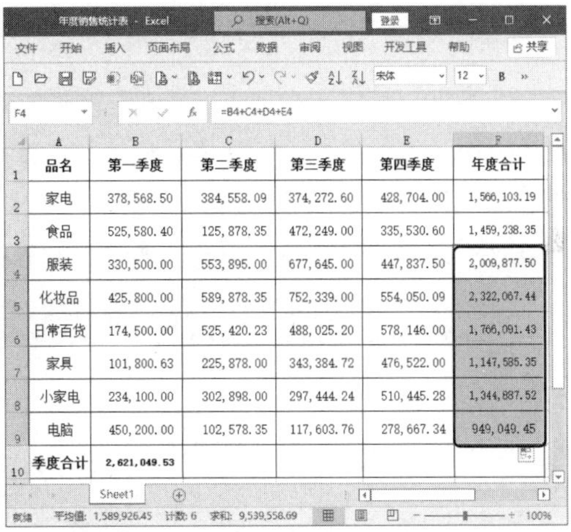

第3步：再定位光标

选中要填充公式的单元格 B10，然后将光标移动到单元格的右下角，变成十字形状的填充柄，如下图所示。

第4步：向右拖动填充柄

按住鼠标左键不放，向右拖动填充柄至单元格 F10，此时公式就被填充到选中的单元格区域，如下图所示。

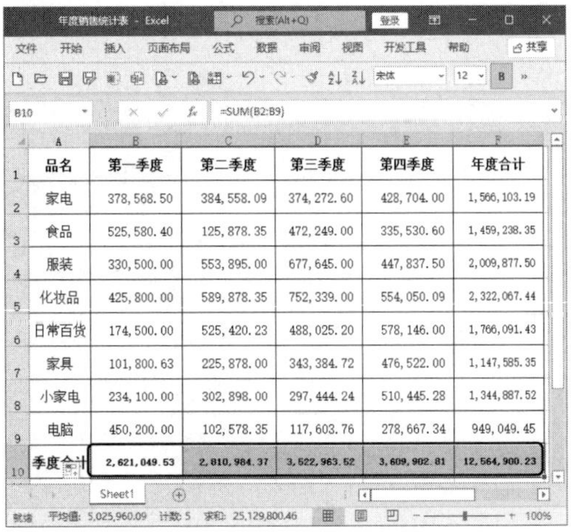

温馨小提示

除了直接拖动鼠标来完成公式的填充外，还可以选中已经填写好公式的单元格，将光标移动至单元格右下角，在鼠标指针变成十字形状后双击，完成该列的自动填充。

3.3 使用数组公式批量计算销售总额

案例概述

数组公式是指可以在数组的一项或多项上执行多个计算的公式。数组公式不同于一般的公式，它在功能上具有高度"浓缩"的特性。如果能够灵活运用数组公式，将会在数据统计工作中达到事倍功半的效果。

案例效果

本实例以计算三种产品的"总销售额"为例，来说明如何在单个单元格中输入数组公式，产生一个计算结果；以计算不同订单的"销售额"为例，来说明如何在单元格区域中输入数组公式，得到多个计算结果。

"产品销售统计表"中的销售总额计算结果数如下图所示。

制作思路

在"产品销售统计表"中使用数组公式计算销售总额的制作思路如下：

在单个单元格中输入普通公式 → 生成数组公式 → 在单元格区域中输入普通公式 → 生成数组公式 → 修改数组公式 → 删除数组公式

3.3.1　使用数组公式

引用了数组，并在编辑栏可以看到以"{}"括起来的公式就是数组公式。而数组公式的作用就是对一组或多组数据进行处理，然后得到想要的结果。

1．单个单元格中输入数组公式

在单个单元格输入数组公式的方法如下：

（1）在编辑栏输入完整的公式，并使编辑栏仍处在编辑状态；

（2）按 Ctrl+Shift+Enter 组合键。

经过以上两步操作以后，编辑栏会自动脱离编辑状态，并在选中单元格后，在编辑栏可以看到公式首尾两端有"{}"符号标记，而双击进入公式的编辑状态时，可以发现"{}"符号是不存在的。

接下来以计算三种产品的"总销售额"为例，来说明如何在单个单元格中输入数组公式，产生一个计算结果，具体操作方法如下：

第 1 步：输入公式框架

打开"素材文件\第 3 章\产品销售统计表.xlsx"文件，在"单个单元格中输入数组公式"工作表中选中单元格 D7，输入公式元素"=SUM()"，如下图所示。

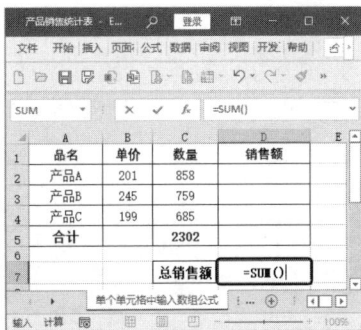

第 2 步：选中单元格区域

将光标定位在公式中的括号中，选中单元格区域 B2:B4，如下图所示。

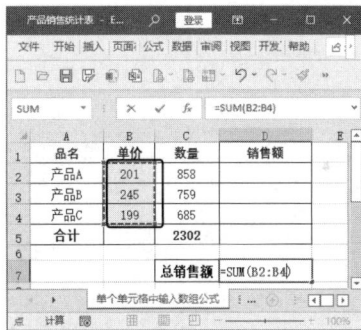

第 3 步：输入乘号

继续输入乘号"*"，如下图所示。

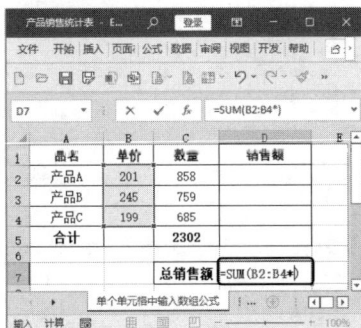

第 4 步：再次选中单元格区域

选中单元格区域 C2:C4，如下图所示。

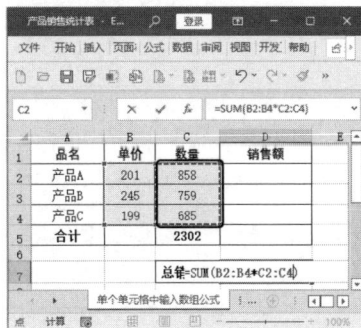

第 5 步：添加大括号{}

按 Ctrl+Shift+Enter 组合键，此时即可在公式首尾两端添加大括号 "{}"，变成了数组公式 "{=SUM(B2:B4*C2:C4)}"，如下图所示。

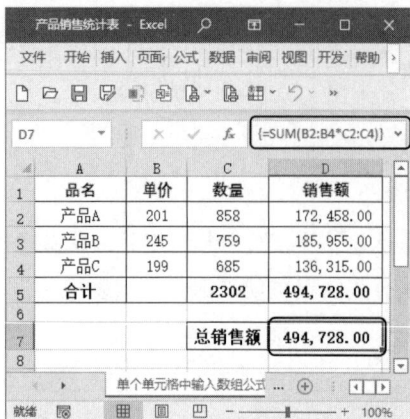

第 6 步：输入常规公式

如果不确定数组公式计算结果正确与否，可以使用常规求和方法进行验证。在单元格 D2 中输入公式 "=B2*C2"，按 Enter 键，如下图所示。

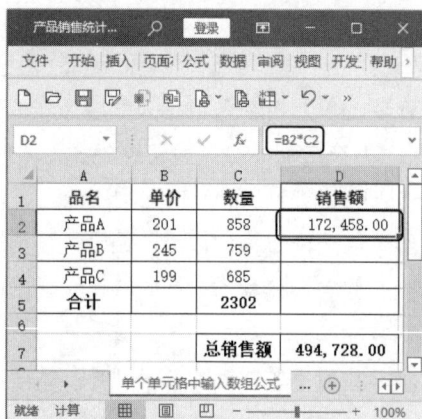

第 7 步：填充公式

将 D2 单元格公式填充至单元格区域 D3:D4，如下图所示。

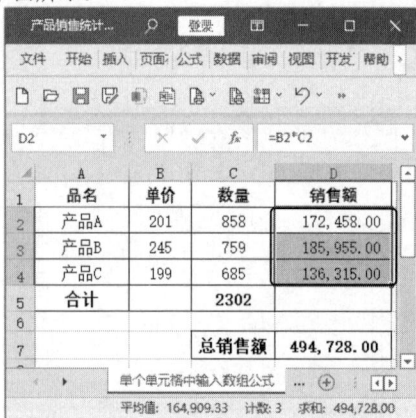

第 8 步：输入求和公式

在单元格 D5 中输入求和公式 "=SUM(D2:D4)"，如下图所示。

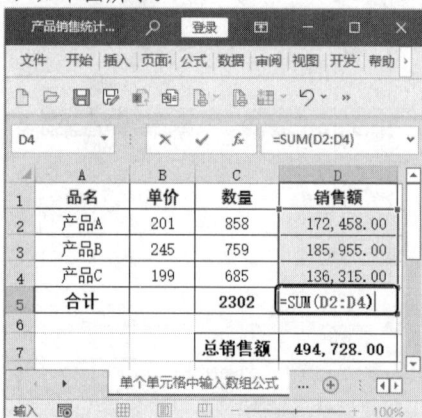

第 9 步：对比计算结果

按 Enter 键，即可得出计算结果，可以看出，使用数组公式进行计算不但准确，而且快捷，如右图所示。

温馨小提示

本实例中的公式 "{=SUM(B2:B4*C2:C4)}"，便是一个典型的数组公式的应用，此公式的作用就是计算 B2*C2、B3*C3 以及 B4*C4 的和，而(B2:B4*C2:C4)便是一个数组。

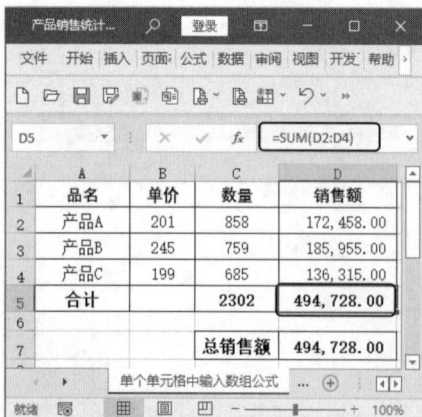

2．在单元格区域中输入数组公式

数组公式不但可以在单个单元格中使用，也可以将其应用到单元格区域中，用于计算多个结果，也就是将数组公式输入到与数组参数中所用相同的列数和行数的单元格区域中执行计算操作。

在多个单元格输入数组公式的方法如下：

（1）选中需要输入数组公式的单元格区域，输入要使用的公式；

（2）按 Ctrl+Shift+Enter 组合键，Excel 会自动在公式首尾两端添加大括号{ }。

下面以计算不同订单的"销售额"为例，来说明如何在单元格区域中输入数组公式，得到多个计算结果，具体操作方法如下：

第 1 步：输入等号

切换到"多个单元格中输入数组公式"工作表中，选中单元格区域 E2:E10，在编辑栏中输入等号"="，如下图所示。

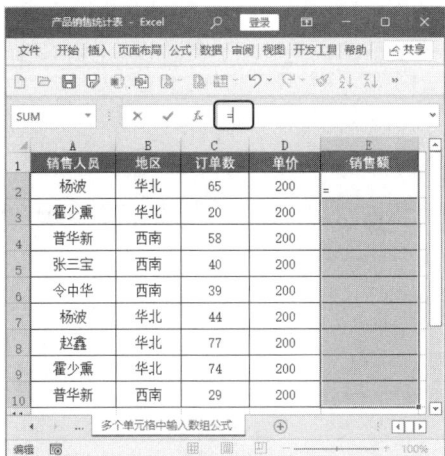

第 2 步：选中单元格区域

选中单元格区域 C2:C10，如下图所示。

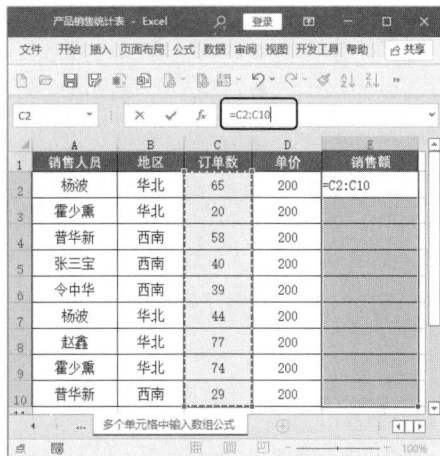

第 3 步：输入乘号

继续输入乘号"*"，如下图所示。

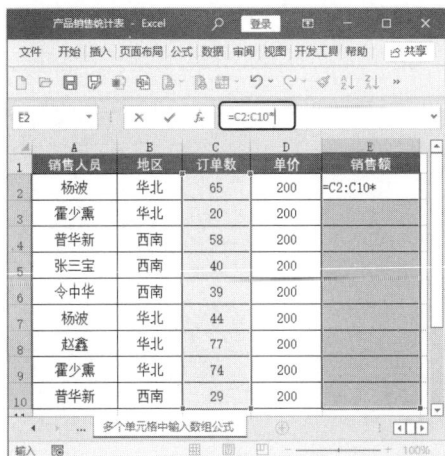

第 4 步：再次选中单元格区域

再次选中单元格区域 D2:D10，如下图所示。

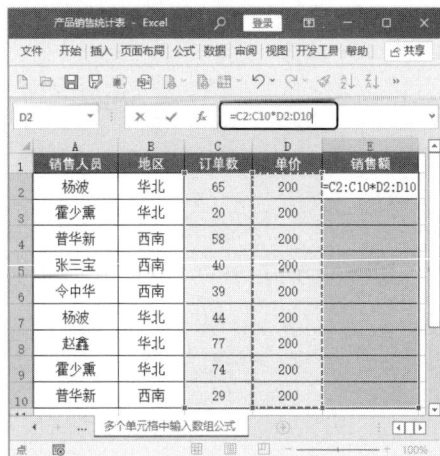

第5步：添加大括号

按 Ctrl+Shift+Enter 组合键，此时即可在输入的公式前后加上了大括号"{}"，变成了数组公式"{=C2:C10*D2:D10}"，并得出计算结果，如右图所示。

温馨小提示

本实例中的所有选中的单元格中都输入了相同的数组公式"{=C2:C10*D2:D10}"，此公式的作用就是计算"销售额"所在单元格左侧的"订单数"与"单价"的乘积。

3.3.2 修改或删除数组公式

在多个单元格中设置了数组公式后，如果要修改或删除数组公式，系统提示"不能修改数组的一部分"。那么如何修改或删除数组公式呢？

1. 修改数组公式

如果要修改数组公式，双击所在的单元格，进入修改状态，修改完毕后，按 Ctrl+Shift+Enter 组合键结束，Excel 会自动修改数组公式。

在 Excel 中，提供了撤销与恢复操作，利用"撤销"功能，可以撤销最近一次或多步的操作，而恢复到在执行该项操作前的系统状态。

修改数组公式的具体操作方法如下：

第1步：双击单元格

如果要修改单个单元格中的数组公式，切换至"单个单元格中输入数组公式"工作表中，双击单元格 D7，此时公式进入修改状态，并且大括号{}消失，如下图所示。

第2步：再次添加大括号

修改完毕后，按 Ctrl+Shift+Enter 组合键，此时即可重新为公式添加大括号"{}"，变成数组公式，并得出计算结果，如下图所示。

第 3 步：选中单元格区域

切换至"多个单元格中输入数组公式"工作表中，选中单元格区域 E2:E10，并单击编辑栏即可进入编辑状态，如下图所示。

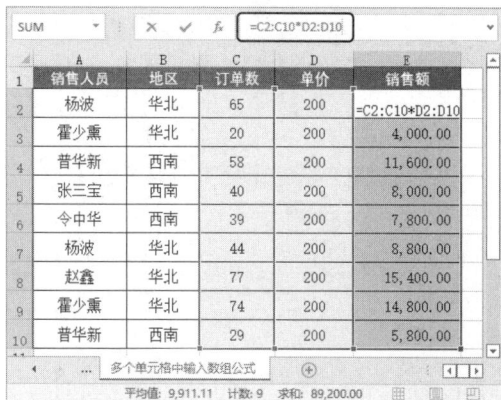

第 4 步：添加大括号

修改完毕后，按 Ctrl+Shift+Enter 组合键，此时即可重新为公式添加大括号"{}"，变成数组公式，并得出计算结果，如下图所示。

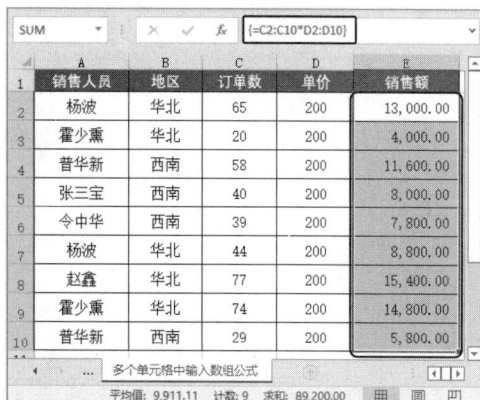

温馨小提示

数组公式修改完毕，如果没有按 Ctrl+Shift+Enter 组合键，而是按 Enter 键，此时公式就变成了普通公式，计算结果可能显示"#VALUE!"，表示公式中引用了错误的参数或者数值。

2. 删除数组公式

如果要删除数组公式，必须选择数组公式所覆盖的单元格或整个单元格区域，然后按 Delete 键进行删除。如果不能确定该数组公式的范围，具体的删除方法如下：

第 1 步：选中单元格

在"多个单元格中输入数组公式"工作表中，首先选择某个包含数组公式的单元格 E5，如下图所示。

第 2 步：打开定位对话框

按"F5"键打开"定位"对话框，单击"定位条件"按钮，如下图所示。

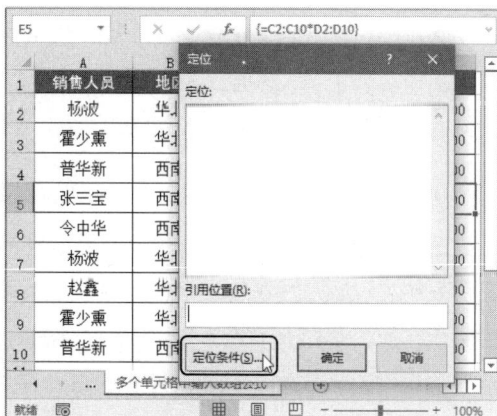

第3步：定位到当前数组

弹出"定位条件"对话框，❶选中"当前数组"单选钮；❷单击"确定"按钮，如下图所示。

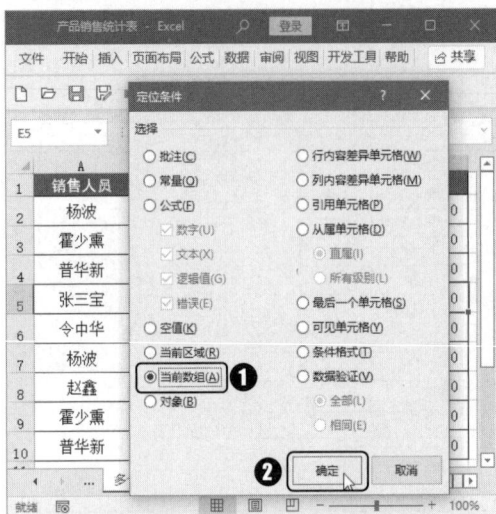

第4步：删除选择的数组公式

返回工作表，此时 Excel 会自动选择多个单元格数组公式所覆盖的区域，如下图所示，然后按 Delete 键，执行删除操作即可。

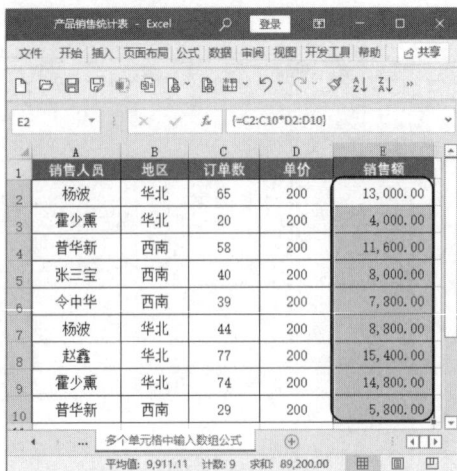

(💡温馨小提示)

选中数组公式中的其中某一个单元格，然后按 Delete 键，Excel 会弹出提示信息框，提示"不能更改数组的某部分"的操作错误。因为 Excel 把存储着数组或数组公式的区域当作一个整体来对待，所以无法单独修改或删除其中一个单元格的内容，也不能在这个区域内添加（或删除）单元格（或行或列）。

3.4 用财务函数进行财务分析

案例概述

常用的财务函数有 PV、FV、PMT、NPV 和 IRR 等，使用这些财务函数，可以计算某项投资业务的现值、终值、净现值和内部收益率，还可以计算某项贷款业务的每期还款金额，为投资或贷款决策提供有力的数据支持。

案例效果

Excel 提供了许多财务函数，使用这些函数可以为财务分析提供极大的便利。例如，确定贷款的支付额、投资的未来值或净现值，以及债券或息票的价值等。本节主要从投资和贷款两个方面，介绍有 PV、FV、PMT、NPV 和 IRR 函数的应用。

使用财务函数对投资和贷款业务进行财务分析的结果如下图所示。

制作思路

使用财务函数对投资和贷款业务进行财务分析的思路如下：

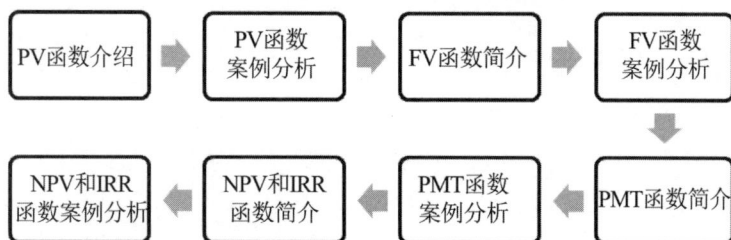

PV函数介绍 ➡ PV函数案例分析 ➡ FV函数简介 ➡ FV函数案例分析 ⬇

NPV和IRR函数案例分析 ⬅ NPV和IRR函数简介 ⬅ PMT函数案例分析 ⬅ PMT函数简介

3.4.1　使用 PV 函数进行投资分析

PV 函数用于返回投资的现值。其在实际生活中应用非常广泛，例如计算房贷，每月固定还款多少，还款期多少年；再比如，购买保险理财产品，一次固定投入多少钱，每月返还多少，共返还多少年，都是现值函数在实际生活中的应用。

1. PV 函数简介

PV 函数的功能是计算某项投资的净现值。

语法：PV(rate, nper, pmt, fv, type)

rate 表示各期利率。

nper 表示总投资期（或贷款期），即该项投资或贷款的付款总数。

pmt 表示各期所应支付的金额，其数值在整个年金期间保持不变。

fv 表示未来值，或在最后一次支付后希望得到的现金金额。

type 表示数字 0 或 1，用以指定各期的付款时间是在期初还是在期末，"0"或省略表示期末，"1"表示期初。

2. PV 函数案例分析

【实例】某公司计划购买一份保险理财产品，一次性投资 30 万元，投资回报率为 7%

（年回报率），购买该理财产品后，每月返还 1500 元，返还期数为 20 年，试问该投资可行性如何？

表面上看，每月获利 1500 元，20 年共计获利 36 万元（1500×12×20=36 万元），大于投资本金 30 万元，项目可行。

但考虑到资金时间价值，需要将该固定的每月等额获利 1500 元按照每月回报率（7%/12），折现期 20×12 月进行折现，看其现值是否大于初始投资额，如果大于初始投资额，该投资可行，否则不可行。

使用 PV 函数对此次投资计划进行分析的具体操作方法如下：

第 1 步：打开素材文件

打开"素材文件\第 3 章\财务函数应用.xlsx"文件，在"PV 函数"工作表中，实例中的相关数据如下图所示。

第 2 步：计算未折现收益总额

选中单元格 B6，输入公式"=B4*B5* 12"，按 Enter 键，即可计算出未折现的收益总额，如下图所示。

第 3 步：计算投资现值

选中单元格 B7，输入公式"=PV(B3/12, B5*12, B4)"，按 Enter 键，即可计算出投资现值，如下图所示。

第 4 步：判断投资是否可行

选中单元格 B8，输入公式 "=IF(ABS (B7)>B6,"可行","不可行")"，按 Enter 键，公式中投现值小于未折现的收益总额，所以该项投资不可行，如下图所示。

3.4.2　使用 FV 函数计算投资终值

FV 函数是重要的财务函数之一，能根据基础的固定利率，计算一项投资在未来的价值。例如，计算"零存整取"方式下的储蓄所得的未来值；再比如，计算"整存整取"方式下的储蓄所得的终值，从而决定选择哪种储蓄方式。

1. FV 函数简介

FV 函数的功能是基于固定利率及等额分期付款方式，返回某项投资的未来值。

语法：FV(rate，nper，pmt，pv，type)

rate 表示各期利率。

nper 表示即该项投资（或贷款）的付款期总数。

pmt 表示为各期所应支付的金额，其数值在整个年金期间保持不变。通常 pmt 包括本金和利息，但不包括其他费用及税款。如果忽略 pmt，就必须包含 pv 参数。

pv 表示为现值，即从该项投资开始计算时已经入账的款项，或一系列未来付款的当前值的累积和，也称为本金。如果省略 PV，就假设其值为零，并且必须包括 pmt 参数。

type 表示数字 0 或 1，用以指定各期的付款时间是在期初还是期末，"0"或省略表示期末，"1"表示期初。

2. FV 函数案例分析

【实例】张先生有 10000 元的闲置资金，计划到银行办理储蓄业务，目前有"零存整取"和"整存整取"两种储蓄方式，对比两种储蓄方式的最终受益额，帮助张先生选择一种投资方案。

方案一：如果每年年初存入 1000 元，某银行的现行利率为 10%（年利率），10 年后到期能收回多少钱？

方案二：现在将 10000 元全部存入银行，银行利率为 10%，10 年后能收回多少钱？

接下来使用 FV 函数，计算 10 年后两种投资方案的投资所得，具体操作方法如下：

第 1 步：打开相关数据

在"FV 函数"工作表中，实例中两种方案的相关数据如下图所示。

第 2 步：计算方案一的终值

选中单元格 D3，输入公式"=FV(C3,B3,-A3,,1)"，按 Enter 键，即可计算出方案一的终值，如下图所示。

第 3 步：计算方案二的终值

选中单元格 D6，输入公式 "=FV(C6,B6,,-A6)"，按 Enter 键，即可计算出方案二的终值，如右图所示。

(💡 温馨小提示)

计算时应注意 rate 和 nper 单位的一致性。例如，10 年期年利率为 8% 的贷款，如果按月支付，rate 应为 8%/12，nper 应为 10*12；如果按年支付，rate 应为 8%，nper 为 10。

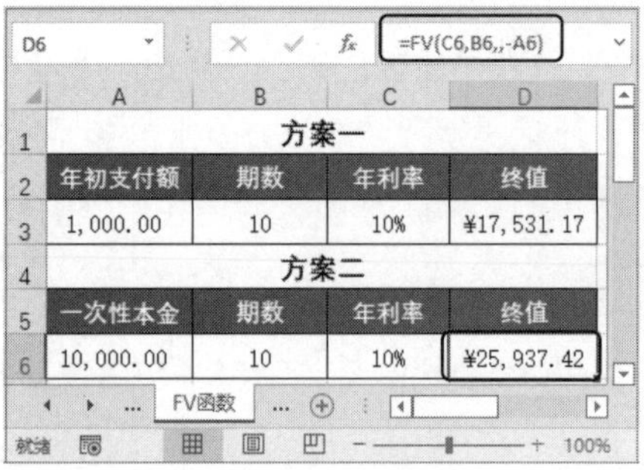

D6			× ✓ ƒx	=FV(C6,B6,,-A6)	
	A	B	C	D	
1			方案一		
2	年初支付额	期数	年利率	终值	
3	1,000.00	10	10%	¥17,531.17	
4			方案二		
5	一次性本金	期数	年利率	终值	
6	10,000.00	10	10%	¥25,937.42	

3.4.3 使用 PMT 函数计算房贷还款额

PMT 函数是重要的按揭计算函数，用于计算在固定利率情况下，贷款的等额分期偿还额。例如，计算房贷的每期还款额是多少等。

1. PMT 函数简介

PMT 也叫年金函数，基于固定利率及等额分期付款方式，返回贷款的每期付款额。

语法：PMT(rate，nper，pv，fv，type)

rate 表示贷款利率（期利率）。

nper 表示该项贷款的付款总期数（总年数或还租期数）。

pv 表示现值（租赁本金），或一系列未来付款的当前值的累积和，也称为本金。

fv 表示未来值（余值），或在最后一次付款后希望得到的现金余额，如果省略 fv，就假设其值为零，也就是一笔贷款的未来值为零。

type 表示数字 0 或 1，用以指定各期的付款时间是在期初还是期末，1 代表期初（先付：每期的第一天付），不输入或输入 0 代表期末（后付：每期的最后一天付）。

注意：前面三项参数 rate、nper、pv 是一定要有的参数，不可以省略

2. PMT 函数案例分析

相信很多办理个人住房贷款的朋友都是通过银行提供的一张住房按揭贷款计算表来确定自己的每月还贷金额的。它是如何计算的呢？

【实例】李先生向银行贷款 200000 元购买商品房，期限 10 年，年利率 8%，每月应付多少钱？

使用 PMT 函数计算每月还款额的具体操作方法如下：

第 1 步：打开相关数据

在“PMT 函数”工作表中，实例中的相关数据如下图所示。

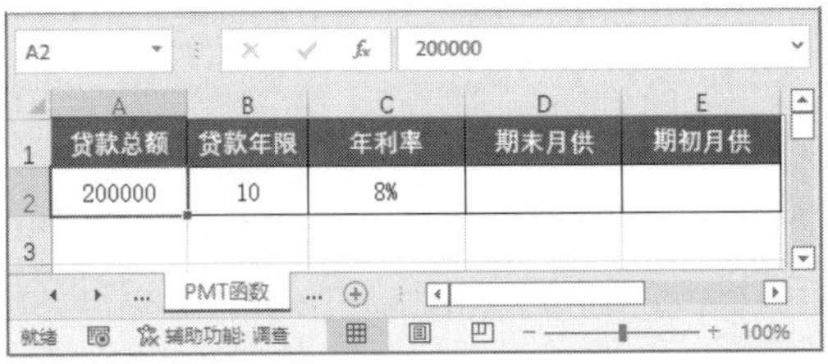

A2　200000

	A	B	C	D	E
1	贷款总额	贷款年限	年利率	期末月供	期初月供
2	200000	10	8%		
3					

第 2 步：计算期末支付的月供金额

选中单元格 D2，输入公式“=PMT(C2/12,B2*12,A2)”，按 Enter 键，即可计算出期末支付的月供金额，如下图所示。

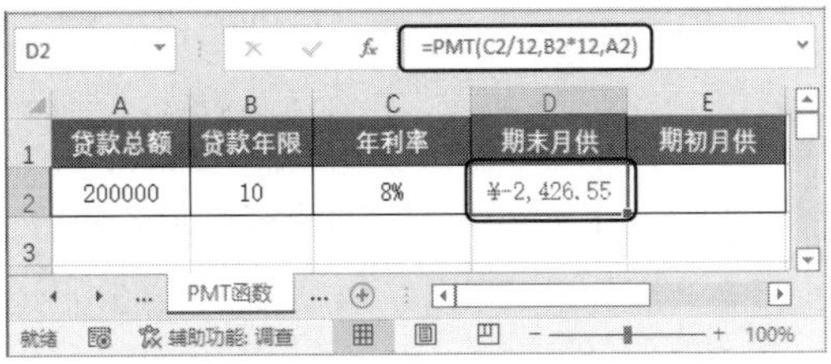

D2　=PMT(C2/12,B2*12,A2)

	A	B	C	D	E
1	贷款总额	贷款年限	年利率	期末月供	期初月供
2	200000	10	8%	¥-2, 426. 55	
3					

第 3 步：计算期初支付月供金额

选中单元格 E2，输入公式“=PMT(C2/12,B2*12,A2,,1)”，按 Enter 键，即可计算出期初支付的月供金额，如右图所示。

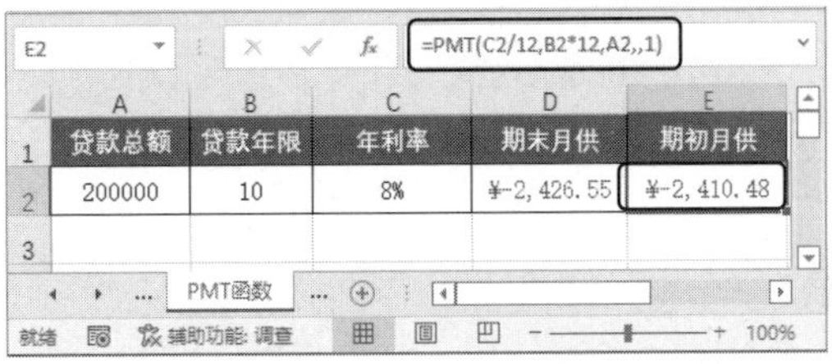

E2　=PMT(C2/12,B2*12,A2,,1)

	A	B	C	D	E
1	贷款总额	贷款年限	年利率	期末月供	期初月供
2	200000	10	8%	¥-2, 426. 55	¥-2, 410. 48
3					

温馨小提示

住房贷款的月供实际上是普通年金或即付年金的一个概念，一般是按照普通年金现值或即付年金现值来计算的。

3.4.4　NPV 函数和 IRR 函数的综合应用

NPV 是净现值函数，IRR 函数是内部收益率函数。函数 IRR 与函数 NPV 的关系十分密切，函数 IRR 计算出的收益率即净现值为 0 时的利率。接下来结合案例详细介绍这两种函数的应用。

1. NPV 函数和 IRR 函数简介

（1）NPV 函数是计算净现值的函数，通过使用贴现率以及一系列未来支出（负值）和收入（正值），返回一项投资的净现值。

语法：NPV(rate,value1,value2,...)

rate 表示为某一期间的贴现率，是一固定值。

value1，value2，...表示代表支出及收入的 1~254 个参数。value1，value2，...在时间上必须具有相等间隔，并且都发生在期末。

（2）IRR 函数是返回由数值代表的一组现金流的内部收益率。这些现金流不必为均衡的，但作为年金，它们必须按固定的间隔产生，如按月或按年。

语法：IRR(values，guess)

values 表示为数组或单元格的引用，包含用来计算返回的内部收益率的数字。values 必须包含至少一个正值和一个负值，以计算返回的内部收益率；

guess 表示对函数 IRR 计算结果的估计值。在大多数情况下，并不需要为 IRR 函数的计算提供 guess 值。如果省略 guess，假设它为 0.1(10%)。

IRR 函数计算出的收益率即净现值 NPV 为 0 时的利率。

2. NPV 函数和 IRR 函数案例分析

【实例】公司进行一项投资，投资总额为 25 万元，从第二年开始逐年回收的现金流量为 5.5 万元，9.5 万元，14 万元，18.5 万元。计算出在贴现率为 12%的净收益现值和内涵报酬率。

接下来使用 NPV 函数和 IRR 函数计算本次投资的净现值和内部收益率，具体操作方法如下：

第 1 步：打开相关数据

在工作表“NPV 和 IRR 函数”中，实例中的相关数据如下图所示。

	A	B
1	各年预计净现金流量	
2	贴现率	12%
3	项目	数据
4	NCF0	-250,000.00
5	NCF1	55,000.00
6	NCF2	95,000.00
7	NCF3	140,000.00
8	NCF4	185,000.00
9	净收益现值	
10	内涵报酬率	

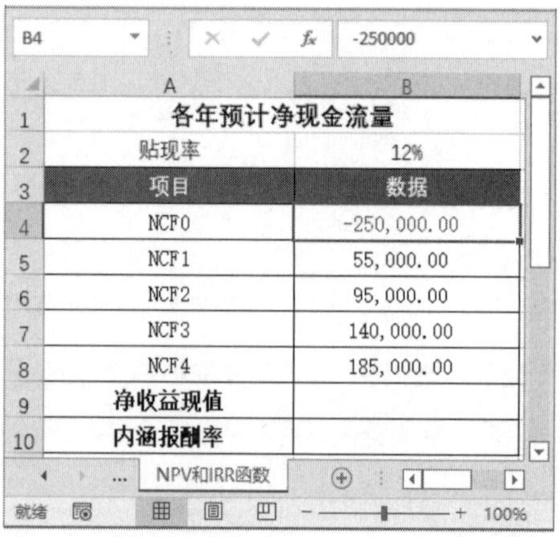

第 2 步：计算净收益现值

选中单元格 B9，输入公式“=NPV(B2, B5:B8)+B4”，按 Enter 键，即可计算出净收益现值，如下图所示。

	A	B
1	各年预计净现金流量	
2	贴现率	12%
3	项目	数据
4	NCF0	-250,000.00
5	NCF1	55,000.00
6	NCF2	95,000.00
7	NCF3	140,000.00
8	NCF4	185,000.00
9	净收益现值	¥92,060.64
10	内涵报酬率	

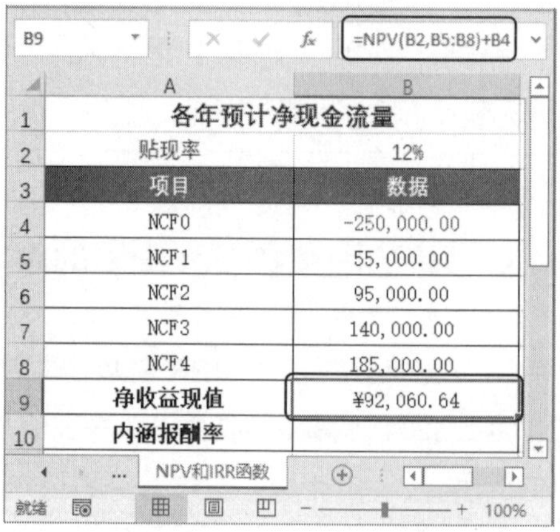

第 3 步：计算内涵报酬率

选中单元格 B10，输入公式“=IRR(B4: B8)”，按 Enter 键，即可计算出内涵报酬率，如右图所示。

	A	B
1	各年预计净现金流量	
2	贴现率	12%
3	项目	数据
4	NCF0	-250,000.00
5	NCF1	55,000.00
6	NCF2	95,000.00
7	NCF3	140,000.00
8	NCF4	185,000.00
9	净收益现值	¥92,060.64
10	内涵报酬率	25.42%

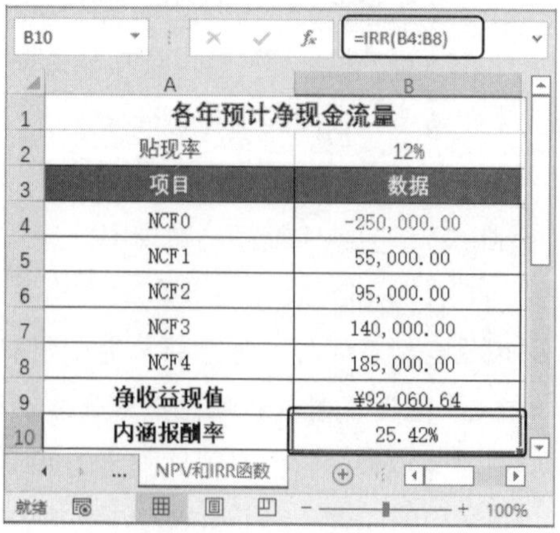

温馨小提示

内含报酬率法是根据方案本身内含报酬率来评价方案优劣的一种方法。内含报酬率大于资金成本率则方案可行，且内含报酬率越高方案越优。

3.5　提升效率——实用操作技巧

通过前面知识的学习，相信读者朋友已经掌握公式与函数的相关基础知识。下面结合本章内容，给大家介绍一些实用技巧。

1. 批量查看公式

在工作表中，当单元格数据变化时，引用该单元格数据的单元格的值也会随之改变。在较大的工作表中，要查看这种变化是很不容易的。Excel 2021 中提供了一个"监视窗口"，使用"监视窗口"功能，可以批量查看公式。使用"监视窗口"批量查看公式的具体操作方法如下：

第 1 步：执行"监视窗口"命令	第 2 步：弹出"监视窗口"窗口
打开"素材文件\第 3 章\提升效率\考评成绩表.xlsx"文件，❶单击"公式"选项卡；❷在"公式审核"组中单击"监视窗口"按钮，如下图所示。	弹出"监视窗口"窗口，如下图所示。

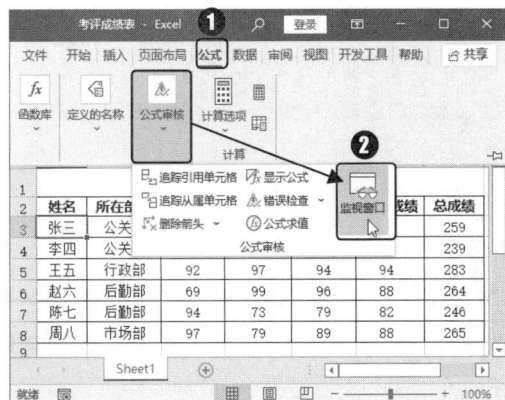

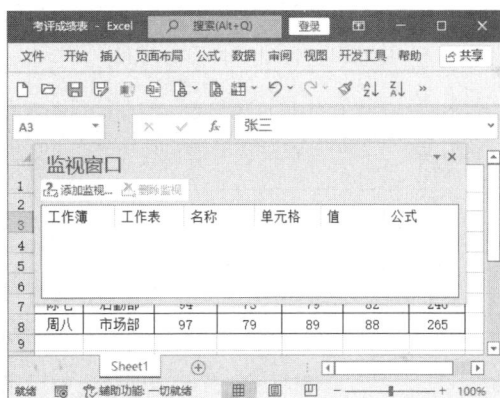

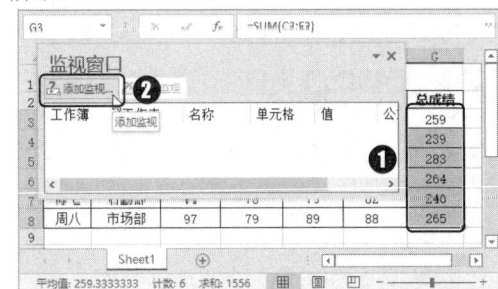

第 3 步：单击"添加监视"按钮	第 4 步：单击"添加"按钮
❶在工作表中选中单元格区域 G3:G8；❷在"监视窗口"中单击"添加监视"按钮，如下图所示。	弹出"添加监视点"对话框，并显示要添加监视的单元格或单元格区域，然后单击"添加"按钮即可，如下图所示。

第 5 步：查看被监视单元格中的信息

此时即可将选中单元格区域纳入"监视窗口"，用户可以随时查看单元格中公式数值的变化以及单元格中使用的公式和地址等信息，如下图所示。

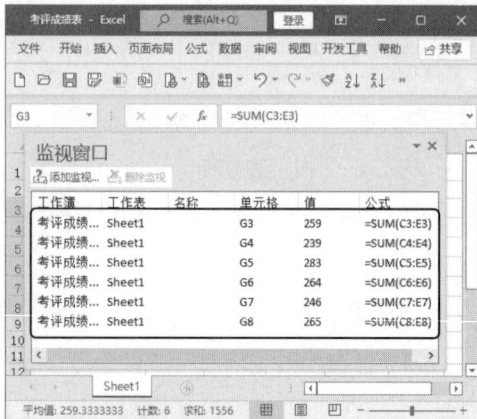

第 6 步：关闭监视窗口

如果要退出"监视窗口"，在"监视窗口"的右上角，单击"关闭"按钮即可，如下图所示。

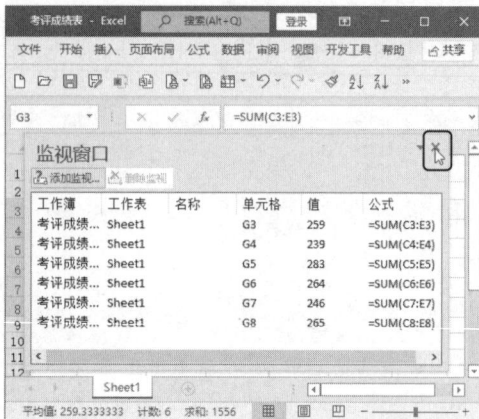

温馨小提示

"监视窗口"是一个浮动窗口，可以浮动在屏幕上的任何位置，不会对工作表的操作产生任何影响。即使这个单元格在当前的视图范围内看不到，但在该窗口中也能够随时查看单元格中公式数值的变化以及单元格中使用的公式和地址等信息。

2. 使用 F4 键快速切换引用方式

F4 键在 Excel 中不仅具有"重复操作"的功能，还可以在输入公式时，使用 F4 键快速对单元格的相对引用和绝对引用进行切换。接下来计算员工考核成绩的排名，其中需要绝对引用"总成绩"的全部数据，此时就用到了绝对引用。使用 F4 键快速更改引用的具体操作方法如下：

第 1 步：打开素材文件并计算第一名员工成绩排名

打开"素材文件\第 3 章\提升效率\计算成绩排名 .xlsx"文件，在单元格 H3 中输入公式"=RANK(G3,G3:G8)"，按 Enter 键就可计算出第一名员工的成绩排名，如下图所示。

第 2 步：选中公式中的数据区域

公式相对引用了单元格区域 G3:G8，如果要完成公式填充，计算全部员工的成绩排名，必须绝对引用单元格区域 G3:G8。

选中单元格 H3，在编辑栏中拖动鼠标选中公式中的单元格区域地址"G3:G8"，如下图所示。

第 3 步：按 F4 键

按 F4 键，此时即可绝对引用单元格区域 G3:G8，单元格 H3 中的公式变成了 "=RANK(G3, $G$3:$G$8)"，如下图所示。

第 4 步：计算出其他员工的成绩排名

将计算公式向下填充，即可计算出其他员工的成绩排名，如下图所示。

3. 公式与结果切换

在 Excel 中的单元格中，执行公式后就会显示计算结果，按 Ctrl+ `组合键（`键位于键盘左上角），可使公式在显示公式内容与显示公式结果之间切换，方便了公式编辑和计算结果查看。使用 Ctrl+ `组合键，完成公式与结果切换的具体操作方法如下：

第 1 步：显示公式

打开"素材文件\第 3 章\提升效率\公式与结果切换.xlsx"文件，按下 Ctrl+ `组合键，即可显示工作表中的公式，如下图所示。

第 2 步：显示计算结果

再次按下 Ctrl+ `组合键，即可将公式转化为计算结果，如下图所示。

> **温馨小提示**
>
> 除了使用 Ctrl+ `组合键完成公式与计算结果之间的切换外，还可以单击"公式"选项卡，在"公式审核"组中单击"显示公式"按钮，来完成公式与结果之间的切换。

4．追踪引用或从属单元格

大部分公式中都会涉及单元格的引用，如果单元格引用出错，就会引起很多公式出现问题，为此，可以使用 Excel 提供的"追踪引用"功能来追踪和查看公式中引用了哪些单元格，并使用箭头由这些单元格指向包含公式的单元格。此外，还可以执行"追踪从属单元格"命令查看从属单元格，并使箭头从当前单元格指向其从属单元格。追踪引用或从属单元格的具体操作方法如下：

第 1 步：执行"追踪引用单元格"命令

打开"素材文件\第 3 章\提升效率\追踪引用或从属单元格.xlsx"文件，选中含有公式的单元格 H3，❶单击"公式"选项卡；❷在"公式审核"组中单击"追踪引用单元格"按钮，如下图所示。

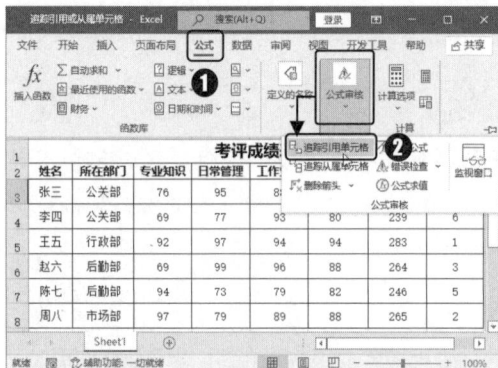

第 2 步：查看追踪结果

此时即可追踪到单元格 H3 中公式引用的单元格，并显示引用指示箭头，如下图所示。

第 3 步：执行"追踪从属单元格"命令

选中含有公式的单元格 E5，❶单击"公式"选项卡；❷在"公式审核"组中单击"追踪从属单元格"按钮，如下图所示。

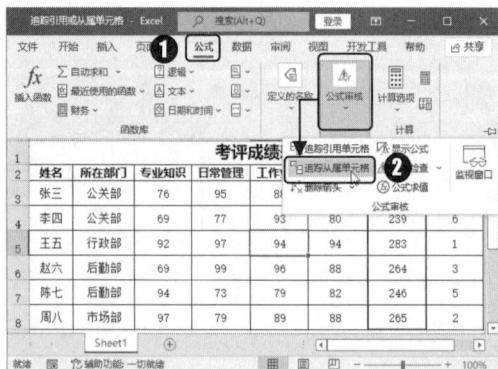

第 4 步：查看追踪结果

此时即可追踪到单元格 E5 中公式从属的单元格，并显示从属指示箭头，如下图所示。

💡温馨小提示

如果要隐藏指示箭头，单击"公式"选项卡，在"公式审核"组中单击"移去箭头"按钮即可。

此外，如果单元格中的公式出现错误，就显示错误检查选项按钮，并在单元格左上角标记绿色三角形。

5. 使用 SLN 函数计算固定资产折旧

SLN 函数的作用是基于直线折旧法返回某项固定资产在一个期间中的线性折旧值。

语法：SLN(cost，salvage，life)

cost 为资产原值。

salvage 为资产在折旧期末的价值（也称为资产残值）。

life 为折旧期限（有时也称作资产的使用寿命）。

【实例】某项固定资产的原值为 12000 元，估计使用年限 8 年，预计残值 1200 元，该公司采用直线法计算固定资产折旧额，求每年计提的折旧额是多少？

下面采用直线法计算每年固定资产折旧额，具体操作方法如下：

第 1 步：打开相关数据	第 2 步：计算年折旧额
打开"素材文件\第 3 章\提升效率\使用 SLN 函数计算固定资产折旧.xlsx"文件，实例中的相关数据如下图所示。	选中单元格 B5，输入公式"=SLN(B2,B4,B3)"，按 Enter 键，即可计算出直线法下固定资产的折旧额，如下图所示。

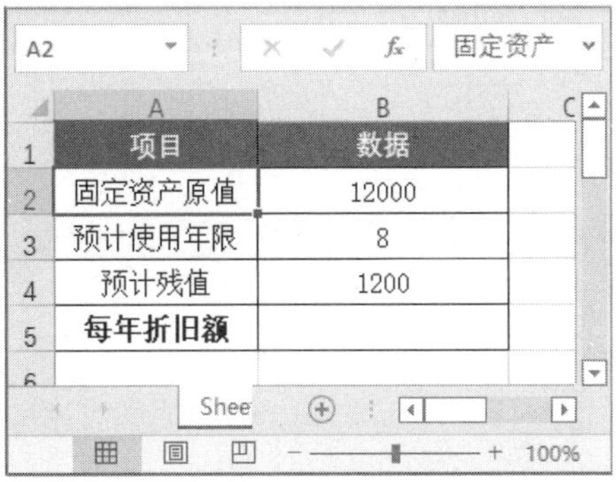

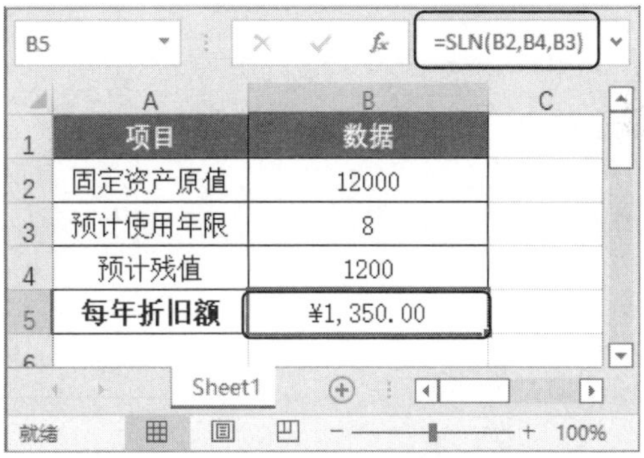

(💡温馨小提示)

直线法即为平均年限法，它是根据固定资产的原值、预计净残值、预计使用年限平均计算折旧的一种方法，这种方法计算出的每年固定资产折旧额是相等的。

6. 使用 NPER 函数计算贷款还款期限

NPER 函数是基于固定利率及等额分期付款方式，返回某项投资或贷款还款的总期数。

语法：NPER(rate, pmt, pv, fv, type)

rate 为各期利率。

pmt 为各期所应支付的金额，其数值在整个年金期间保持不变。

fv 为未来值，或在最后一次支付后希望得到的现金金额。

pv 为某项投资或贷款的净现值。

type 为数字 0 或 1，用以指定各期的付款时间是在期初还是在期末，"0"或省略表示期末，"1"表示期初。

例如，某公司向银行申请了一笔贷款，每月支付 2000 元偿还金，年利率为 8%，贷款额为 20 万元，计算付清这笔贷款的还款期数是多少？折合成几年？

下面使用 NPER 函数计算该项贷款的还款期限，具体操作方法如下：

第 1 步：打开相关数据

打开"素材文件\第 3 章\提升效率\使用 NPER 函数计算贷款还款期限.xlsx"文件，实例中的相关数据如下图所示。

第 2 步：计算还款期数

选中单元格 B5，输入公式"=NPER(B3/ 12, -B4,B2)"，按 Enter 键，即可计算出该项贷款的还款期数，如下图所示。

第 3 步：计算还款年数

选中单元格 B6，输入公式"= B5/12"，按 Enter 键，即可计算出该项贷款的还款年数，如右图所示。

温馨小提示

使用 NPER 函数时，参数 rate，pv，fv 为必要项，缺一不可，参数 pmt 和 type 为可选项，可有可无。

第4章

财务数据的范围与条件限定

↘本章导读

　　Excel 提供了数据验证和条件格式两大功能，使用数据验证功能，可以限定数据录入范围，避免非法数据的录入；使用条件格式功能，可以为满足特定条件的数据设置底纹、字体、填充颜色等格式。本章结合实例"商品基本信息表"和"入库明细表"进行详细介绍。

↘知识要点

- ❖ 指定数值区间
- ❖ 设置下拉列表
- ❖ 控制商品编号的输入
- ❖ 复制与清除数据验证

- ❖ 突出显示单元格
- ❖ 选取前 *n* 项数据
- ❖ 数据条、色阶和图标集的应用
- ❖ 条件格式中公式的应用

↘案例展示

4.1 　使用数据验证设置商品基本信息表

案例概述

Excel 2021 提供了功能强大的数据验证功能，可以帮助用户快速、准确地录入数据，并验证数据的有效性，避免非法数据的录入。数据验证功能主要包括制定数值区间、设置下拉列表、空值字符输入、复制与清除数据验证等内容。本节结合商品基本信息表的信息录入介绍数据验证功能的实际应用。

案例效果

本案例结合商品基本信息表介绍数值区间的控制、商品编号的控制和数据验证的复制和清除等内容。

使用数据验证功能设置商品基本信息表的效果如下图所示。

制作思路

使用数据验证功能设置商品基本信息表的思路如下：

执行"数据验证"命令 ➡ 指定数值区间 ➡ 设置下拉列表 ➡ 控制商品编号的输入

4.1.1 　指定数值区间

在编辑电子表格时，经常遇到一些特殊的数值，例如编号，比例，分数等，此时可以为单元格指定数值区间，根据数值验证规则，来检验数值的有效性，并设置出错警告，避免数据录入错误。指定数值区间的具体操作步骤如下：

第 1 步：打开文件并执行"数据验证"命令

打开"素材文件\第 4 章\商品基本信息表.xlsx"文件，❶选中单元格区域 E2:E12，单击"数据"选项卡；❷在"数据工具"组中单击"数据验证"按钮，如下图所示。

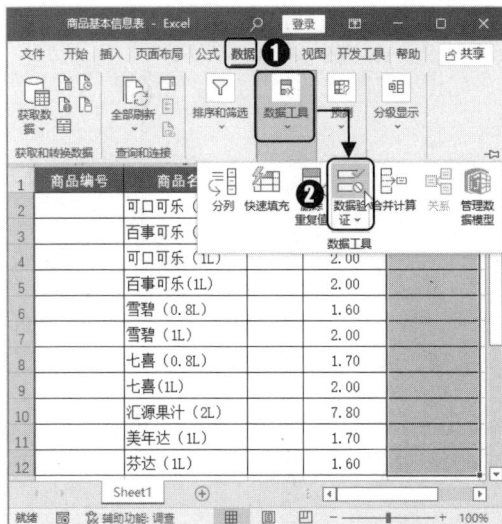

第 2 步：设置验证条件

弹出"数据验证"对话框，❶在"设置"选项卡的"允许"下拉列表中选择"小数"选项；❷在"数据"下拉列表中选择"大于"选项；❸在"最小值"文本框中输入数字"1.6"，如下图所示。

第 3 步：设置输入信息提示

❶单击"输入信息"选项卡；❷在"标题"文本框中输入文字"输入提示"；❸在"输入信息"文本框中输入文本"请输入大于 1.6 的数值"，如下图所示。

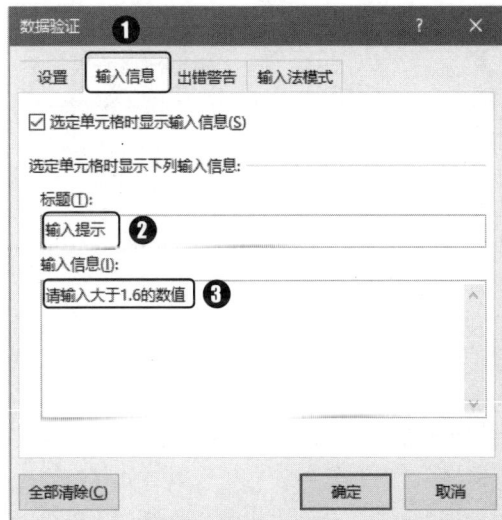

第 4 步：设置出错警告

❶单击"出错警告"选项卡；❷在"标题"文本框中输入文本"输入有误"；❸在"错误信息"文本框中输入文本"输入的数字小于或等于您设定的限值 1.6。请重新输入大于 1.6 的数值！"；❹单击"确定"按钮，如下图所示。

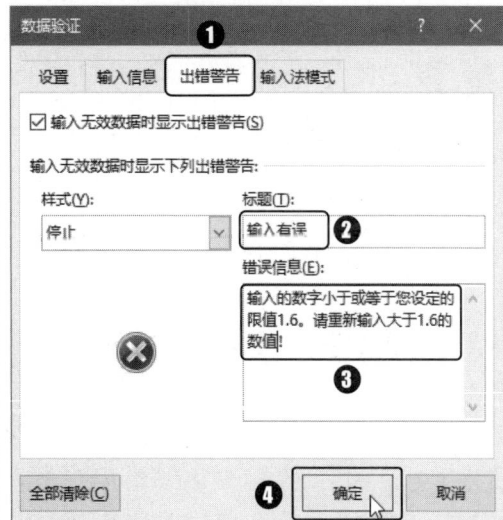

第 5 步：查看输入提示信息

返回工作表，选中 E2:E12 单元格区域中的任意单元格，即会显示输入提示信息"请输入大于1.6 的数值"，如下图所示。

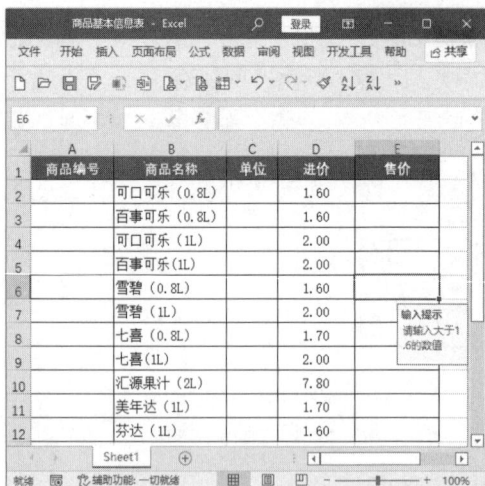

第 6 步：查看出错警告信息

在 E2 单元格中输入数字"1.6"，即弹出"输入有误"对话框，提示输入错误并显示错误信息。单击"重试"按钮关闭对话框即可重新输入，如下图所示。

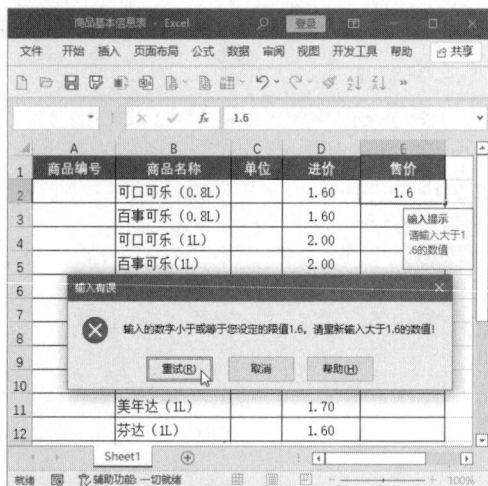

第 7 步：输入全部商品售价

根据素材文件"商品基本信息表.txt"，重新输入所有商品售价即可，如右图所示。

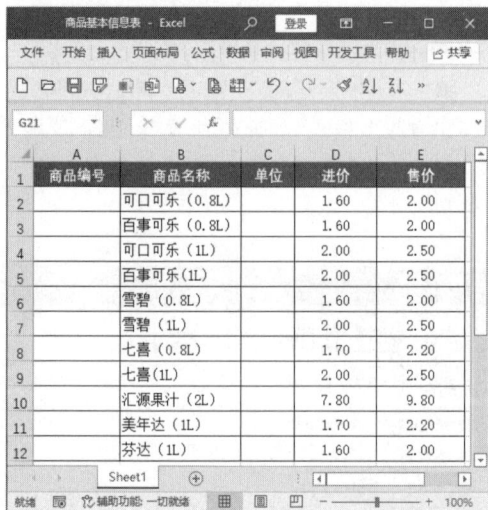

4.1.2　制作下拉列表输入单位

Excel 提供了"序列"功能，可以通过设置数据来源，把常用数据选项组成下拉列表，在下拉列表中选择数据记录完成输入。

下拉列表的制作方法已在本书第 2 章中进行过详细介绍，本节不赘述。请参照左下图与2.2.3 节介绍的操作步骤，将商品的单位"瓶""听""盒"制作成下拉列表，再输入全部商品单位。商品单位输入完成后的效果如右下图所示。

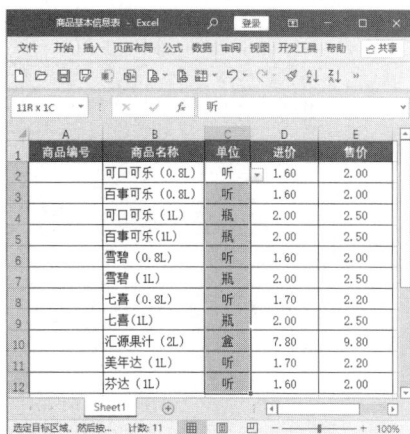

4.1.3　控制商品编号的输入

为了统一商品编号的输入，要求录入者只能输入 6 位以字母 "YL" 开头的编号，同样也可以通过 "数据验证" 来进行控制，控制商品编号的输入的操作步骤如下：

第 1 步：执行 "数据验证" 命令

❶选中单元格区域 A2:A12，单击 "数据" 选项卡；❷在 "数据工具" 组中单击 "数据验证" 按钮，如下图所示。

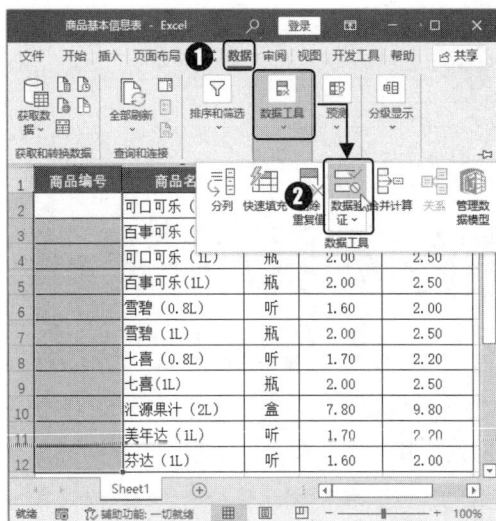

第 2 步：设置数据类型

弹出 "数据验证" 对话框，❶在 "设置" 选项卡下的 "允许" 下拉列表中选择 "自定义" 选项；❷在 "公式" 文本框中输入 "=AND((LEFT(A2, 2))= "YL",LEN(A2)=6)"；❸单击 "确定" 按钮，如下图所示。

第 3 步：输入无效商品编号

在单元格 A2 中输入一个无效的商品编号，如"CL0001"，以测试验证效果，如下图所示。

第 4 步：弹出错误提示

按 Enter 键，即弹出 Microsoft Excel 对话框，提示用户"此值与此单元格定义的数据验证限制不匹配"，如下图所示。单击"取消"按钮，在关闭对话框后重新输入有效数据即可。

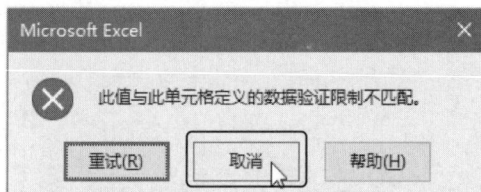

第 5 步：输入全部商品编号

根据素材文件"商品基本信息表.txt"，重新输入所有商品的编号即可，效果如右图所示。

┌─ 温馨小提示 ─┐

实例中自定义公式"=AND((LEFT(A2,2))="YL",LEN(A2)=6)"中的"6"表示只能输入 6 位以字母"YL"开头的商品编号。

4.2 使用条件格式突出显示满足条件的入库记录

案例概述

条件格式是 Excel 的一项重要功能，如果指定的单元格满足了特定条件，Excel 就会将底纹、字体、颜色等格式应用到该单元格中，就会突出显示满足条件的数据。本节结合实例"入库记录表"中的数据，介绍 Excel 中条件格式的用法，包括突出显示单元格、选取前 *n* 项数据、数据条、色阶和图标集的应用、管理条件格式规则、新建条件格式规则和清除条件格式规则等内容。

案例效果

对"入库明细表"中的数据设置条件格式，不仅可以突出显示满足条件的数据，还可以根据单元格内容有选择地自动应用格式。它为 Excel 增色不少的同时，还为办公人员的日常工作带来很多方便。

"入库明细表"设置条件格式的效果如下图所示。

制作思路

在"入库明细表"中突出显示入库记录的具体思路如下：

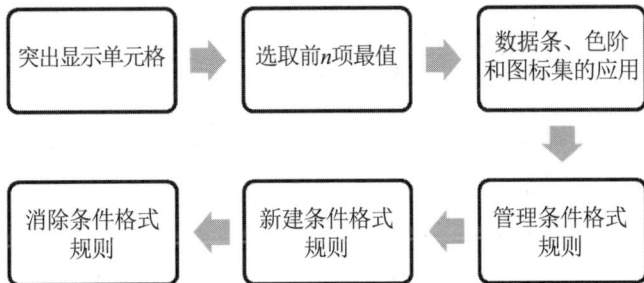

4.2.1　突出显示大于指定值的金额

在编辑数据表格的过程中，使用突出显示单元格功能，可以快速显示特定数值区间的特定数据。下面讲解在"入库明细表"中突出显示"金额"大于 4000 元的数据记录，具体操作方法如下：

第1步：执行"突出显示单元格规则"命令

打开"素材文件\第 4 章\提升效率\入库明细表.xlsx"文件，❶选中单元格区域 G2:G29，单击"开始"选项卡；❷在"样式"组中单击"条件格式"下拉按钮；❸在弹出的下拉列表中选择"突出显示单元格规则"中的"大于"选项，如下图所示。

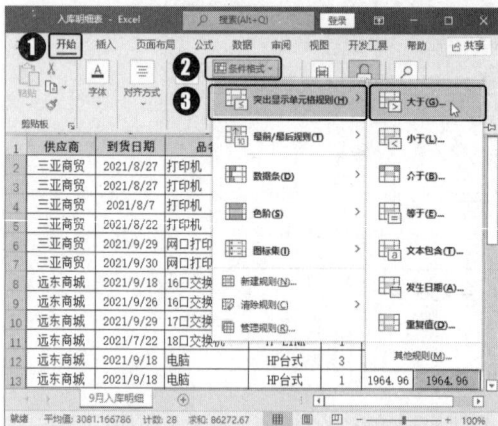

第2步：设置规则内容

弹出"大于"对话框，❶在"为大于以下值的单元格设置格式"文本框中输入数字"4000"；❷在"设置为"下拉列表中选择"自定义格式"选项，如下图所示。

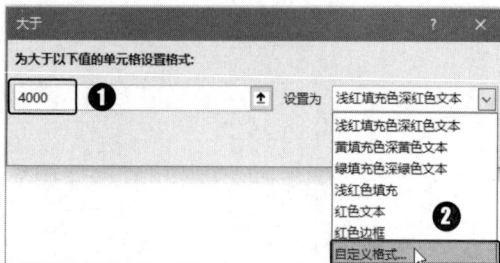

第3步：设置字体格式

弹出"设置单元格格式"对话框，❶切换至"字体"选项卡；❷在"字形"列表框中选择"加粗"选项；❸在"颜色"下拉列表中选择"红色"选项，如下图所示。

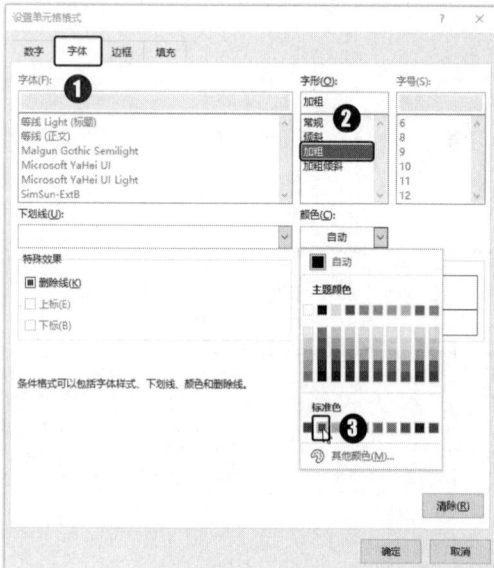

第4步：设置填充颜色

❶切换至"填充"选项卡；❷在"背景色"列表框中选择"浅绿"选项；❸单击"确定"按钮，如下图所示。

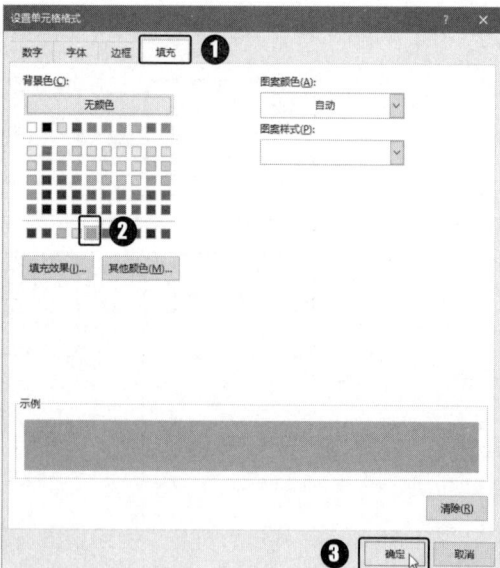

第 5 步：完成设置

返回"大于"对话框，再次单击"确定"按钮即可完成条件格式的设置，如下图所示。

第 6 步：查看条件格式效果

返回工作表，G2:G29 单元格区域中"金额"大于 4000 元的数据记录即被突出显示出来了，如下图所示。

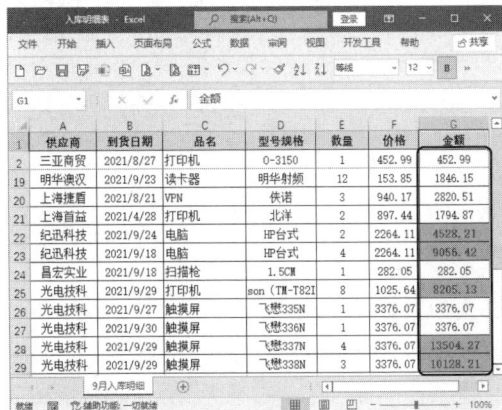

4.2.2　突出显示最高前 5 项价格

使用"最前/最后规则"可以突出显示选定区域中的最大几项、最小几项、以及其百分数或数字所指定的数据所在的单元格，还可以指定大于或小于平均值的单元格。下面通过"最前/最后规则"的设置来突出显示"入库明细表"中"价格"的最大 5 项数据所在的单元格，具体操作方法如下：

第 1 步：执行"最前/最后规则"命令

❶选中单元格区域 F2:F29，单击"开始"选项卡；❷在"样式"组中单击"条件格式"按钮；❸在弹出的下拉列表中选择"最前/最后规则"的"前 10 项"选项，如下图所示。

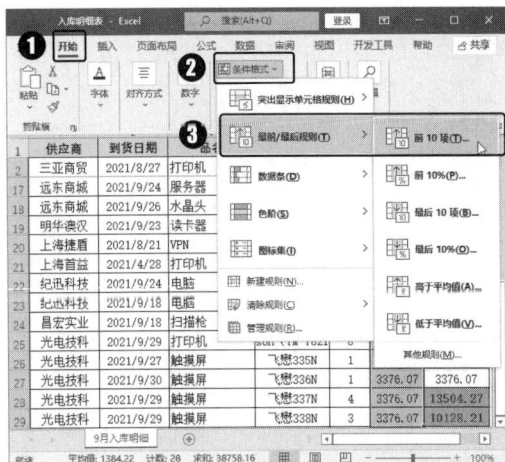

第 2 步：设置规则内容

弹出"前 10 项"对话框，❶在"为值最大的那些单元格设置格式"微调框中输入"5"；❷单击"确定"按钮，如下图所示。

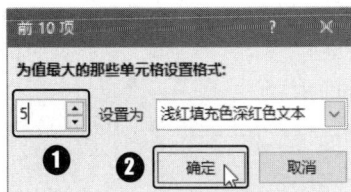

第3步：查看条件格式效果

返回工作表，即可看到符合条件的最大 5 项数据被突出显示出来，如下图所示。

4.2.3 使用数据条直观对比产品数量

使用数据条可以快速为数据单元格添加底纹颜色，直观呈现和对比选定区域中数据的大小，并根据数值变化动态调整其长度。当数据都是正值时，数据越大，数据条越长；反之，数据越小，数据条就越短。下面使用数据条对比产品的数量，具体操作方法如下：

第1步：执行"数据条"命令

❶选中单元格区域 E2:E29，单击"开始"选项卡；❷在"样式"组中单击"条件格式"按钮；❸在弹出的下拉列表中选择"数据条"选项，在"渐变填充"选项组中选择"紫色数据条"按钮，如下图所示。

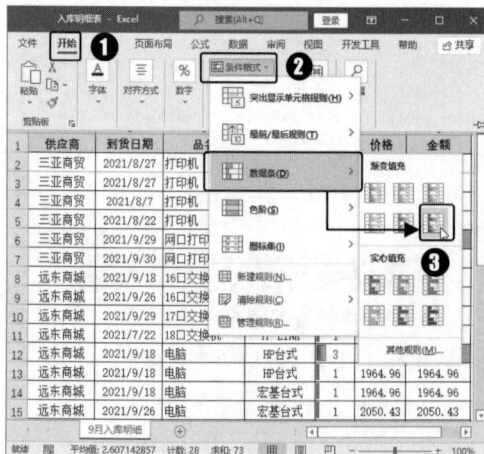

第2步：查看条件格式效果

返回工作表，即可看到为 E2:E29 单元格区域添加的数据条，如下图所示。

4.2.4　使用色阶比较产品价格的高低

色阶可以快速为数组插入色阶，以颜色的亮度强弱和渐变程度来显示不同的数值，如双色渐变、三色渐变；除了数据条，色阶也可用于比较数据的大小。色阶的原理是按照设定的阈值为数据区域添加"双色刻度"或"三色刻度"两种色阶，以颜色的深浅和渐变程度来显示大小不同的数值。其中，双色刻度设定两个阈值，即最小值与最大值，同时设定两种颜色比较指定区域中的数据，数值越大，颜色越深；反之，数值越小，颜色越浅。三色刻度即设定三个阈值：最小值、中间值与最大值，可设定三种颜色比较指定区域中的数据。下面使用色阶比较产品价格的高低，具体操作方法如下：

第 1 步：执行"色阶"命令

❶选中 F2:F29 单元格区域，单击"开始"选项卡；❷在"样式"组中单击"条件格式"按钮；❸在弹出的下拉列表中选择"色阶"下的"绿-白色阶"选项，如下图所示。

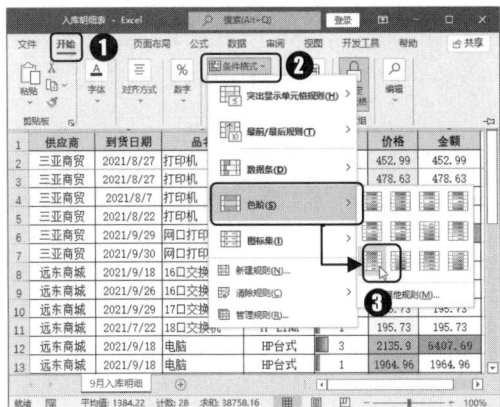

第 2 步：查看色阶设置效果

返回工作表，即可看到为 F2:F29 单元格区域添加的色阶，如下图所示。

4.2.5　使用图标集比较产品入库的金额

图标集中包含多种图标，可用于标识一组数值大小。下面用图标集中的五向箭头对产品的入库金额进行标识。具体操作方法如下：

第 1 步：选中图标集命令

❶选中单元格区域 G2:G29；❷在"样式"组中单击"条件格式"按钮；❸在弹出的下拉列表中选择"图标集"选项，在弹出的"方向"列表中选择"五向箭头(彩色)"选项，如下图所示。

第 2 步：查看图标集设置效果

返回工作表，即可看到为 G2:G29 单元格区域添加的图标集，如下图所示。

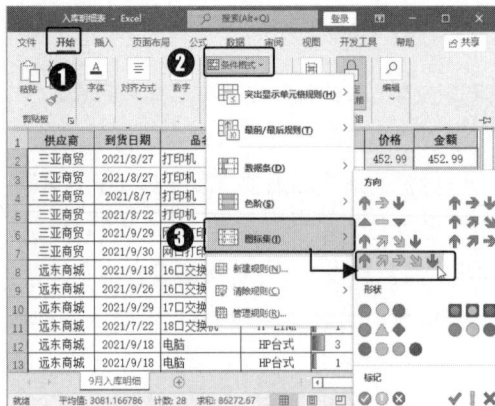

4.2.6　设置公式模糊查询产品信息

除了使用 Excel 提供的多种内置条件格式规则以外，用户还可以设置公式，灵活自定义规则，以满足更多工作中的实际需求。下面在"入库明细表"中创建模糊查询产品信息的条件格式规则，只需输入"入库明细表"所包含的任意一个字符、日期或数字，即可自动标识符合条件的单元格。具体操作方法如下：

第1步：插入行，输入关键字符	第2步：执行"新建规则"命令
❶在第 1 行上面插入一行，在单元格 A1 中输入文本"输入关键字"；❷在 B1 单元格中输入"入库明细表"中包含的任意字符，如输入供应商名称"远东商城"中的字符"东"，如下图所示。	❶选中单元格区域 A3:G30，单击"开始"选项卡；❷在"样式"组中单击"条件格式"按钮；❸在弹出的下拉列表中选择"新建规则"选项，如下图所示。

第 3 步：选择规则类型并设置公式

弹出"新建格式规则"对话框，❶在"选择规则类型"列表框中选择"使用公式确定要设置格式的单元格"选项；❷在"为符合此公式的值设置格式"文本框中输入公式"=AND($B$1<>"",FIND($B$1,A3))"；❸单击"格式"按钮，如下图所示。

第 4 步：设置填充颜色和样式

弹出"设置单元格格式"对话框，❶切换至"填充"选项卡；❷在"图案颜色"下拉列表中选择一种颜色；❸在"图案样式"下拉列表中选择一种样式；❹单击"确定"按钮，如下图所示。

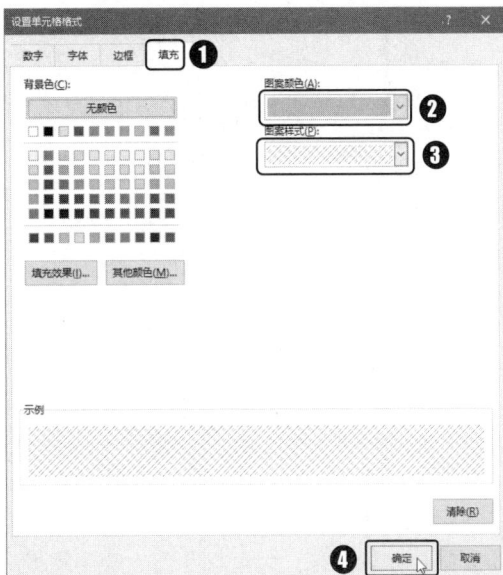

第 5 步：完成设置

返回"新建格式规则"对话框，单击"确定"按钮关闭对话框即完成设置，如下图所示。

第 6 步：查看条件格式效果

返回工作表，即可看到 A3:G30 单元格区域中，所有包含字符"东"的数据应用了条件格式，如下图所示。

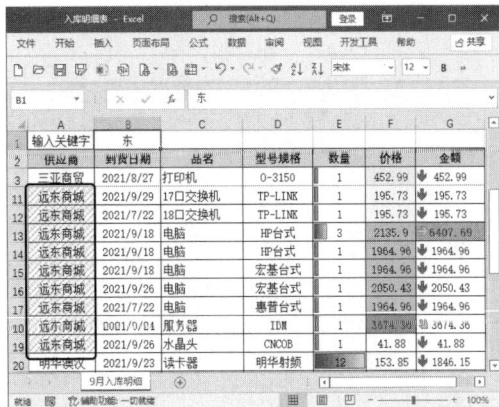

第 7 步：测试条件格式效果

在 B1 单元格中重新输入字符"打印"，即可看到 A3:G30 单元格区域中，所有包含字符"打印"的数据被标识出来了，如下图所示。

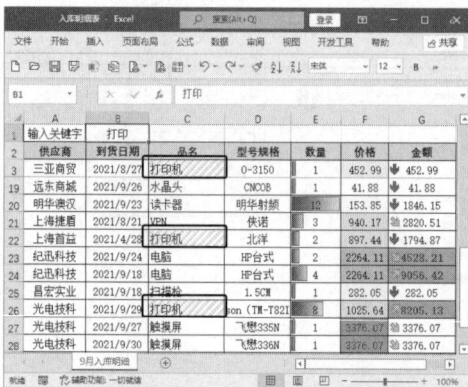

温馨小提示

修改和清除条件格式的方法如下：

（1）修改条件格式：选中数据区域，单击"开始"选项卡"样式"组"条件格式"下拉列表中的"管理规则"选项，弹出"条件格式管理器"对话框进行操作即可。

（2）清除条件格式：选中数据区域，单击"开始"选项卡"样式"组"条件格式"下拉列表中的"清除规则"选项，在二级列表中选择"清除所选单元格的规则"或"清除整个工作表的规则"选项即可。

4.3 提升效率——实用操作技巧

通过前面知识的学习，相信读者朋友已经掌握了数据验证和条件格式的相关基础知识。下面结合本章内容，给大家介绍一些实用技巧。

1. 隐藏数据验证序列中的下拉箭头

在默认情况下，在 Excel 的单元格中设置序列，同时会在单元格的右侧生成一个下拉箭头，供用户选择序列选项。如果不喜欢这个下拉箭头，可以将其隐藏，具体操作方法如下：

第 1 步：执行"数据验证"命令

打开"素材文件\第 4 章\提升效率\隐藏序列中的下拉箭头.xlsx"文件，选中单元格区域 C2:C12，❶单击"数据"选项卡；❷在"数据工具"组中单击"数据验证"按钮，如下图所示。

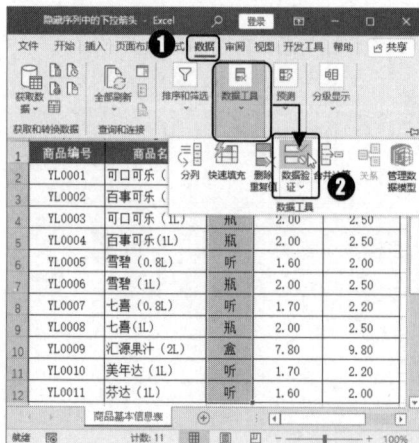

第 2 步：取消下拉箭头设置

弹出"数据验证"对话框，❶在"设置"选项卡中取消选择"提供下拉箭头"复选框；❷单击"确定"按钮，如下图所示。

第 3 步：查看隐藏效果

此时选中单元格区域 C2:C12，单元格右侧的下拉箭头就隐藏起来了。使用下拉列表时，可按组合键 Alt+↓ 将其展开，如右图所示。

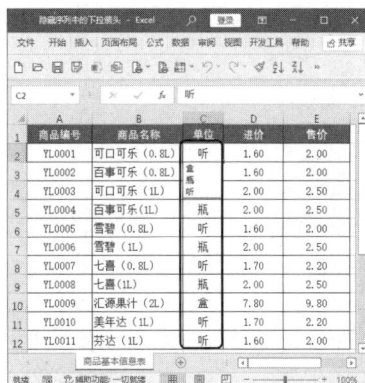

温馨小提示

采用 "数据验证" 功能设置下拉列表中的序列时，设置的选项之间用英文半角逗号（,）隔开。

2. 设置数据验证提示数据重复

为单元格设置数据验证，可以在用户录入重复数据时发出警告与提示，以保证数据录入的有效性。接下来使用数据验证和 COUNTIF 函数定义一个公式，并设置警告信息，提醒用户核对防止重复数据的录入，具体操作方法如下。

第 1 步：执行 "数据验证" 命令

打开 "素材文件\第 4 章\提升效率\防止录入重复数据.xlsx" 文件，选中单元格区域 C2:C10，❶单击 "数据" 选项卡；❷在 "数据工具" 组中单击 "数据验证" 按钮，如下图所示。

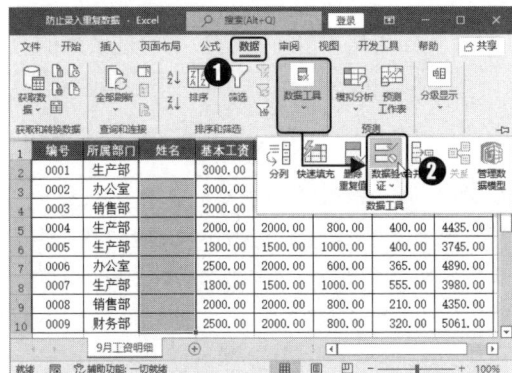

第 2 步：设置数据验证条件

弹出 "数据验证" 对话框，❶在 "设置" 选项卡下的 "允许" 下拉列表中选择 "自定义" 选项；❷在 "公式" 文本框中输入 "=COUNTIF($C$2:$C$10,C2)=1"，如下图所示。

第 3 步：设置出错警告

❶切换至 "出错警告" 选项卡；❷在 "样式" 下拉列表中选择 "警告" 选项；❸在 "标题" 文本框中输入文字 "出错警告"，在 "错误信息" 文本框中输入文字 "出现重复姓名，请核对！"；❹单击 "确定" 按钮，如右图所示。

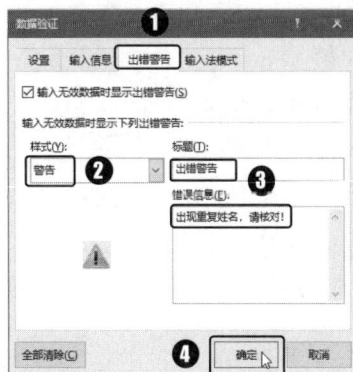

第 4 步：测试数据验证效果

返回工作表，在单元格 C2 中输入"张三"，然后再在单元格 C4 中也输入"张三"并按 Enter 键，即弹出"出错警告"对话框，并显示提示信息，单击"否"按钮，如下图所示。

第 5 步：修改重复数据

将 C4 单元格中的姓名修改为不与 C2 单元格姓名重复的内容即可，如"李四"，如下图所示。

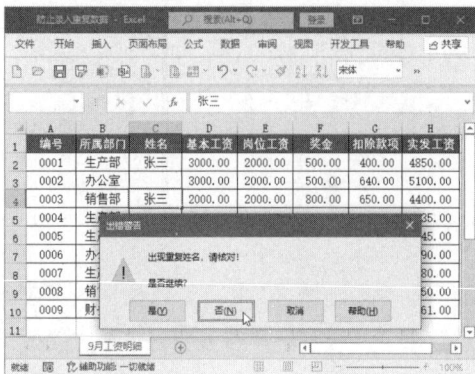

(💡 温馨小提示)

在设置"数据验证"条件时，如果将"出错警告"的样式设置为"警告"后，当输入无效数据时，仅弹出对话框进行警告和提示。如果单击"是"按钮，就表示允许继续输入无效数据。

---

3. 圈释无效数据

数据输入完毕后，为了保证数据的准确性，快速找到表格中的不符合数据验证条件的数据，可以通过 Excel 中的"圈释无效数据"功能，实现数据的快速检测，方便用户进行核对、修改。圈释无效数据的具体操作方法如下：

第 1 步：执行"圈释无效数据"命令

打开"素材文件\第 4 章\提升效率\圈释无效数据.xlsx"文件，❶单击"数据"选项卡；❷在"数据工具"组中单击"数据验证"按钮；❸在弹出的下拉列表中选择"圈释无效数据"选项，如下图所示。

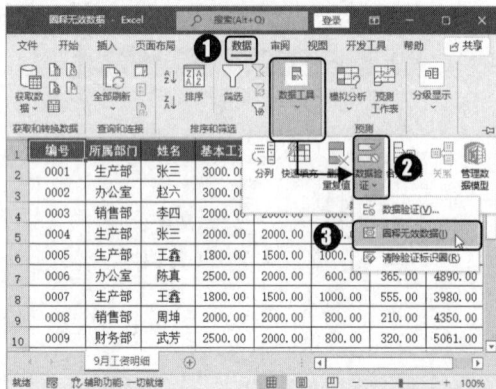

第 2 步：查看圈释结果

因工作表中设置了姓名不得重复的数据验证条件，此时重复的无效数据就被红色椭圆圈释出来了，如下图所示。

在执行保存、关闭工作簿等操作时，圈释会自动消失；也可手动取消圈释，在"数据工具"组中单击"数据验证"按钮，然后在弹出的下拉列表中选择"清除验证标识圈"选项即可。

4. 巧用条件格式与函数公式设置表格隔行填充

在条件格式中设置 MOD 函数公式可以使表格自动隔行填充指定颜色，并应用指定的字体字形，可起到美化表格、改善视觉效果的作用。具体操作方法如下：

第1步：执行"新建规则"命令

打开"素材文件\第 4 章\提升效率\隔行填充.xlsx"文件，❶选中单元格区域 A2:G29，单击"开始"选项卡；❷在"样式"组中单击"条件格式"下拉按钮；❸在弹出的下拉列表中选择"新建规则"选项，如下图所示。

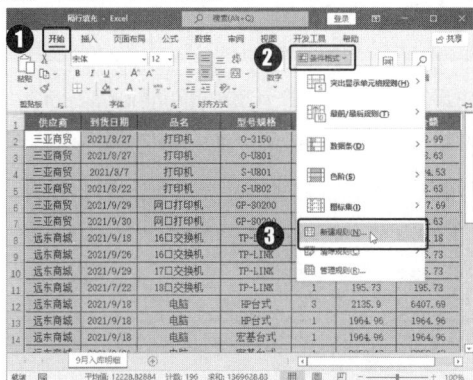

第2步：选择规则类型并设置公式

弹出"新建格式规则"对话框，❶在"选择规则类型"列表框中选择"使用公式确定要设置格式的单元格"选项；❷在"为符合此公式的值设置格式"文本框中输入公式"=MOD(ROW(A1),2)=1"；❸单击"格式"按钮，如下图所示。

第3步：设置字形

弹出"设置单元格格式"对话框，❶切换至"字体"选项卡；❷在"字形"列表框中选择"加粗"选项，如下图所示。

第4步：设置填充颜色

❶切换至"填充"选项卡；❷在"背景色"列表框中选择一种颜色；❸单击"确定"按钮，如下图所示。

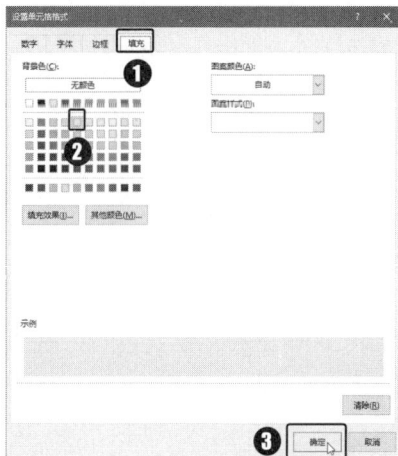

第 5 步：完成设置

返回"新建格式规则"对话框，可在"预览"框中查看格式效果。单击"确定"按钮关闭对话框即完成条件格式的设置，如下图所示。

第 6 步：查看条件格式效果

返回工作表，即可看到 A2:G29 单元格区域中的条件格式效果，如下图所示。

(💡 温馨小提示)

MOD 函数的作用是返回一个除法运算后的余数。其语法格式为 MOD(number,divisor)。参数 number 是被除数；divisor 是除数。例如，MOD(10,4)=2，2 便是由 10 除以 4 所得出的余数。如果 number 正好被 divisor 除尽，函数的结果就等于 0。

第**5**章

财务数据的统计分析

↳本章导读

　　排序、筛选和分类汇总、数据透视表是重要的数据统计和分析工具。本章结合固定资产清单、应付账款清单、应收账款清单、工资计算表等财务案例，介绍排序、筛选、分类汇总和数据透视功能在数据统计与分析工作中的操作技巧。

↳知识要点

* ❖ 使用"升序"或"降序"按钮
* ❖ 使用"排序"对话框
* ❖ 进行多条件排序
* ❖ 进行自定义排序
* ❖ 简单筛选
* ❖ 自定义筛选

* ❖ 高级筛选的运用
* ❖ 简单分类汇总
* ❖ 嵌套分类汇总
* ❖ 创建工资数据透视表
* ❖ 创建工资数据透视图

↳案例展示

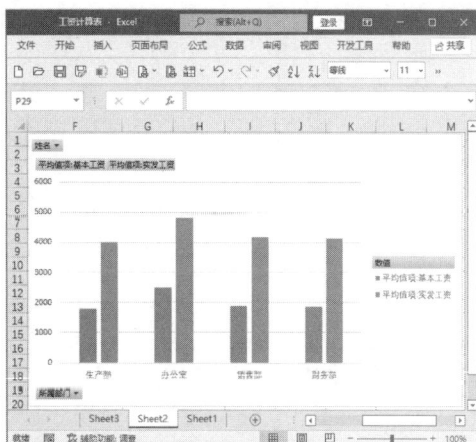

5.1 固定资产清单中的数据排序

案例概述

为了方便查看表格中的数据，可以按照一定的顺序对工作表中的数据进行重新排序。数据排序方法主要包括简单排序、复杂排序和自定义排序。本节以排序固定资产清单为例，介绍这三种排序方法的具体操作。

案例效果

本节主要讲解排序的常用操作和技巧，结合实例固定资产清单，介绍按购买日期或资产原值进行简单排序的方法，按类别分类和固定资产原值进行多条件排序的方法，以及按使用部门为固定资产自定义排序等内容。

对固定资产清单进行排序的效果如下图所示。

资产名称	资产编号	类别编号	类别名称	规格型号	制造单位	使用部门	购买日期	启用日期	可使用年限	资产状态	资产来源	资产性质	资产原值
厂房	011016	011	房屋	100万平米		总公司	2020-2-20	2020-3-1	30	正常使用	自建	正常	5000000
办公楼	011023	011	房屋	10万平米		总公司	2015-5-30	2016-6-1	50	正常使用	自建	正常	1305600
仓库	011019	011	房屋	60万平米		总公司	2017-5-30	2017-6-1	30	正常使用	自建	正常	150000
轿车-1668	041010	041	运输工具	别克	上海通用	总公司	2020-3-1	2020-3-1	15	正常使用	购入	正常	320000
吊车	021031	021	生产设备	QH-20S	吴方机厂	一分公司	2014-12-4	2014-12-5	20	正常使用	购入	正常	560000
机床	021056	021	生产设备	JC-GH65	吴方机厂	一分公司	2014-4-30	2014-5-1	20	正常使用	购入	正常	185900
机床	021057	021	生产设备	JC-GH68	吴方机厂	二分公司	2018-10-13	2018-10-14	20	正常使用	购入	正常	210000
机床	020001	021	生产设备	JC-GH01		二分公司	2011-5-1	2011-11-2	8	报废	购入	正常	186400
台式电脑	051057	051	办公设备	兼容机		办公室	2017-9-5	2017-9-8	5	报废	购入	正常	5800
复印机	051077	051	办公设备	佳能		办公室	2018-5-4	2018-5-4	5	正常使用	购入	正常	8900
笔记本电脑	051055	051	办公设备	IBM		办公室	2019-10-5	2019-10-5	5	正常使用	购入	正常	15000
笔记本电脑	051056	051	办公设备	IBM		办公室	2019-10-5	2019-10-5	5	正常使用	购入	正常	16800
传真机	051066	051	办公设备	松下		销售部	2017-5-30	2017-1-8	10	正常使用	购入	正常	6200
货车-0152	041006	041	运输工具	20吨	川路集团	销售部	2017-10-9	2017-10-10	10	正常使用	购入	正常	120000
货车-0158	041007	041	运输工具	15吨	川路集团	销售部	2018-9-30	2018-10-1	10	正常使用	购入	正常	126000
轿车-1688	041009	041	运输工具	尼桑	日产	销售部	2020-1-1	2020-1-1	15	正常使用	购入	正常	580000
复印机	051087	051	办公设备	佳能		销售部	2020-10-10	2020-10-10	10	正常使用	购入	正常	8200
职工宿舍一期	051087	061	福利设施			后勤部	2021-8-10	2021-8-10	70	正常使用	自建	当月新增	1500000
台式电脑	051059	051	办公设备	兼容机		后勤部	2018-9-1	2018-9-8	5	正常使用	购入	正常	5800
健身器材	051088	071	生保健设	爱华		后勤部	2021-8-15	2021-8-15	5	正常使用	购入	当月新增	80000
台式电脑	051058	051	办公设备	兼容机		后勤部	2017-4-1	2017-4-6	5	正常使用	购入	正常	5800
客车-EA358	041008	041	运输工具	35客	飞马集团	后勤部	2019-12-10	2019-12-30	10	正常使用	购入	正常	350000

制作思路

对"固定资产清单"进行排序的思路如下：

使用"升序"或"降序"按钮排序 → 使用"排序"对话框排序 → 设置第一个排序条件 → 设置第二个排序条件 → 执行"自定义序列"命令 → 自定义新序列

5.1.1　按购买日期或资产原值进行简单排序

对数据清单进行排序时，如果按照单一字段列的内容进行简单排序，既可以直接使用"升序"或"降序"按钮来完成，也可以通过"排序"对话框来完成。

1. 使用"升序"或"降序"按钮

下面使用"升序"按钮对固定资产清单中的"购买日期"数据进行升序排序，具体操作如下：

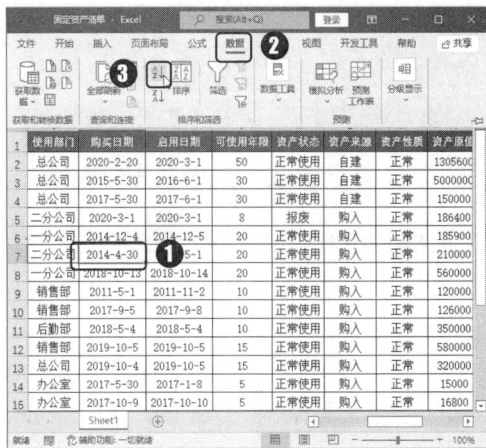

第1步：单击"升序"按钮	第2步：查看排序结果
打开"素材文件\第4章\固定资产清单.xlsx"文件，❶选中"购买日期"字段列中的任意一个单元格；❷单击"数据"选项卡；❸在"数据和筛选"组中单击"升序"按钮，如下图所示。	操作完成后，即可看到"购买日期"数据已按照升序排列。效果如下图所示。

(（ 专家会诊台 ）)

问：默认的 Excel 的数据排序是按行排序和按字母排序，能不能按列排序或按笔画排序呢？

答：当然可以。打开"排序"对话框，单击"选项"按钮，弹出"选项"对话框，然后选择"按列排序"和"按笔画排序"选项即可。

2. 使用"排序"对话框

下面使用"排序"对话框设置一个排序条件，对固定资产清单中的"资产原值"进行降序排序，具体操作方法如下：

第1步：执行"排序"命令

选中数据区域中的任意一个单元格，❶单击"数据"选项卡；❷在"排序和筛选"组中单击"排序"按钮，如下图所示。

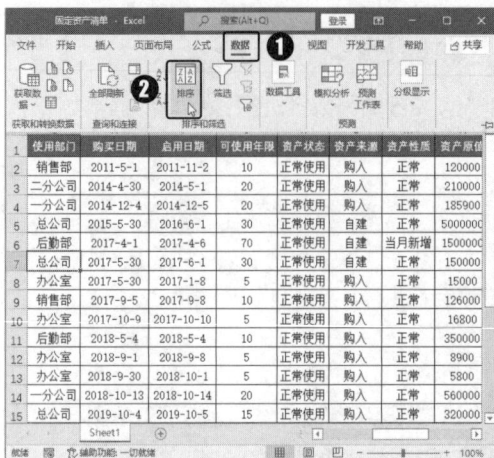

第2步：设置排序条件

弹出"排序"对话框，❶在"主要关键字"下拉列表中选择"资产原值"选项；❷在"次序"下拉列表中选择"降序"选项；❸单击"确定"按钮，如下图所示。

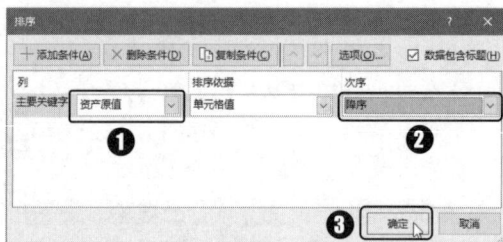

第3步：查看排序结果

操作完成后，即可看到"资产原值"数据已按照降序排列，如右图所示。

(💡温馨小提示)

Excel 数据的排序依据有多种，主要包括单元格值、单元格颜色、字体颜色和单元格图标，按照单元格值进行排序，是最常用的一种排序方法。

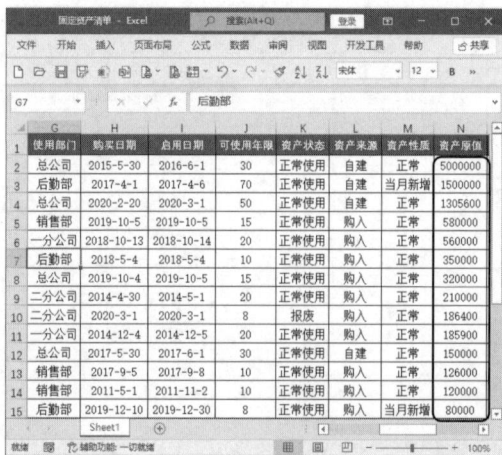

5.1.2　按类别名称和月折旧额进行复杂排序

如果在排序字段里出现相同的内容，会保持着它们的原始次序。如果用户还要对这些相同内容按照一定条件进行排序，就用到多个关键字的复杂排序。下面首先对固定资产清单中的"类别名称"进行升序排列，再在其基础上对"月折旧额"数据进行降序排列，具体的操作方法如下：

第1步：执行"排序"命令

选中数据区域中的任意一个单元格，❶单击"数据"选项卡；❷在"排序和筛选"组中单击"排序"按钮，如下图所示。

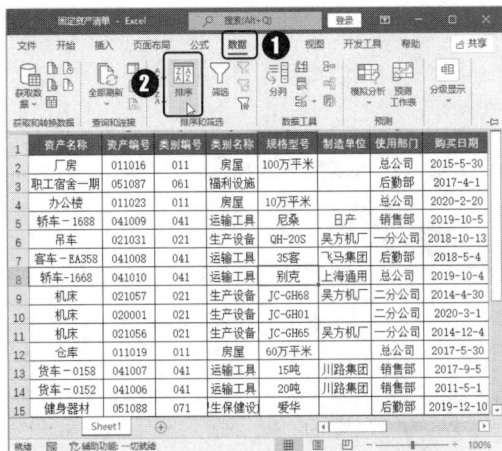

第2步：设置第一个排序条件

弹出"排序"对话框，❶在"主要关键字"下拉列表中选择"类别名称"选项；❷在"次序"下拉列表中选择"升序"选项；❸单击"添加条件"按钮，如下图所示。

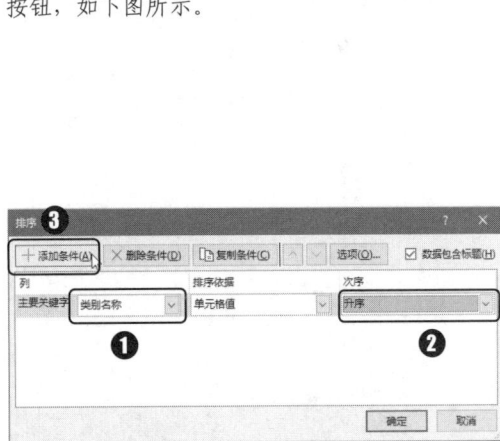

第3步：设置第二个排序条件

此时即可添加一组新的排序条件，❶在"次要关键字"下拉列表中选择"月折旧额"选项；❷在"次序"下拉列表中选择"降序"选项；❸单击"确定"按钮，如下图所示。

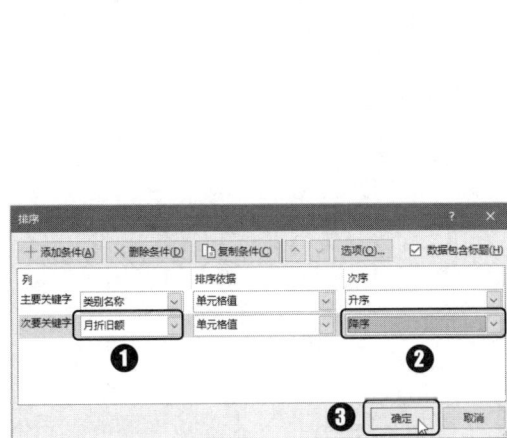

第4步：查看排序结果

在操作完成后，即可看到固定资产清单中"类别名称"数据已按照升序排列，而"月折旧额"数据则按照降序排列，排序结果如下图所示。

5.1.3　按使用部门为固定资产进行自定义排序

数据的排序方式除了可以按照数字大小和拼音字母顺序外，还会涉及一些没有明显顺序特征的项目，如"使用部门""类别名称""业务员"等。对此可以自行定义其排列顺序，再对这些数据进行排序。接下来将固定资产清单中的"使用部门"数据的序列顺序定义为"总公司，一分公司，二分公司，办公室，销售部，后勤部"，然后进行排序。具体的操作方法如下：

第1步：执行"排序"命令

选中数据区域中的任意一个单元格，❶单击"数据"选项卡；❷单击"排序和筛选"组中的"排序"按钮，如下图所示。

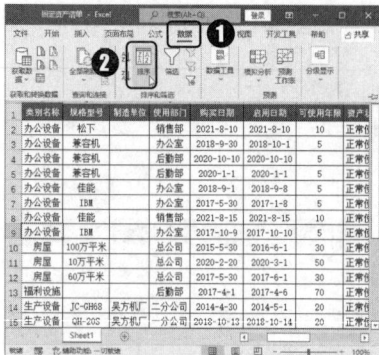

第2步：执行"自定义序列"命令

弹出"排序"对话框，❶在"主要关键字"下拉列表中选择"使用部门"选项；❷在"次序"下拉列表中选择"自定义序列"选项，如下图所示。

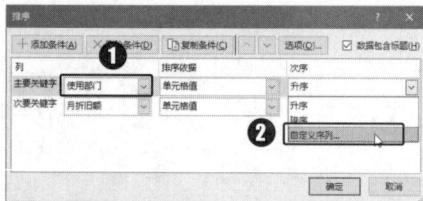

第3步：添加自定义序列

弹出"自定义序列"对话框，❶在"输入序列"文本框中输入"总公司,一分公司,二分公司,办公室,销售部,后勤部"，注意每个名称之间用英文逗号隔开；❷单击"添加"按钮，如下图所示。

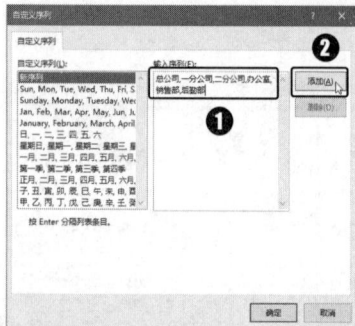

第4步：完成添加

在操作完成后，即可看到新序列"总公司,一分公司,二分公司,办公室,销售部,后勤部"已被添加至"自定义序列"列表框中。单击"确定"按钮关闭对话框即可，如下图所示。

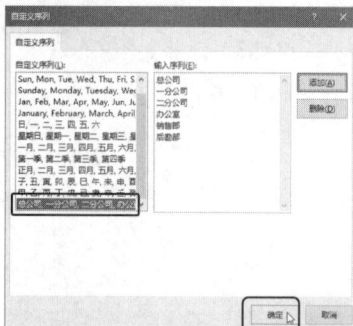

第5步：选择次序

返回"排序"对话框，可看到"主要关键字"中的"次序"下拉列表中已自动选择"总公司,一分公司,二分公司,办公室,销售部,后勤部"选项。直接单击"确定"按钮，如下图所示。

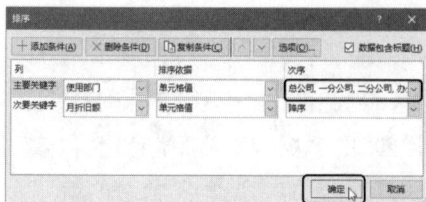

第6步：查看自定义排序结果

在操作完成后，即可看到固定资产清单中的"使用部门"数据已按照自定义序列的顺序排列，如下图所示。

（💡温馨小提示）

有时我们要对"折旧额、销售额、工资"等字段进行排序，又不希望打乱表格原有数据的顺序，而只需要得到一个排列名次，这时该怎么办呢？对于这类问题，我们可以用 RANK 函数来实现次序的排列。

5.2　应付账款清单中的数据筛选

案例概述

如果要在成千上万条数据记录中查询需要的数据，就需要用到 Excel 的筛选功能。Excel 提供了 3 种数据的筛选操作，即"自动筛选""自定义筛选"和"高级筛选"。本节主要介绍使用 Excel 的筛选功能对应付账款清单中数据按条件进行筛选和分析的操作方法。

案例效果

"应付账款清单"中的数据筛选结果如下图所示。

制作思路

在"应付账款清单"中进行数据排序的具体思路如下：

执行"筛选"命令，进入筛选状态 → 筛选指定供应商的应付记录 → 执行"自定义筛选"命令

↓

设置高级筛选条件进行筛选 ← 执行"高级筛选"命令 ← 设置条件进行自定义筛选

5.2.1 筛选指定供应商的应付账款记录

自动筛选是 Excel 的一个易于操作，且经常使用的实用技巧。自动筛选通常是按简单的条件进行筛选，筛选时将不满足条件的数据暂时隐藏起来，只显示符合条件的数据。下面以在应付账款清单中筛选供应商名称为"宏达电器"的应付账款记录为例，其具体操作方法如下：

第1步：添加"筛选"按钮

打开"素材文件\第 5 章\应付账款清单.xlsx"文件，选中表格区域中的任意一个单元格，❶单击"数据"选项卡；❷单击"排序和筛选"组中的"筛选"按钮，如下图所示。

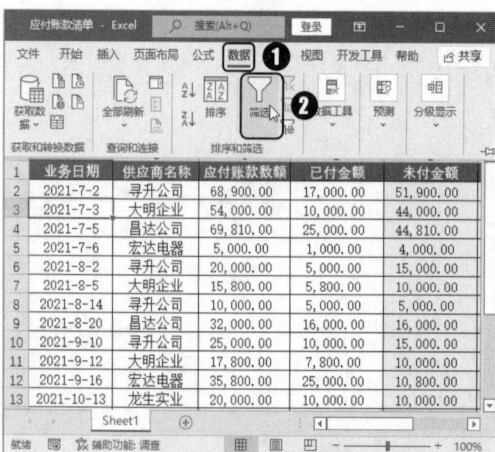

第2步：展开"供应商名称"筛选列表

在操作完成后，表格中各字段所在单元格右侧均出现一个下拉按钮，即"筛选"按钮。单击"供应商名称"字段（B1 单元格）的"筛选"按钮即可展开筛选列表，此时数据所有供应商名称均处于选中状态（即"全选"），如下图所示。

第3步：取消全选状态

单击"全选"选项左侧的复选框，取消对勾，即可取消全选状态，如下图所示。

第4步：选择要筛选的供应商选项

❶单击"宏达电器"选项，即可在其左侧的复选框中显示对勾（√）；❷单击"确定"按钮，如下图所示。

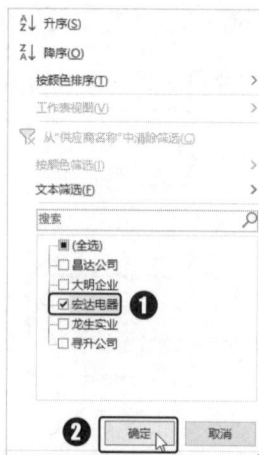

第 5 步：查看筛选结果

在操作完成后，供应商名称为"宏达电器"的应付账款记录即被筛选出来。同时，"供应商名称"字段（B1 单元格）右侧的筛选按钮样式变化为"🔽"，表示该字段中为筛选后的数据，如下图所示。

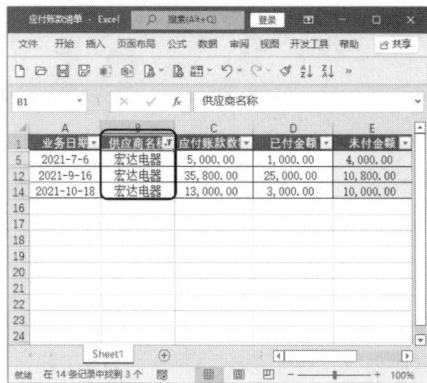

第 6 步：清除筛选

再次展开"供应商名称"字段（B1 单元格）的筛选列表，执行"从"供应商名称"中清除筛选"命令即可清除当前数据区域的筛选和排序状态，如下图所示。

> 💡**温馨小提示**
>
> 清除筛选时，也可以单击"开始"选项卡"排序和筛选"组中的"清除筛选"按钮，可一次清除当前全部字段的筛选结果。

5.2.2　按未付金额筛选应付账款记录

自定义筛选是指通过定义筛选条件，查询符合条件的数据记录。自定义筛选包括日期筛选、数字筛选和文本筛选等。接下来在应付账款清单中筛选未付金额大于或等于 10000 且小于或等于 20000 元的应付账款记录，具体操作方法如下：

第 1 步：执行"自定义筛选"命令

❶单击"未付金额"字段（E1 单元格）的筛选按钮；❷在筛选列表中选择"数字筛选"选项，在下级列表中选择"自定义筛选"选项，如下图所示。

第 2 步：设置自定义筛选条件

弹出"自定义自动筛选方式"对话框，❶在"未付金额"的下拉列表框中选择"大于或等于"选项，在其后的文本框中输入"10000"；❷选中"与"左侧的单选钮，在其下拉列表框中选择"小于或等于"选项，在其后的文本框中输入"20000"；❸单击"确定"按钮，如下图所示。

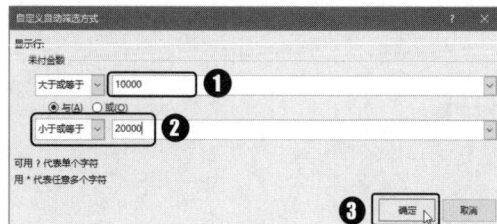

第 3 步：查看筛选结果

在操作完成后，即可看到符合条件的应付账款记录已被筛选出来，如右图所示。

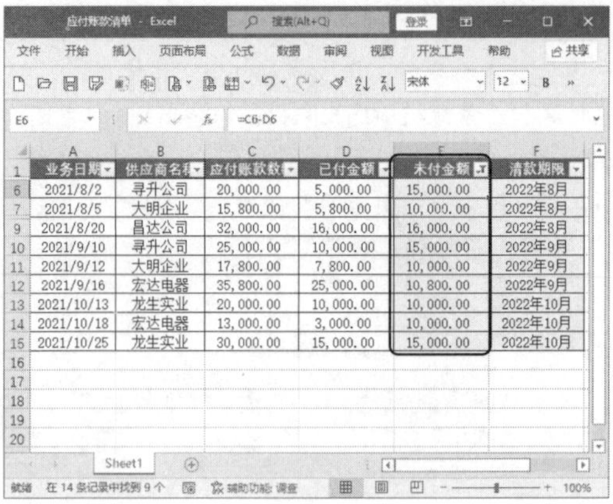

5.2.3 高级筛选的运用

在数据筛选的过程中，可能会遇到许多复杂的筛选条件，此时，就用到了 Excel 的高级筛选功能。下面以在应付账款清单中筛选未付金额小于或等于 10000 元，或者大于 40000 元，且清款期限在 2022 年 9 月（不含）之前的应付账款记录为例，其具体的操作步骤如下：

第 1 步：设置筛选条件

清除筛选结果，恢复到筛选前的状态，❶在 H1:J1 单元格区域中依次输入两次需要筛选的字段名称"未付金额"与一个"清款期限"字段名称（因"未付金额"字段需要设置两个条件，因此应输入两次）；❷在 H2 单元格中输入第 1 个筛选条件"<=10000"，在 I3 单元格中输入第 2 个筛选条件">40000"；❸在 J2 和 J3 单元格中输入相同的第 3 个筛选条件"<2022-9-1"，如下图所示。

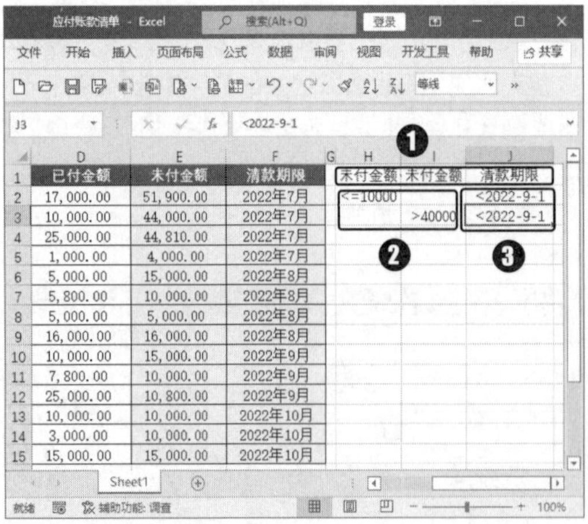

第 2 步：执行"高级"命令

选中数据区域中的任意一个单元格，❶单击"数据"选项卡；❷单击"排序和筛选"组中的"高级"按钮，如下图所示。

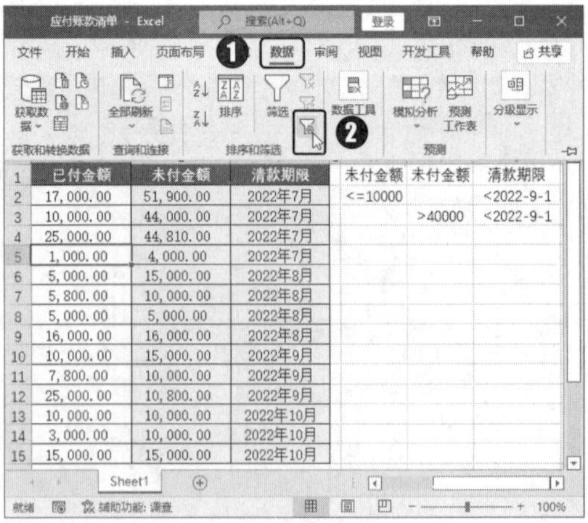

第 3 步：设置"高级筛选"对话框

弹出"高级筛选"对话框，系统默认选中"方式"选项组中的"在原有区域显示筛选结果"单选钮，本例保持不变。同时，Excel 已智能识别数据区域为 A1:F15，并自动填入"列表区域"文本框中。❶单击"条件区域"文本框，选中 H1:J3 单元格区域；❷单击"确定"按钮，如下图所示。

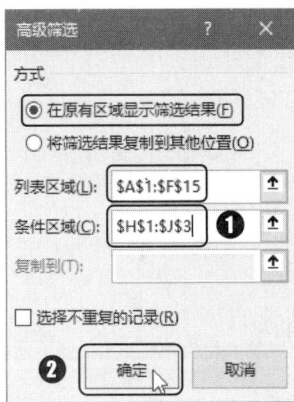

第 4 步：查看筛选区域

在操作完成后，即可看到符合条件的应付账款记录已被筛选出来，如下图所示。

> **🔆 温馨小提示**
>
> 设置高级筛选条件时应当遵循以下规则：若筛选条件之间的逻辑关系为"或"，则表示只需满足其一即可被筛选出来，因此应在不同的行次中输入条件内容；若筛选条件之间的逻辑关系为"且"，则表示同时满足才能被筛选出来，应在同一行次或同一列次中输入条件内容。

5.3　应收账款清单中数据的分类汇总

案例概述

Excel 提供有"分类汇总"功能，使用该功能可以按照各种汇总条件对数据进行分类汇总。例如，按某个字段进行分类，进行求和、平均值、计数等汇总运算。在 Excel 中，分类汇总分为简单汇总和嵌套汇总两种方法。简单汇总是对数据表格的一个字段仅统一做一种方式的汇总；嵌套汇总是对同一字段进行多种方式的汇总。

案例效果

本实例以"应收账款清单"为例，使用简单汇总和嵌套汇总两种方法，分别统计不同客户的还款合计和还款平均值。

对"应收账款清单"中的数据进行分类汇总的效果如下图所示。

制作思路

对"应收账款清单"中的数据进行分类汇总的制作思路如下：

数据进行排序 ➡ 执行分类汇总分类 ➡ 设置汇总条件进行简单汇总

删除分类汇总 ⬅ 修改汇总条件实现嵌套汇总 ⬅ 两次执行分类汇总命令

5.3.1 统计不同客户的还款合计

本小节按照"客户名称"应收账款清单中的数据进行分类汇总，统计不同客户的还款合计。在创建分类汇总之前，首先要按照所属部门对工作表中的数据进行排序，然后进行汇总，具体操作步骤如下：

第1步：执行"排序"命令

打开"素材文件\第5章\应收账款清单.xlsx"文件，选中数据区域中的任意一个单元格，❶单击"数据"选项卡；❷单击"排序和筛选"工具组中的"排序"按钮，如下图所示。

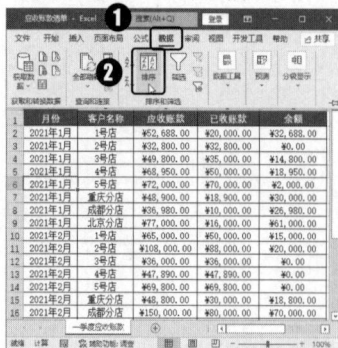

第2步：设置排序条件

弹出"排序"对话框，❶在"主要关键字"下拉列表中选择"客户名称"选项，"次序"默认为"升序"；❷单击"确定"按钮，如下图所示。

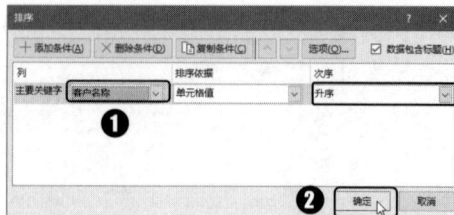

第3步：查看排序结果

在排序完成后，可看到"客户名称"字段中的数据按照升序排列，如下图所示。

第4步：执行"分类汇总"命令

❶单击"数据"选项卡；❷单击"分级显示"工具组中的"分类汇总"按钮，如下图所示。

第5步：设置汇总选项

弹出"分类汇总"对话框，❶在"分类字段"下拉列表中选择"客户名称"选项，"汇总方式"默认为"求和"；❷在"选定汇总项"列表框中选择"应收金额""已收账款"和"余额"复选框；❸选择"替换当前分类汇总"和"汇总结果显示在数据下方"复选框；❹单击"确定"按钮，如下图所示。

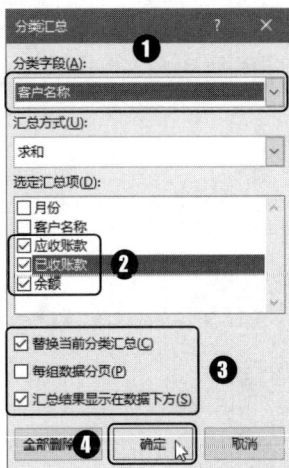

第6步：查看汇总结果

在操作完成后，即可看到按照"客户名称"对应收账款清单数据的汇总结果，并显示3级明细数据的效果，如下图所示。

第 7 步：查看上级汇总结果

单击汇总区域左上角的数字按钮 "2" 或 "1"，即可查看第 2 级或第 1 级的汇总数据。如右图所示，即为第 2 级汇总数据。

温馨小提示

在分类汇总之前，首先必须对要分类的字段进行排序，否则分类无意义；而且，排序的字段与后面分类汇总的字段必须一致。

专家会诊台

问：执行分类汇总时，对数据有什么特殊要求吗？

答：有的！在日常工作中，我们通常对 Excel 二维数据表格进行分类汇总。在进行分类汇总之前，需保证数据区域的第一行为标题行，数据区域中没有空行和空列，数据区域四周是空行和空列。

5.3.2 统计不同客户的还款平均值

除了进行简单汇总以外，还可以对数据进行嵌套汇总。下面以在按照 "客户名称" 汇总还款合计的基础上，再次按照 "客户名称" 汇总不同客户的还款平均值为例进行讲解，具体操作方法如下。

第 1 步：执行 "分类汇总" 命令

选中数据区域中的任意一个单元格，❶单击 "数据" 选项卡；❷在 "分级显示" 组中单击 "分类汇总" 按钮，如下图所示。

第 2 步：设置汇总条件

弹出 "分类汇总" 对话框，❶在 "汇总方式" 下拉列表中选择 "平均值" 选项；❷取消选择 "替换当前分类汇总" 复选框；❸单击 "确定" 按钮，如下图所示。

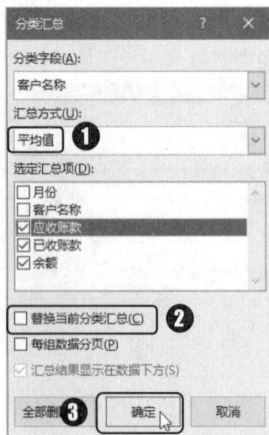

第 3 步：查看汇总结果

单击汇总区域左上角的数字按钮 "1" "2" "3" 和 "4"，即可查看到相应的汇总数据，如下图所示。

第 4 步：删除分类汇总

如果要删除分类汇总结果，可打开 "分类汇总" 对话框，单击 "全部删除" 按钮，即可删除之前的分类汇总，如下图所示。

（🔖 专家会诊台）

问： 打印分类汇总结果时，是否可以按照汇总字段进行分页打印？

答： 当然可以！例如，需要在分类汇总后按照 "月份" 分开打印数据，可以在 "分类汇总" 对话框中，选择 "每组数据分页"，就可以按组打印了。

5.4　使用数据透视表统计工资数据

案例概述

Excel 提供有 "数据透视表" 和 "数据透视图" 功能，它不仅能够直观地反映数据的对比关系，而且具有很强的数据筛选和汇总功能。本节根据工资计算表创建数据透视表和数据透视图，按部门对工资数据进行统计和分析。

案例效果

使用数据透视表和数据透视图功能，可以快速汇总工资数据，并生成图表来分析各部门工资状况。按照 "所属部门" 和 "实发工资" 字段制作数据透视表和数据透视图，分析各部门工资情况。

使用数据透视功能对工资数据进行统计和分析的效果如下图所示。

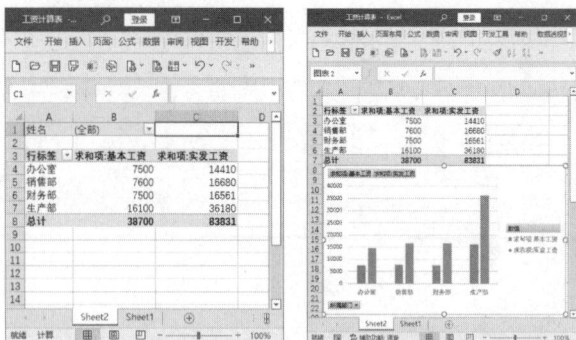

制作思路

使用数据透视功能对工资数据进行统计和分析的思路如下：

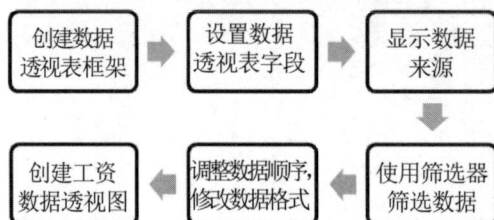

创建数据透视表框架 ➡ 设置数据透视表字段 ➡ 显示数据来源

使用筛选器筛选数据 ⬅ 调整数据顺序，修改数据格式 ⬅ 创建工资数据透视图

（流程方向箭头）

5.4.1 创建工资数据透视表

Excel 提供了"数据透视表"功能，可以从大量的基础数据中快速生成分类汇总表。下面以工资计算表为例，讲解数据源创建数据透视表的操作方法及步骤。

1. 创建数据透视表框架

创建数据透视表框架的具体操作方法如下：

第 1 步：执行"数据透视表"命令	第 2 步：设置参数
打开"素材文件\第 5 章\工资计算表.xlsx"文件，选中数据区域中的任意一个单元格，❶单击"插入"选项卡；❷单击"表格"组中的"数据透视表"按钮，如下图所示。	弹出"来自表格或区域的数据透视表"对话框，可看到"表/区域"文本框中已自动填入当前表格的数据区域，即"Sheet1！ $A$1:$H$21"；同时，在"选择放置数据透视表的位置"选项组中也已默认选中"新工作表"单选钮（本例保持不变）。因此，这里直接单击"确定"按钮即可，如下图所示。

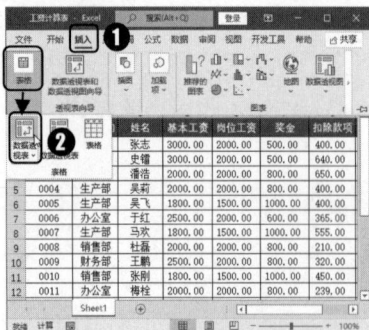

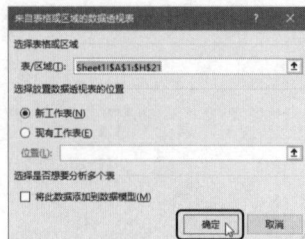

第 3 步：生成数据透视表框架

此时，系统会自动在新的工作表中创建一个数据透视表的基本框架，如右图所示。

（💡温馨小提示）

在"创建数据透视表"对话框中选择"现有工作表"单选钮，在"位置"文本框中以选中某个空白单元格作为数据透视表区域的起始位置，即可在当前工作表中创建数据透视表。

2. 数据透视表布局

插入数据透视表框架后，单击其中任意一个单元格激活"数据透视表字段"窗格，即可拖动字段至"筛选""列""行"和"值"区域，对数据透视表进行初步布局。同时也可以对值字段的显示方式进行设置。数据透视表布局的具体操作方法如下：

第 1 步：拖动字段

在"数据透视表字段"窗格中，❶将"所属部门"字段拖动至"筛选"区域中；❷将"姓名"字段拖动至"行"区域中；❸将"基本工资"和"实发工资"字段拖动至"值"区域中，如下图所示。

第 2 步：查看数据透视表

在操作完成后，即完成数据透视表基本布局，效果如下图所示。

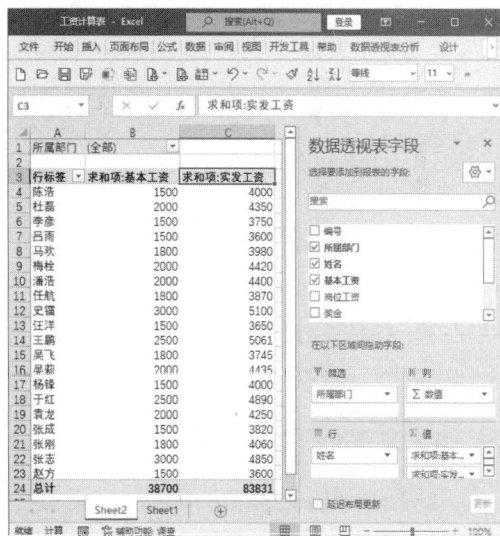

3. 筛选部门工资数据

如果需要筛选数据，可通过筛选区域中的字段快速筛选出相关数据。例如，筛选"销售部"与"财务部"人员的姓名、基本工资与实发工资数据，具体操作步骤如下：

第 1 步：设置筛选条件

❶单击数据透视表筛选字段"所属部门"所在的单元格 B1 右侧的筛选按钮；❷在弹出的下拉列表中选择"选择多项"复选框，如下图所示。

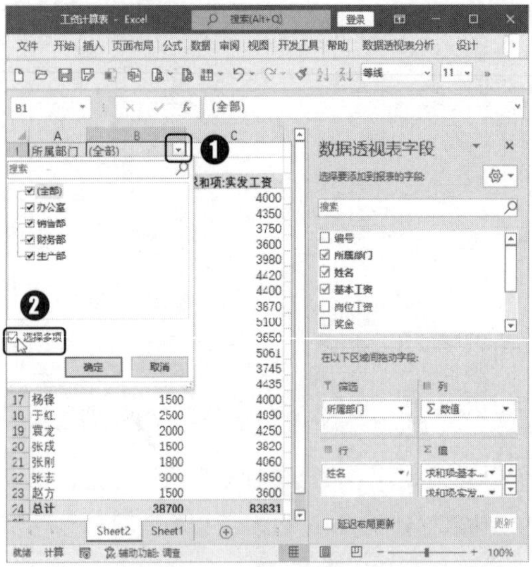

第 2 步：勾选筛选项

❶取消选择"全部"复选框；❷选中"销售部"与"财务部"复选框；❸单击"确定"按钮，如下图所示。

第 3 步：查看筛选结果

在操作完成后，即可看到数据透视表中，"销售部"与"财务部"人员及其工资数据已被筛选出来，如右图所示。

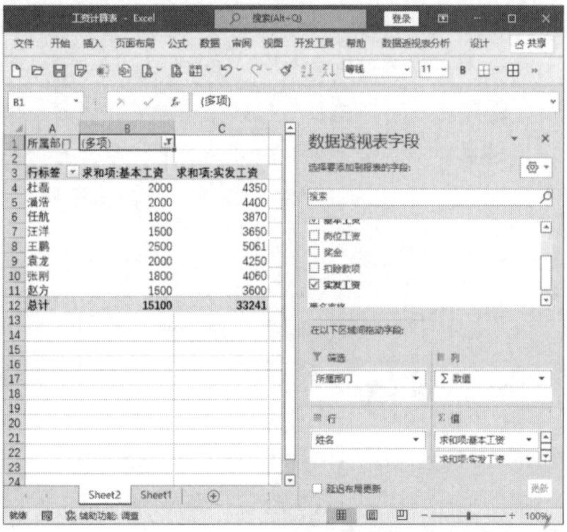

(💡温馨小提示)

清除筛选时，可通过以下两种相对简便的方法进行操作：

（1）再次展开筛选列表，选择"全选"复选框并单击"确定"按钮清除当前筛选结果；

（2）单击"数据"选项卡"排序和筛选"组中的"清除"按钮清除全部筛选结果。

4．计算部门平均工资

数据透视表中对数值的汇总方式默认"求和"。如果需要计算平均值、计数、查看最大值、最小值等，只需一键设置"值汇总依据"即可迅速得到结果。例如，计算各部门及其中各位员工的实发工资的平均值，具体操作方法如下：

第 1 步：调整数据透视表布局

清除"筛选"区域中"所属部门"字段的筛选结果，在"数据透视表字段"窗格中将"所属部门"字段拖动至"行"区域中"姓名"字段的前面。在操作完成后，数据透视表布局如下图所示。

第 2 步：设置值汇总依据

❶右击"求和项:实发工资"值字段下的任意项，如 C6 单元格，在弹出的快捷列表中选择"值汇总依据"选项；❷在弹出的下级列表中选择"平均值"选项，如下图所示。

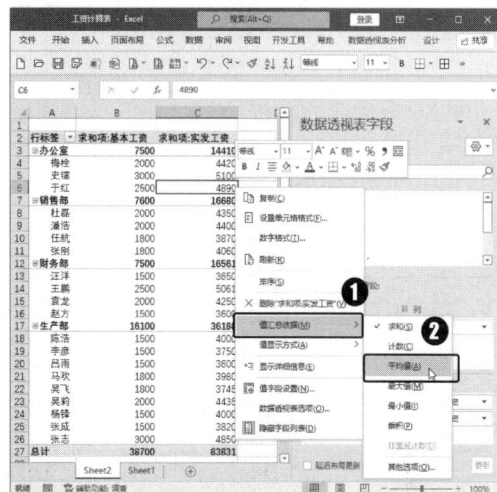

第 3 步：查看计算结果

在操作完成后，即可看到原字段名称已变化为"平均值项:实发工资"，而字段下的项目数据也已全部计算得到平均值，如右图所示。

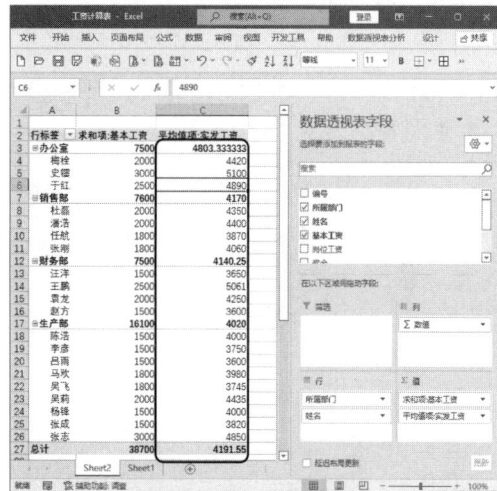

温馨小提示

如果需要将"值汇总依据"恢复为"求和"，只需在快捷列表的"值汇总依据"选项的下级列表中选择"求和"选项即可。

5. 计算部门员工工资占比

在数据透视表中，还可以通过设置"值显示方式"快速计算各类数值之间的占比。例如，计算各部门中每位员工的基本工资占该部门工资总额的百分比，具体操作方法如下：

第 1 步：选择值显示方式

❶右击"求和项:基本工资"值字段下的任意项，如 B4 单元格，在弹出的快捷列表中选择"值显示方式"选项；❷在弹出的下级列表中选择"父级汇总的百分比"选项，如下图所示。

第 2 步：设置基本字段

弹出"值显示方式（求和项:基本工资）"对话框，❶在"基本字段"下拉列表中选择"所属部门"选项；❷单击"确定"按钮，如下图所示。

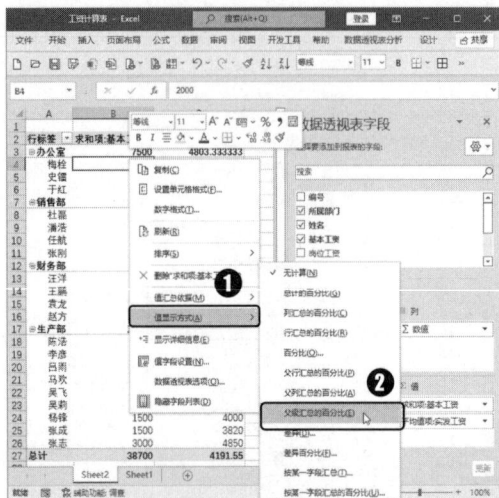

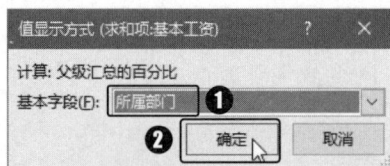

第 3 步：查看计算结果

在操作完成后，即可看到"求和项:基本工资"字段中已计算得到百分比数值，如右图所示。

(💡温馨小提示)

如果需要恢复为原始数值，只需在快捷列表的"值显示方式"选项的下级列表中选择"无计算"选项即可。

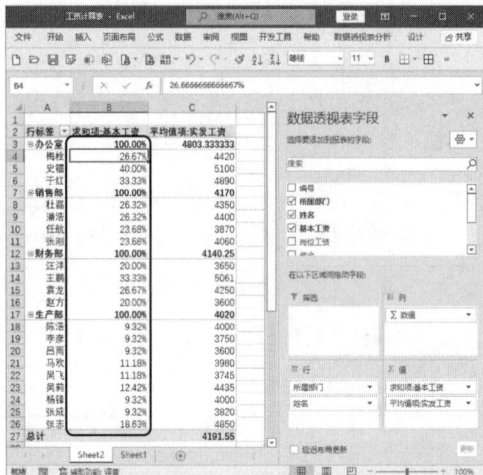

5.4.2 创建工资数据透视图

数据透视图能够更加直观地反映数据间的对比关系，而且具有很强的数据筛选和汇总功能。接下来使用 Excel 数据透视图功能，制作各部门工资数据透视图，分析不同部门之间工资数据的对比情况，具体操作方法如下：

第 1 步：调整数据透视表布局

❶将值字段"求和项:基本工资"的"值显示方式"恢复为"无计算"，将"平均值项:实发工资"的"值汇总依据"恢复为"求和"；❷单击"数据透视表字段"窗口"行"区域中的"姓名"字段，在弹出的快捷列表中选择"删除字段"选项，将其从数据透视表中删除，如下图所示。

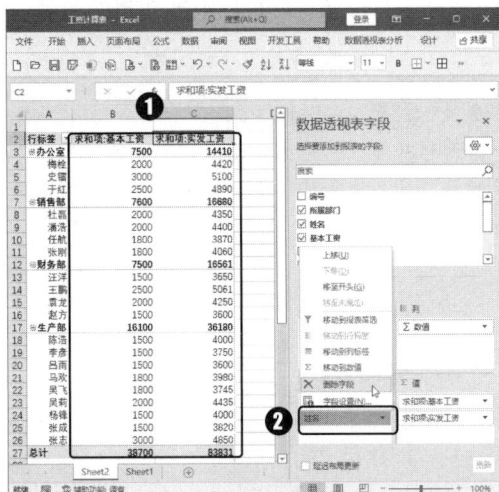

第 2 步：执行插入"簇状柱形图"命令

❶选中数据透视表区域中任意一个单元格，如 B5 单元格，单击"插入"选项卡；❷单击"图表"组中的"柱形图"下拉按钮；❸在下拉列表中单击"簇状柱形图"选项，如下图所示。

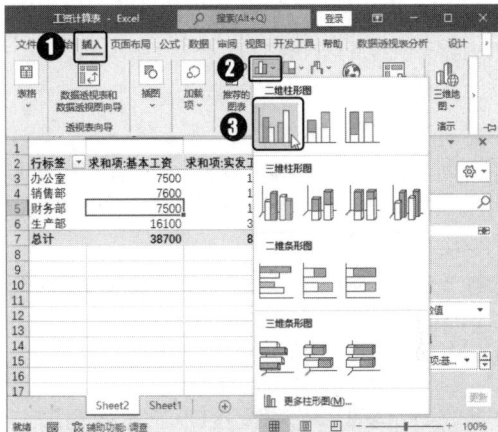

第 3 步：查看数据透视图

在操作完成后，即可根据数据透视表生成簇状柱形图，如右图所示。

温馨小提示

从数据透视图中可以清晰地看出"生产部"的基本工资与实发工资最高，"办公室"的基本工资与实发工资最低。

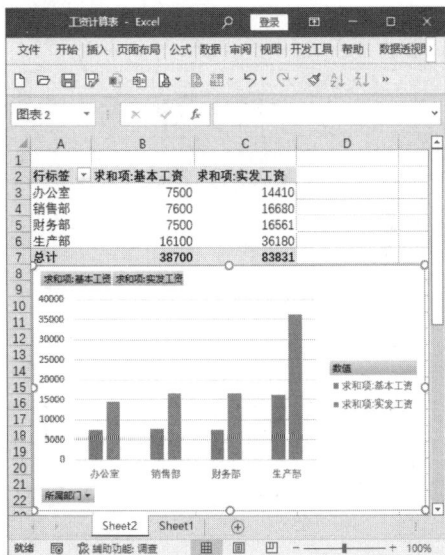

专家会诊台

问：如果对当前图表不满意，如何更改图表类型呢？

答：选中任意一个数据系列，右击，在弹出的快捷菜单中选择"更改图表类型"命令，打开"更改图表类型"对话框，选择适合的图表类型即可。

5.5 提升效率——实用操作技巧

通过前面知识的学习，相信大家已经掌握了财务数据的统计分析方法和基本操作。下面结合本章内容，介绍一些实用技巧。

1. 筛选不同颜色的数据

自动筛选功能不仅能够根据文本内容、数字、日期进行筛选，还可以根据数据的颜色进行筛选。根据颜色筛选数据的具体操作方法如下：

第 1 步：设置筛选条件	第 2 步：查看筛选结果
打开"素材文件\第 5 章\提升效率\按颜色筛选数据.xlsx"文件，❶单击"产品名称"字段（B1 单元格）右侧的筛选按钮；❷在展开的筛选列表中选择"按颜色筛选"选项；❸在下级列表中选择红色色块，如下图所示。	在操作完成后，即可看到"产品名称"字段中被标识为红色字体的数据记录已被筛选出来，如下图所示。

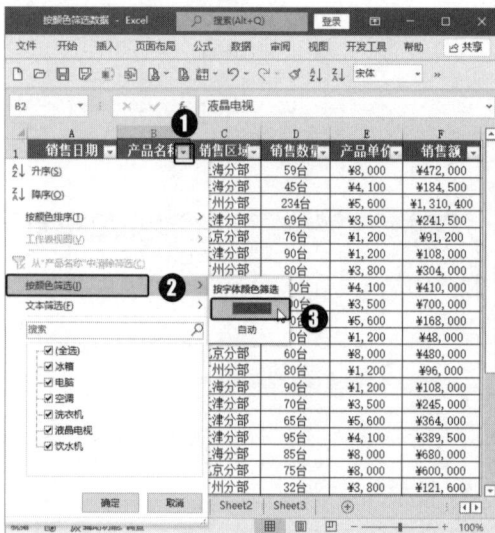

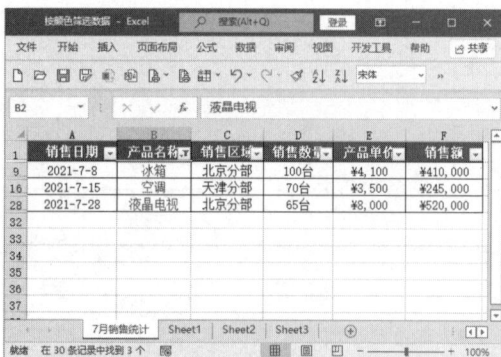

> 💡 温馨小提示
>
> 拥有大量数据时使用按照颜色进行筛选比较好。数据量不大时，可通过条件格式查看需要的数据。此外，按照颜色进行排序也可达到筛选的效果。

2. 复制粘贴汇总数据

数据分类汇总后，如果要将汇总项复制、粘贴到另一个表格中，通常会连带着二级和三级数据。此时可以通过定位可见单元格复制数据，然后只粘贴数值即可剥离二级和三级数据。只复制和粘贴汇总项的具体操作如下：

第1步：打开素材文件

打开"素材文件\第5章\提升效率\复制粘贴汇总数据.xlsx"文件，分类汇总后的2级数据如下图所示。

第2步：打开"定位"对话框

按 Ctrl+G 组合键打开"定位"对话框，单击"定位条件"按钮，如下图所示。

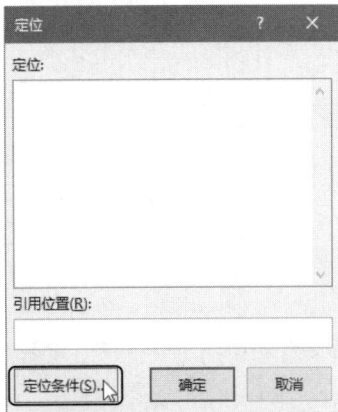

第3步：定位可见单元格

打开"定位条件"对话框，❶选中"可见单元格"单选钮；❷单击"确定"按钮，如下图所示。

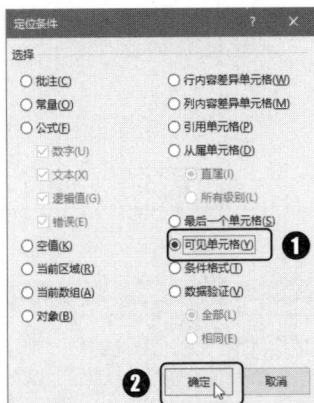

第4步：复制数据

操作完成后，即可选中所有可见单元格。按 Ctrl + C 组合键"复制"数据，如下图所示。

第5步：粘贴数据

添加一个工作表，选中 A1 单元格，按 Ctrl+V 组合键粘贴数据即可。复制后的效果如右图所示。

3. 创建组分析各月数据

在数据透视表中，Excel 提供有"创建组"功能，对日期或时间创建组，可以根据"年、季度、月、日、时、分、秒"等步长来显示数据。接下来按月份来统计和分析各部门发生的办公费用，具体操作方法如下：

第 1 步：执行"分组选择"命令

打开"素材文件\第 5 章\提升效率\创建组分析数据.xlsx"文件，❶选中"Sheet2"工作表内数据透视表中任意一个日期数据所在的单元格，如 A12 单元格，单击"数据透视表分析"选项卡；❷执行"组合"组中的"分组选择"命令，如下图所示。

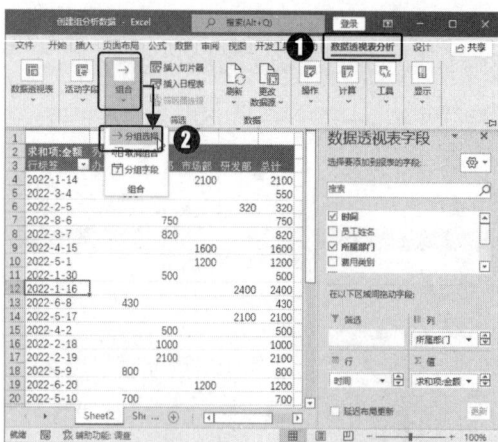

第 2 步：设置组合选项

弹出"组合"对话框，可看到"步长"列表框中已默认选中"月"选项。这里直接单击"确定"按钮即可，如下图所示。

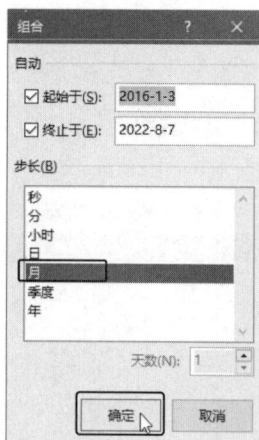

第 3 步：查看分组结果

操作完成后，数据透视表即按照月份汇总出各部门的办公费用，如右图所示。

> (温馨小提示)
>
> 大多数企业都是按照月份、季度或者年份来统计和分析相关数据。基于这种需求，Excel 提供了"创建组"功能，可以直接从日期中提取月份、季度或者年份。

---

4. 刷新数据透视表

数据透视表是在数据源表格的基础上创建而成的。如果数据源表格中的数据发生了变化，数据透视表中的数据不会马上发生变化，需要执行"刷新"命令，才能获取到最新数据。操作方法如下：

第 1 步：修改数据源表格中的数据

打开"素材文件\第 5 章\提升效率\刷新数据透视表.xlsx"文件，将"Sheet1"工作表内数据源表格 D2 单元格中的原地区名称"山东"修改为"北京"，即销售人员"吴山"在"北京"地区的订单金额为"1408"，如下图所示。

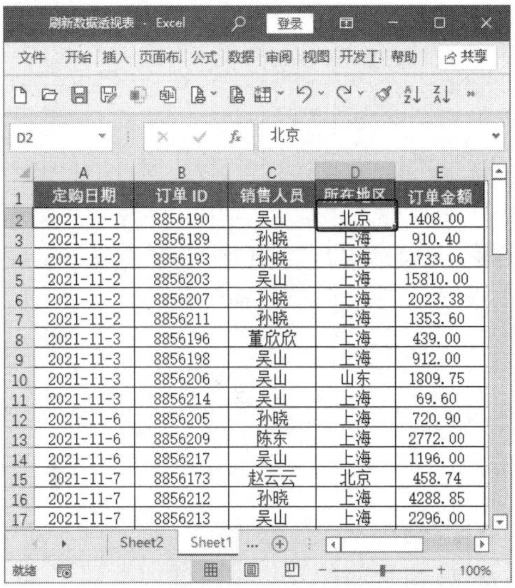

第 2 步：查看数据透视表中的数据

切换至"Sheet2"工作表，可看到数据透视表中销售人员"吴山"在"北京"地区的订单金额为空（B10 单元格），表明数据并未更新，如下图所示。

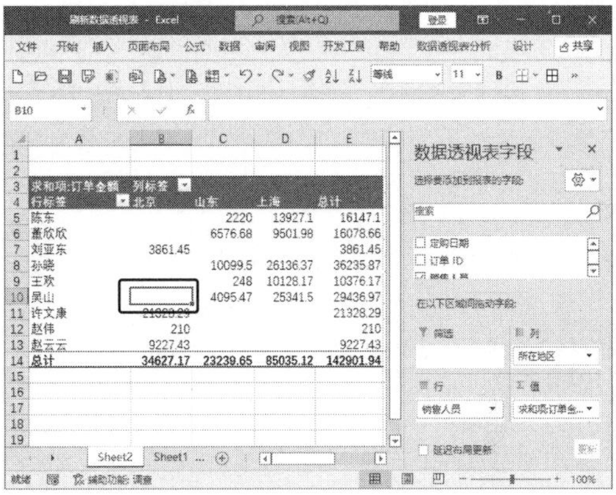

第 3 步：刷新数据透视表

❶单击"数据透视表分析"选项卡；❷单击"数据"组中的"刷新"按钮即可完成刷新，如下图所示。

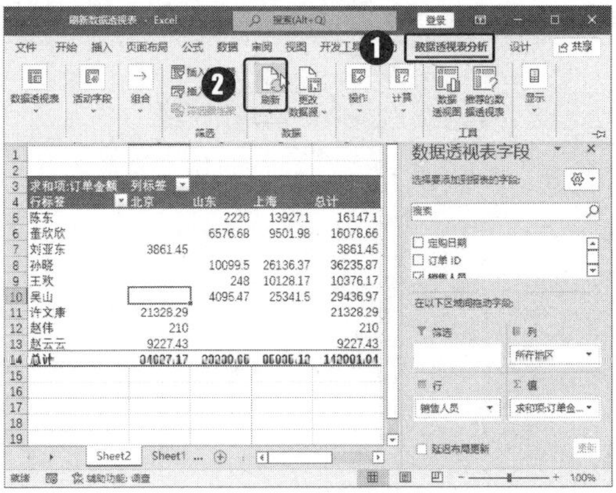

第 4 步：查看刷新结果

在操作完成后，即可看到数据透视表中的相关数据已更新，如下图所示。

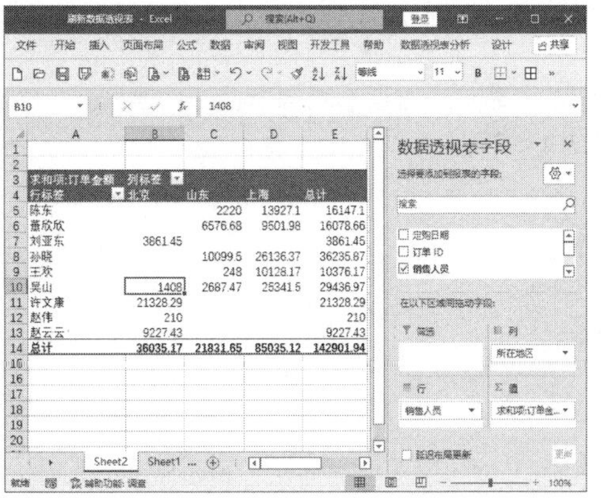

温馨小提示

刷新数据透视表还可以使用快捷列表或组合键这两种操作迅速完成：

（1）右击数据透视表区域中的任意一个单元格，在弹出的快捷列表中选择"刷新"命令即可刷新；

（2）按 Ctrl+F5 组合键进行刷新。

第 6 章

常用会计表单与账簿管理

本章导读

在日常财务工作中，常见的会计表单有会计科目表、记账凭证表、现金日记账和银行存款日记账等。本章结合 Excel 的制表功能和数据计算功能，制作经典实用的会计记账系统，实现快速录入记账凭证和自动化账表生成。主要包括优化会计科目表，制作记账凭证录入表、科目汇总表及总分类账等内容。

知识要点

- ❖ 优化会计科目名称
- ❖ 定义名称
- ❖ 制作联动下拉列表
- ❖ 引用会计科目

- ❖ 数据透视表的布局
- ❖ 按科目名称汇总发生额
- ❖ 判断科目余额方向

案例展示

6.1 制作记账凭证录入表

案例概述

记账凭证是财会人员对审核无误的原始凭证中所记载的经济业务的内容加以归类和整理，以此作为登记账簿依据的会计凭证。填制记账凭证这项工作的关键环节是要将经济业务准确计入对应的会计科目之中。而实际工作中，会计科目一般分别为三级，且数量多达几百个，那么在填制记账凭证时如何才能快速准确地查找和选择会计科目？对此，本节首先优化会计科目名称，再运用定义名称与函数公式结合，制作总账科目的下拉列表，以及与之联动的明细科目下拉列表，以便财会人员迅速找到需要使用的会计科目填入记账凭证中。

案例效果

"会计科目表"优化效果如左下图所示。制作完成后的记账凭证录入表如右下图所示。

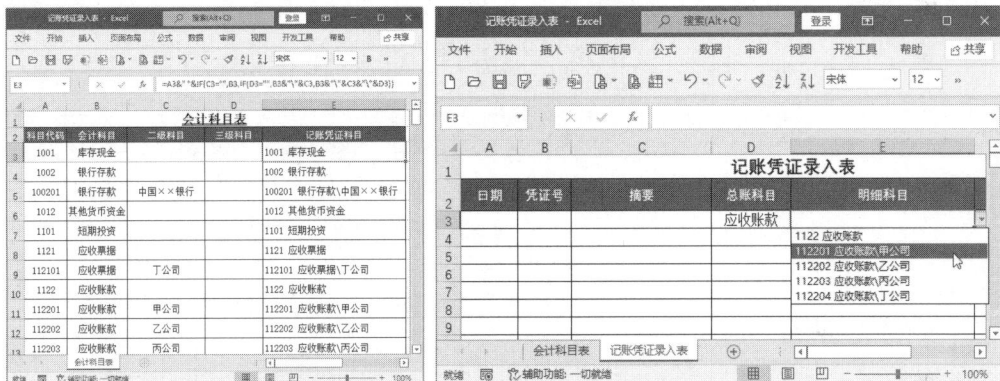

同步学习文件

原始文件：素材文件\第6章\记账凭证录入表.xlsx
结果文件：结果文件\第6章\记账凭证录入表.xlsx
同步视频文件：视频文件\第6章\6-1.mp4

制作思路

制作"记账凭证录入表"的具体思路如下：

优化会计科目名称 ➡ 定义总账科目名称 ➡ 制作总账科目下拉列表 ➡ 制作二级明细科目下拉列表

6.1.1　优化会计科目名称

实务中，会计科目一般包括三级。其中，一级为总账科目，其他为明细科目，总数量多达几百个，这就给后续填制记账凭证、查找相应的会计科目名称造成极大不便。对此，本节将运用定义名称、公式、数据验证等功能对基本会计科目表进行优化，合并总账科目与明细科目名称，并制作联动下拉列表，以便快速查找科目名称，并规范地填入记账凭证中。

第 1 步：添加字段列	第 2 步：合并总账与明细科目名称
打开"素材文件\第 6 章\记账凭证录入表.xlsx"文件，其中包含一张名称为"会计科目表"的工作表。表格中已设置总账会计科目及明细会计科目共 145 个。在 D 列右侧添加一列，在 E2 单元格中输入字段名称"记账凭证科目"，如下图所示。	❶选中 E3 单元格，设置公式"=A3&" "&IF(C3="",B3,IF(D3="",B3&"\"&C3,B3&"\"&C3&"\"&D3))"，运用 IF 函数判断是否设置了二级和三级明细科目，再分别按照不同格式将 A3 单元格中的科目代码与科目名称组合；❷将 E3 单元格中的公式复制粘贴至 E4:E147 单元格区域中，如下图所示。

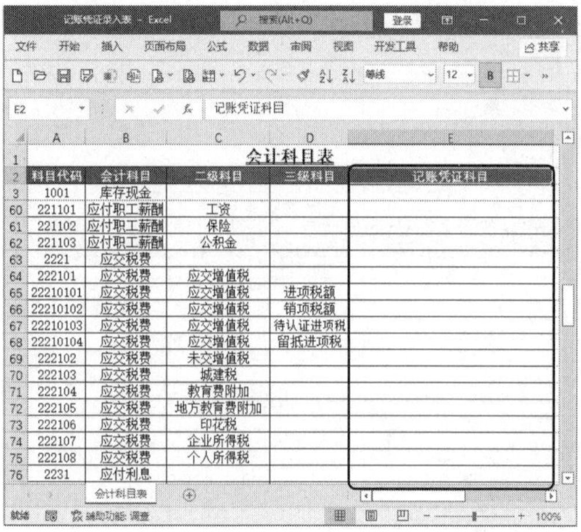

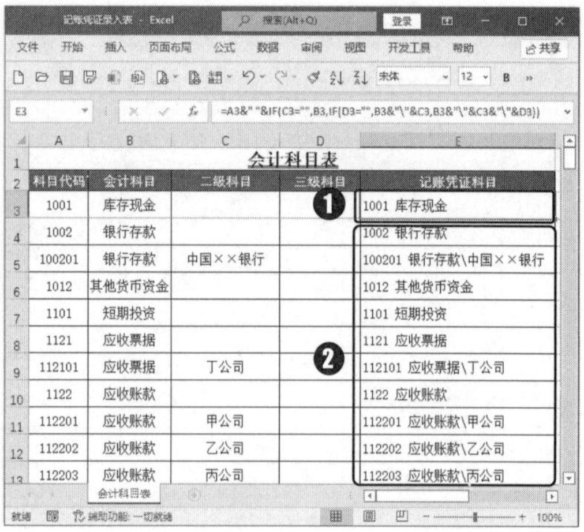

6.1.2　制作记录凭证录入表

记账凭证录入表主要包括日期、凭证号、摘要、科目代码、会计科目、借方金额以及贷方金额等字段。本例最关键之处是将会计科目分为总账科目与明细科目。其中，总账科目将定义为名称，并制作一级下拉列表；明细科目则制作与总账科目名称联动的下拉列表，以便在小范围内快速找到明细科目，提高工作效率。

1．定义总账科目名称

下面首先将总账科目（即一级科目）定义为一个名称，方便后续在制作下拉列表以及设置序列来源时直接引用这个名称。具体操作方法如下：

第1步：执行"删除重复值"命令

❶在"会计科目表"工作表中将 B 列数据全部复制至空白区域，如 G 列，将 G2 单元格中的字段名称修改为"总账科目"；❷选中 G 列，单击"数据"选项卡；❸在"数据工具"组中单击"删除重复值"按钮，如下图所示。

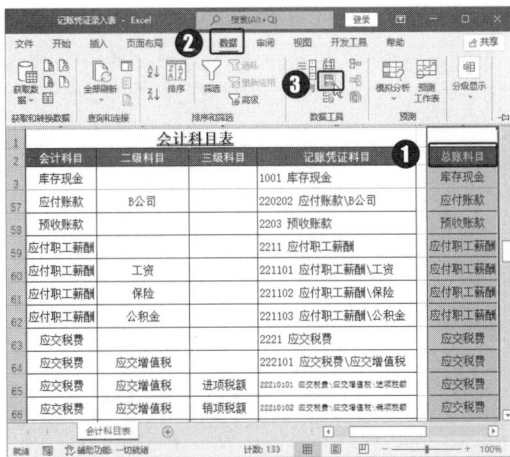

第2步：删除重复值

❶弹出"删除重复值"对话框，直接单击"确定"按钮；❷弹出 Microsoft Excel 对话框，提示已删除重复值与保留唯一值的数量，单击"确定"按钮即可，如下图所示。

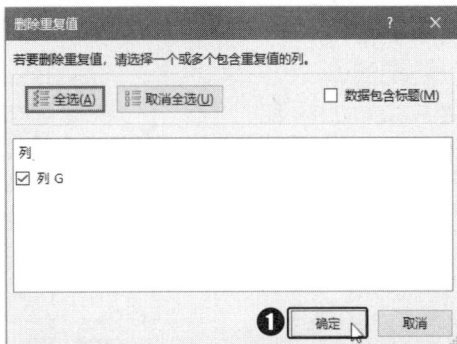

第3步：执行定义名称的操作

返回工作表，❶选中 G2:G67 单元格区域，单击"公式"选项卡；❷在"定义的名称"组中选择"根据所选内容创建"选项，如下图所示。

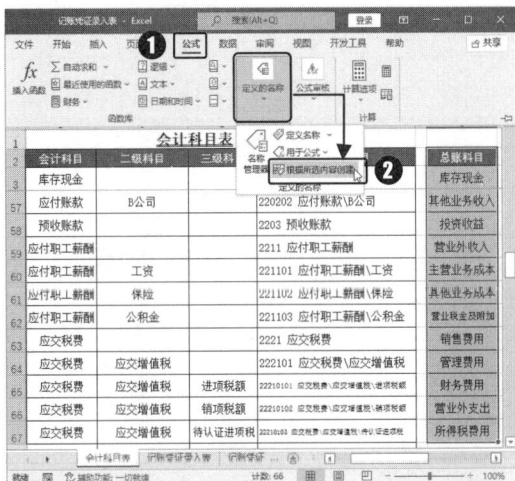

第4步：根据首行中的值创建名称

弹出"根据所选内容创建名称"对话框，系统默认选中"首行"选项，直接单击"确定"按钮即可，如下图所示。

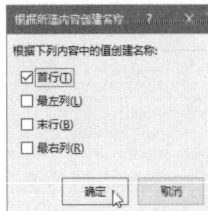

第 5 步：选择"名称管理器"选项

返回工作表，❶单击"公式"选项卡；❷在"定义的名称"组中选择"名称管理器"选项，如下图所示。

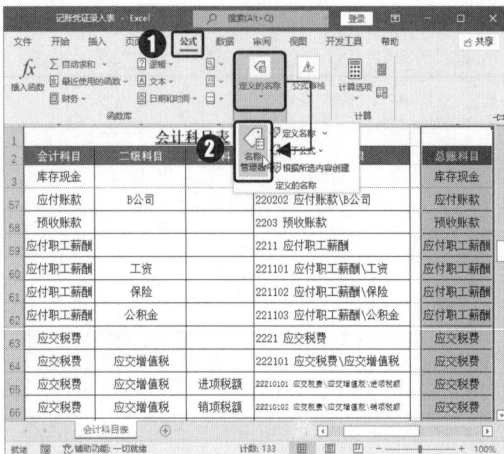

第 6 步：查看已定义的名称

弹出"名称管理器"对话框，可看到名称列表框中列示出已创建的名称"总账科目"及相关信息。查看完毕后，单击"关闭"按钮即可，如下图所示。

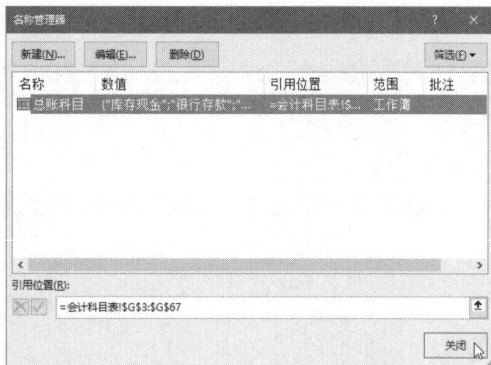

2. 制作总账科目下拉列表

下面绘制"记账凭证录入表"，运用数据验证功能制作"总账科目"的一级下拉列表，具体操作方法如下：

第 1 步：绘制记账凭证录入表

在当前工作簿中新增一张工作表，命名为"记账凭证录入表"，绘制表格框架，预留数据区域为 A3:G130，设置好字段名称及基本格式，如下图所示。

第 2 步：执行"数据验证"命令

选中 D3:D130 单元格区域，❶单击"数据"选项卡；❷在"数据工具"组中单击"数据验证"按钮，如下图所示。

第 3 步：设置验证条件

弹出"数据验证"对话框，❶在"设置"选项卡下的"允许"下拉列表中选择"序列"选项；❷在"来源"文本框中输入"=总账科目"，即引用定义的名称"总账科目"；❸单击"确定"按钮，如下图所示。

第 4 步：填入总账科目名称

在操作完成后，返回工作表，在 D3 单元格下拉列表中选择任意一个科目名称，如"应收账款"，如下图所示。

3. 制作二级明细科目下拉列表

下面制作动态二级明细科目下拉列表，使其动态列示某个具体总账科目及全部明细科目。要实现这一效果，就必须将数据验证的序列来源动态化，才能使明细科目下拉列表中的备选项目跟随总账科目的变化而改变。为了便于理解，并简化数据验证条件的设置，本例首先通过定义的名称方法构建动态数据源，再运用数据验证功能将名称设置为序列的来源。具体操作方法如下：

第 1 步：执行"定义名称"命令

在"记账凭证录入表"工作表中选中任意空白单元格，❶单击"公式"选项卡；❷在"定义的名称"组中选择"定义名称"按钮，如下图所示。

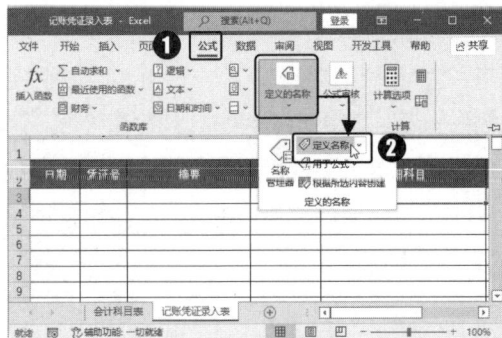

第 2 步：创建明细科目名称

弹出"新建名称"对话框，❶在"名称"文本框中输入要定义的名称，如"明细科目"；❷在"引用位置"文本框中设置公式"=OFFSET(INDIRECT("会计科目表!B"&MATCH(记账凭证录入表!$D3,会计科目表!$B:$B,0)),,3,COUNTIF(会计科目表!$B:$B,记账凭证录入表!$D3))"；❸单击"确定"按钮，如下图所示。

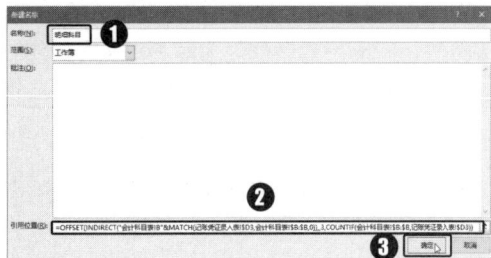

第 3 步：设置数据验证条件

返回工作表，❶选中 E3:E130 单元格区域，单击"数据"选项卡，在"数据工具"组中单击"数据验证"按钮，弹出"数据验证"对话框，在"设置"选项卡下的"允许"下拉列表中选择"序列"选项；❷在"来源"文本框中输入"=明细科目"，即可引用定义的名称"明细科目"；❸单击"确定"按钮，如下图所示。

第 4 步：测试动态下拉列表效果

返回工作表，❶展开 E3 单元格中的下拉列表，可看到其中列示了总账科目"应收账款"及其明细科目；❷在 D3 单元格下拉列表中选择另一个总账科目，如"原材料"，再次展开 E3 单元格中的下拉列表，可看到其中列示的备选项目变为"原材料"及其明细科目，如下图所示。

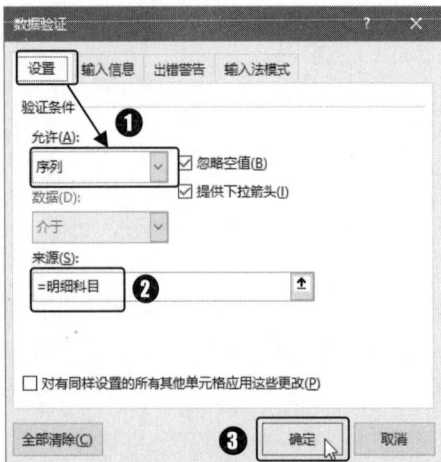

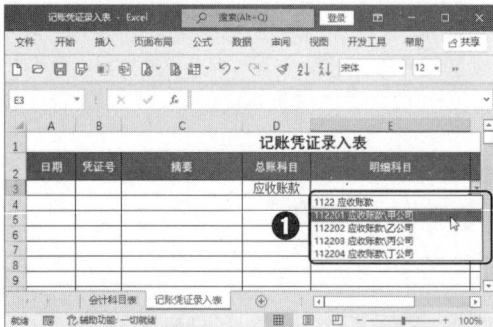

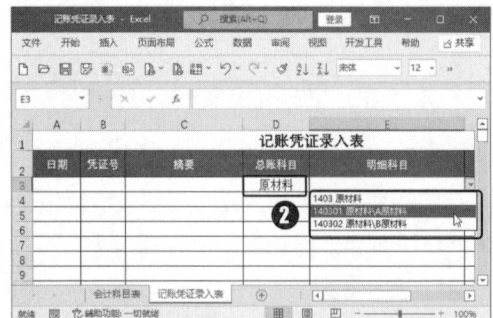

6.2 制作明细账

案例概述

明细账也称为"明细分类账"，是按照明细分类账户设立，用于分类登记某类经济业务详细情况、提供明细核算资料的账簿。是按照账户对经济业务进行分类核算和监督的账簿。明细账通常从记账凭证中取数，统计各会计科目的借方和贷方发生额，并计算期末余额。明细账按照格式的不同，一般可分为"三栏式明细账""多栏式明细账""数量金额式明细账"。实务中，"三栏式"是最为常用的明细账格式。在 Excel 中可采用两种方法制作明细账：函数公式法和数据透视表法。但记账凭证中的数据量往往非常多，使用函数公式法跨表引用数据容易出错，并且会导致 Excel 程序运行缓慢。相对而言，通过数据透视表统计海量数据更为简单快捷。本节即运用数据透视表工具制作"三栏式明细账"。

案例效果

三栏式明细账的标题项目一般包括科目代码、会计科目、月初余额、本期发生额和月末余额等。使用数据透视表制作完成的"三栏式明细账"如下图所示。

同步学习文件

原始文件：素材文件\第 6 章\明细账.xlsx
结果文件：结果文件\第 6 章\明细账.xlsx
同步视频文件：视频文件\第 6 章\6-2.mp4

制作思路

制作"明细账"的具体思路如下：

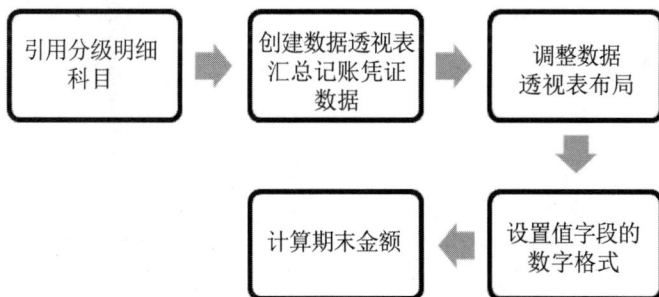

6.2.1　引用分级明细科目

在 6.1.2 节中制作记账凭证录入表时，是将总账科目与组合三个级次之后的明细科目制作成下拉列表，作为填制记账凭证的依据，目的是提高工作效率，快速查找到相应的科目名称。而在数据透视表中查询科目明细数据时，则应按照不同级次的科目名称进行分级查询和统计，才能更规范地汇总各科目数据，从而更清晰地将结果呈现出来。对此，本小节将在记账凭证录入表中添加两列辅助列，设置公式引用二级科目与三级科目。具体操作步骤如下：

第 1 步：填制记账凭证

打开"素材文件\第 6 章\明细账. xlsx"文件，其中包含"会计科目表"与"记账凭证录入表"两张工作表，表格内容均与 6.1.1 节的结果文件"记账凭证录入表.xlsx"文件完全相同。切换至"记账凭证录入表"，任意填入部分凭证数据作为示例。本例填入的数据区域为 A3:G172 单元格区，如下图所示。

第 2 步：添加辅助列

在 G 列右侧添加两列辅助列，分别在 H2 和 I2 单元格中输入文本"二级科目"和"三级科目"，如下图所示。

第 3 步：引用明细科目

❶在 H3 单元格中设置公式"=LOOKUP(1,0/((会计科目表!$E:$E)=$E3),会计科目表!C:C)"，运用 LOOKUP 函数在"会计科目表"工作表的 E:E 区域中查找与 E3 单元格中相同的科目名称，并引用与之匹配的 C:C 区域中二级科目名称；❷将 H3 单元格公式填充至 I3 单元格中。由于"库存现金"科目不包含明细科目，因此公式计算结果为"0"，如下图所示。

第 4 步：屏蔽零值

屏蔽零值是为了避免零值显示在数据透视表，以保证数据透视表的规范和整洁。只需在公式中嵌套一层 IF 函数即可。❶将 H3 单元格中的公式修改为"=IF(LOOKUP(1,0/((会计科目表!$E:$E)=$E4),会计科目表!C:C)=0,"",LOOKUP(1,0/((会计科目表!$E:$E)=$E4),会计科目表!C:C))"，其作用是当 LOOKUP 函数公式的计算结果为"0"时，即返回空值，否则返回原结果，再次将 H3 单元格公式填充至 I3 单元格中；❷选中 H3:I3 单元格区域，按组合键 Ctrl+C 复制，选中 H4:I172 单元格区域后按 Ctrl+V 组合键粘贴，即可完成全部凭证的明细科目引用，如下图所示。

6.2.2 制作三栏式明细账

明细账也称为明细分类账，是按照明细分类账户开设的，用于分类登记某类经济业务详细情况、提供明细核算资料的账簿。明细账按其格式分类可分为三栏式明细账、数量金额式明细账、多栏式明细账。其中，三栏式明细账是最为常用的明细账，其格式包括借方、贷方、余额三个基本栏次。本小节使用数据透视表工具在记账凭证表基础上创建数据透视表，并通过布局快速生成三栏式明细账。

1. 创建数据透视表并调整布局

实际工作中，数据透视表的初始布局不一定适用于具体工作需求。因此，创建数据透视表后，通常应对其布局进行一系列调整，才能使其格式更为规范，数据呈现更为清晰。具体操作步骤如下：

第1步：执行插入"数据透视表"命令

❶选中"记账凭证录入表"工作表内数据表格中的任意一个单元格，单击"插入"选项卡；❷在"表格"组中单击"数据透视表"按钮，如下图所示。

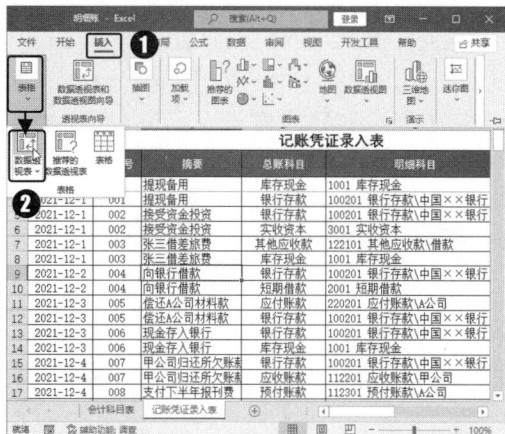

第2步：创建数据透视表

弹出"来自表格或区域的数据透视表"对话框，保持默认状态，直接单击"确定"按钮，如下图所示。

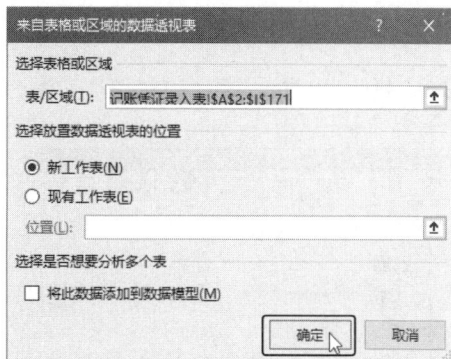

第3步：添加字段

系统将创建一张新的工作表及空白数据透视表，首先在"数据透视表字段"窗格中添加字段。❶将"凭证号""日期"与"摘要"字段拖动至"行"区域中（注意，在添加"日期"字段时，系统会将数据源中的日期自动组合，并生成"季度"和"年"字段，将其从"行"区域中删除即可）；❷将"总账科目"与"二级科目"字段拖动至"筛选"区域中；❸将"借方金额"与"贷方金额"字段拖动至"值"区域中。数据透视表区域同步呈现效果，如右图所示。

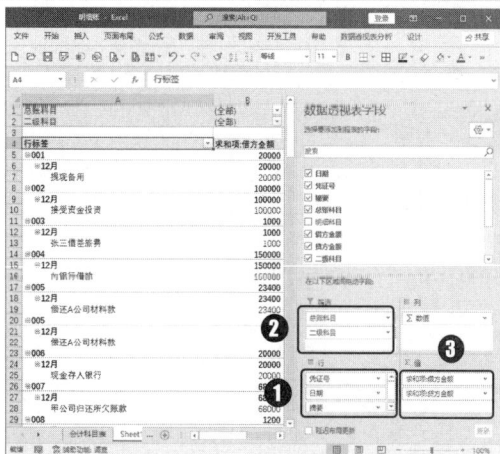

第 4 步：调整报表布局

数据透视表的报表布局默认为"以压缩形式显示"，可进行调整。❶单击"设计"选项卡；❷在"布局"组中单击"报表布局"下拉按钮；❸在弹出的下拉列表中选择"以表格形式显示"选项，如下图所示。

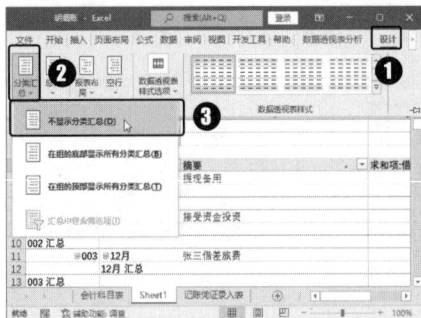

第 5 步：取消显示分类汇总

数据透视表会自动将每一个相同类别的数据进行汇总，并显示在每个分组的顶部，本例无须这一汇总数据，因此将其取消。❶单击"设计"选项卡；❷在"布局"组中单击"分类汇总"下拉按钮；❸在弹出的下拉列表中选择"不显示分类汇总"选项，如下图所示。

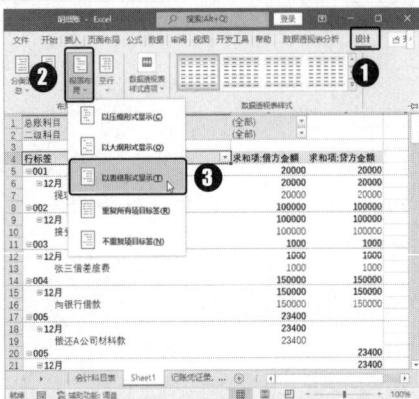

第 6 步：取消日期组合

数据透视表会自动将数据源中的日期进行组合。本例无须组合日期，应将其取消。❶选中"日期"字段中的任意一个单元格，单击"数据透视表分析"选项卡；❷在"组合"组中单击"取消组合"按钮，如下图所示。

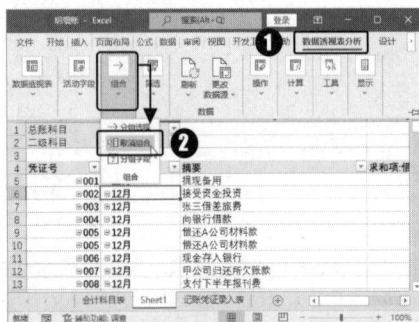

第 7 步：取消显示"折叠/展开"按钮

数据透视表中的"折叠/展开"按钮（－与＋）是用于折叠或展开各个分类及其中明细数据。而明细账仅需列示明细数据，因此可将其取消。❶单击"数据透视表分析"选项卡；❷在"显示"组中单击"+/-按钮"按钮，如下图所示。

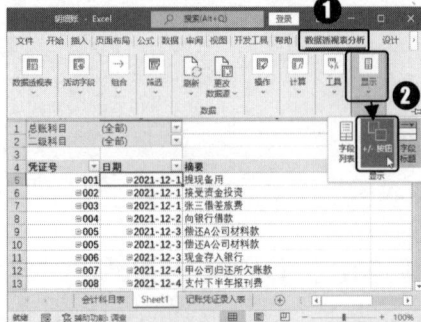

第 8 步：修改值字段名称

在数据透视表中添加值字段后，会自动在其原名称前面添加代表当前汇总方式的字符，如"求和项:借方金额"，可将其删除。但要注意一点：值字段名称不得与数据源中的字段名称重复，因此可在名称前面添加空格。❶双击 D4 单元格进入编辑状态，删除"求和项:"字符，按一次空格键，按 Enter 键即可；❷按照同样的操作方法修改 E4 单元格中的值字段名称，如右图所示。

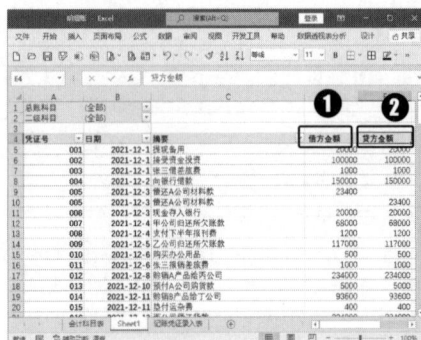

2．设置值字段的数字格式

　　数据透视表中值字段的数字格式默认为"常规"格式，不限定小数位数。而在实际工作中，会计账簿中规范的数字格式为两位小数。同时，没有数字的单元格中也不得留有空白，应填入数字 0。下面即根据上述问题对值字段的数字格式进行设置。具体操作步骤如下：

第 1 步：执行"值字段设置"命令

　　右击"借方金额"值字段中任意一个单元格，在弹出的快捷菜单中选择"值字段设置"选项，如下图所示。

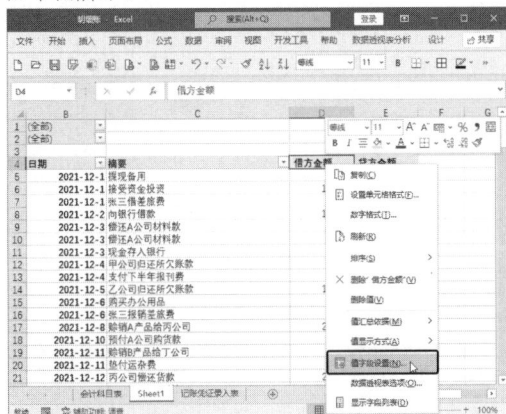

第 2 步：单击"数字格式"按钮

　　弹出"值字段设置"对话框，单击左下角的"数字格式"按钮，如下图所示。

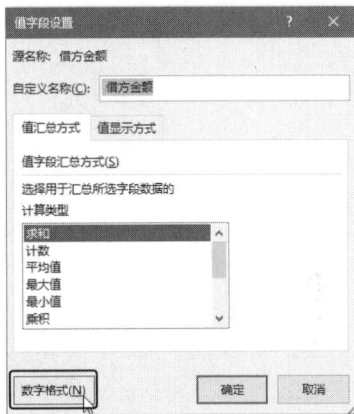

第 3 步：设置单元格格式

　　弹出"设置单元格格式"对话框，❶在"数字"选项卡"分类"列表框中选择"会计专用"选项；❷在"货币符号（国家/地区）："下拉列表中选择"无"选项；❸单击"确定"按钮，如下图所示。

第 4 步：查看单元格格式效果

　　按照第 1～第 3 步的操作方法将"贷方金额"值字段的数字格式也设置为"会计专用"。操作完成后，效果如下图所示。

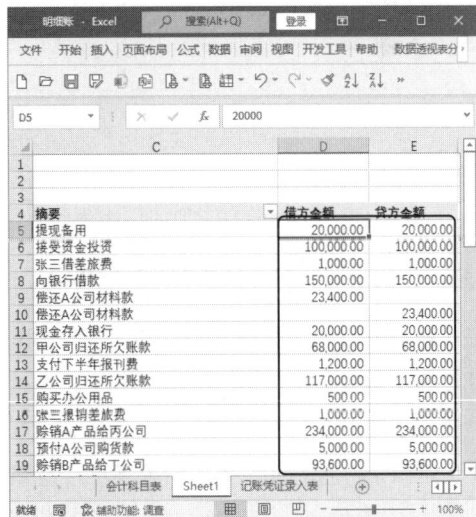

第 5 步：单击数据透视表组的"选项"按钮

❶单击"数据透视表分析"选项卡；❷在"数据透视表"组中单击"选项"按钮，如下图所示。

第 6 步：设置空单元格的显示值

弹出"数据透视表选项"对话框，❶在"布局和格式"选项卡"格式"选项组中已默认选择的"对于空单元格，显示"选项文本框中输入"0"；❷单击"确定"按钮，如下图所示。

第 7 步：查看效果并重命名文件

返回工作表，即可看到值字段下原空白单元格中已全部填入数字"0"。

最后将工作表"Sheet1"重命名为"明细账"，效果如右图所示。

┌─ 🌱温馨小提示 ─┐

在"会计专用"格式下，单元格中的数字"0"均显示为符号"-"。

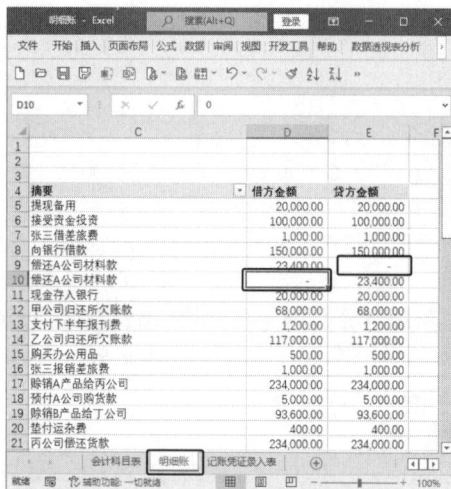

3．计算期末余额

期末余额的计算公式为期末余额=期初余额+本期借方发生额-本期贷方发生额。同时，在明细账中应当根据每一个会计科目的借方和贷方发生额逐笔计算期末余额。而数据透视表的核心功能是汇总数据，并不便于计算余额。因此，本例将设置普通函数公式予以计算。另外，期初余额也是计算期末余额的一个重要依据。为便于讲解，本例将在"会计科目表"工作表中虚拟填入部分期初余额，再将其引用至"明细账"工作表中参与期末余额的计算。具体操作步骤如下：

第 1 步：填入期初余额

切换至"会计科目表"工作表，在 E 列右侧添加一列，在 E2 单元格中输入字段名称"2021年 11 月余额"（即 12 月期初余额），在下方区域中填入部分会计科目的余额数据，如下图所示。

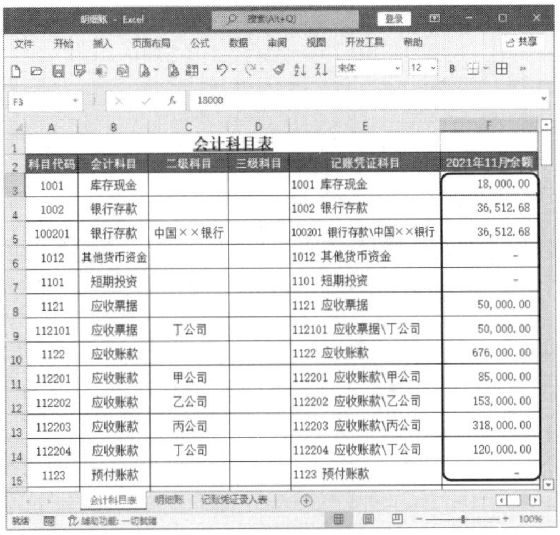

第 2 步：添加"明细科目"字段

切换至"明细账"工作表，在"数据透视表字段"窗格中将"明细科目"字段拖动至"行"区域中"日期"字段下面，如下图所示。

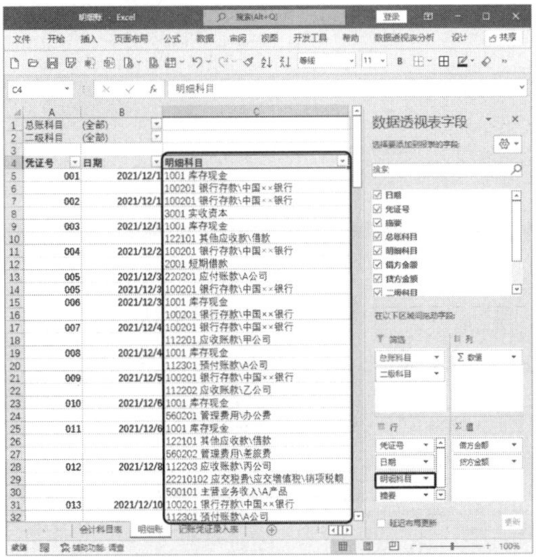

第 3 步：引用科目期初余额

❶在筛选区域中筛选"总账科目"字段中的任意一项，如"应收账款"；❷在 D3 单元格中输入文本"期初余额"；❸在 E3 单元格中设置公式"=IFERROR(IF(B2="(全部)",VLOOKUP(B1,会计科目表!B:F,5,0),VLOOKUP(B2,会计科目表!C:F,4,0)),0)"，即可得到总账科目"应收账款"的期初余额，如下图所示。

第 4 步：计算期末余额

❶为了确定应设置计算公式的最大区域，首先清除"总账科目"字段的筛选结果；❷在 G4 单元格中输入文本"期末余额"；❸在 G5 单元格中设置公式"=IF(OR(A5="总 计",A5=""),$B$1="(全部)"),"", SUM(E$3:E5)-SUM(F$3:F5))"，将公式填充至 G6:G168 单元格区域中，如下图所示。

第 5 步：复制单元格格式

使用"格式刷" 将 F 列区域的格式复制粘贴至 G 列区域中即可，如下图所示。

第 6 步：测试效果

❶在筛选区域中筛选"总账科目"字段中的任意一项，如"应收账款"，可看到此科目的期初余额与每笔经济业务发生之后的余额；❷在筛选区域中筛选"二级科目"字段中的任意一项，如"丙公

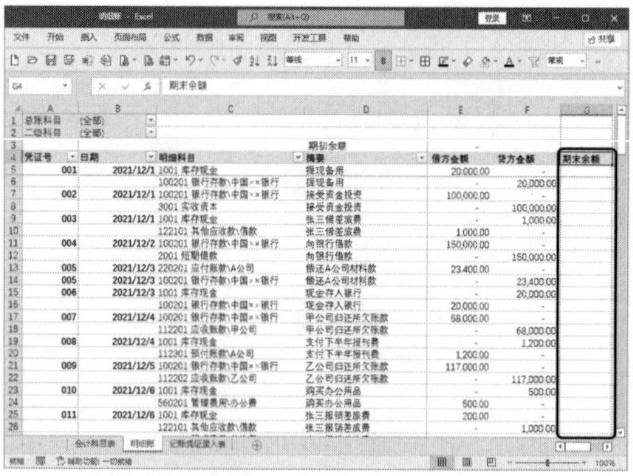

司",即可看到此明细科目的期初余额与期末余额,如下图所示。

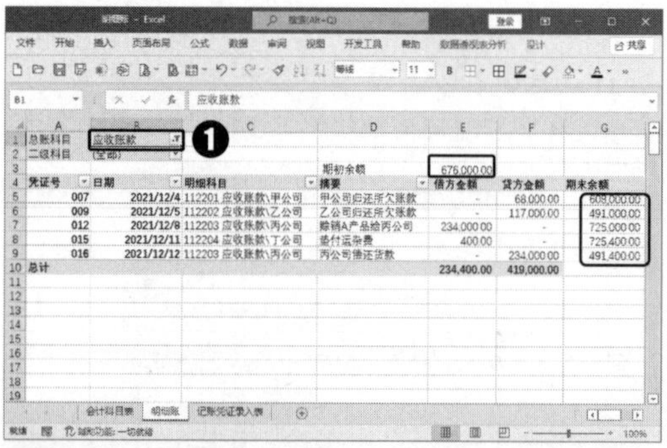

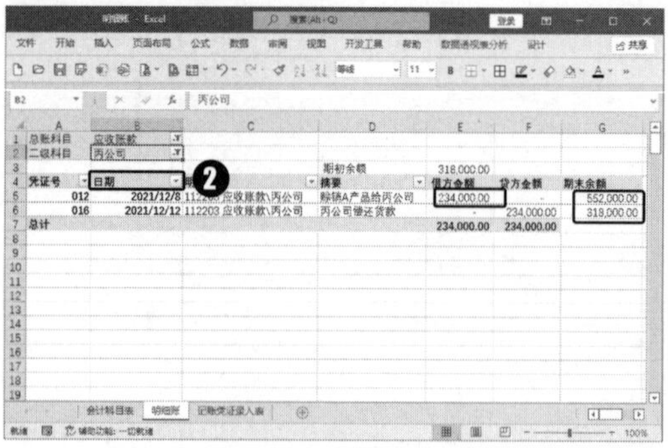

> **温馨小提示**
>
> 本例公式原理:
>
> (1)引用期初余额。运用 IF 函数判断 B2 单元格中的文本是否为"(全部)",如果是,代表当前没有指定二级科目,则运用 VLOOKUP 函数根据 B1 单元格中的总账科目名称在"会计科目表"中的 B 列区域中查找相同科目名称,并返回与之匹配的 F 列区域中的期初余额。否则,根据 B2 单元格中的二级科目名称在"会计科目表"中查找并返回其期初余额。最后嵌套 IFERROR 函数将错误值屏蔽,转换为"0"。
>
> (2)计算期初余额。运用 IF 函数判断两个条件:A5 单元格中的内容为"总计"或空值,B1 单元格中的文本为"(全部)"(表示当前没有指定总账科目),只要满足其中一个条件,即不予计算,直接返回"0"。否则,计算公式"SUM(D$3: D5)-SUM(E$3:E5)"的结果。

6.3 制作总分类账

案例概述

在会计实务中,为了总账与明细账之间保持统驭与补充的关系,便于账户核对,并确保核算资料的正确和完整,必须采用平行登记的方法,同时在总账及其所属明细账中进行记录。本节主要运用函数公式功能对"记账凭证录入表"中的各总账科目的本月发生额分别进行分类汇总，以此编制科目汇总表，然后根据科目汇总表登记总分类账，并编制试算平衡表。

案例效果

"科目汇总表"与"银行存款总账"创建完成后，效果如左下图和右下图所示。

同步学习文件

原始文件：素材文件\第6章\总分类账.xlsx

结果文件：结果文件\第6章\总分类账.xlsx

同步视频文件：视频文件\第6章\6-3.mp4

制作思路

"科目汇总表"与"银行存款总账"的制作思路如下：

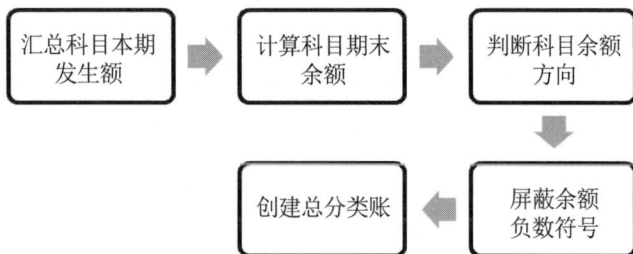

汇总科目本期发生额 → 计算科目期末余额 → 判断科目余额方向 → 屏蔽余额负数符号 → 创建总分类账

6.3.1 制作科目汇总表

总分类账的登记依据和方法，主要取决于所采用的会计核算形式。它可以直接根据各种记账凭证逐笔登记，也可以先把记账凭证按照一定方式进行汇总，编制成科目汇总表或汇总记账凭证等，再根据科目汇总表或汇总记账凭证登记总账，登记的发生额及余额应该与明细账一致。同时，会计账簿中的余额数据一般不允许出负数，而是以借、贷方向表示其正或负。另外，不同类别的科目，其借贷方代表正负数也有所区别，其中，资产类、损益类等科目的借方余额为正数，而负债类、权益类等科目的贷方余额为正数。对此，本节将根据"记账凭证录入表"中的所有凭证信息，汇总各会计科目的本期发生额，并计算期末余额。再根据期末余额数据判断其方向，并屏蔽期初与期末余额中的负数符号，使之显示为正数。

1. 汇总发生额并计算期末余额

下面首先汇总借贷方的发生额，并计算期末余额，在此之前，需要引用会计科目、科目代码以及期初余额等数据。具体操作步骤如下：

第 1 步：绘制表格框架

打开"素材文件\第 6 章\总分类账.xlsx"文件，其中包含 3 张工作表，表格内容均与 6.2.2 节的结果文件"明细账.xlsx"完全相同。新增工作表，重命名为"科目汇总表"，绘制表格框架，其中用于列示数据的单元格区域为 A5:G69，设置好字段名称、基本格式，初始表格如下图所示。

第 2 步：统计凭证数量

在 F2 单元格中设置公式"=MAX(记账凭证录入表!B:B)"，运用 MAX 函数统计"记账凭证录入表"中 B 列区域中的最大数字，将 F2 单元格格式设置为"自定义"格式，格式代码为"共#张凭证"，如"共 54 张凭证"效果如下图所示。

第 3 步：引用会计科目和科目代码

由于前面将总账科目定义为名称，因此这里直接引用名称即可。科目代码则设置函数公式，根据科目名称进行查找引用。❶在 B5 单元格中设置公式"=总账科目"，系统自动填充至下面区域中；❷在 A5 单元格中设置公式"=VLOOKUP(B5,IF({1,0},会计科目表!B:B,会计科目表!A:A),2,0)"，运用 VLOOKUP 函数嵌套 IF 函数，根据 B5 单元中的科目名称在"会计科目表"工作表的 B 列区域中查找相同科目，并引用与之匹配的 A 列中的科目代码，将公式填充至 A6:A69 单元格区域中，如下图所示。

第 4 步：引用期初余额

"期初余额"数据根据科目代码进行查找引用。在 C5 单元格中设置公式"=VLOOKUP(A5,会计科目表!A:F,6,0)"，运用 VLOOKUP 函数根据 A5 单元格中的科目代码在"会计科目表"的 A 列区域中查找相同的科目代码，并引用与之匹配的 F 列区域中的期初余额，将公式填充至 C6:C69 单元格区域中，如下图所示。

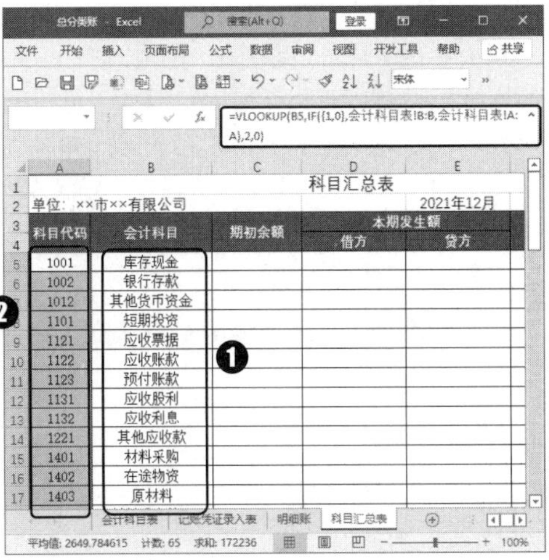

第5步：汇总本期发生额

❶在 D5 单元格中设置公式"=SUMIF(记账凭证录入表!$D:$D,$B5,记账凭证录入表!F:F)"，运用条件求和函数 SUMIF 在对"记账凭证录入表"工作表中的"库存现金"的借方金额进行求和，将公式填充至 E5 单元格中；❷将 D5:E5 单元格区域中的公式填充至 D6:E69 单元格区域中，如下图所示。

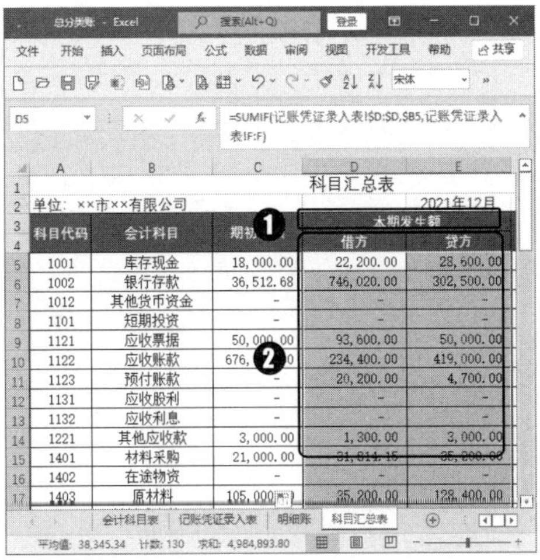

第6步：计算期末余额

在 F5 单元格中设置公式"=C5+D5-E5"，依照会计公式"期末余额=期初余额+借方发生额−贷方发生额"计算期末余额，将公式填充至 F6:F69 单元格区域中，如下图所示。

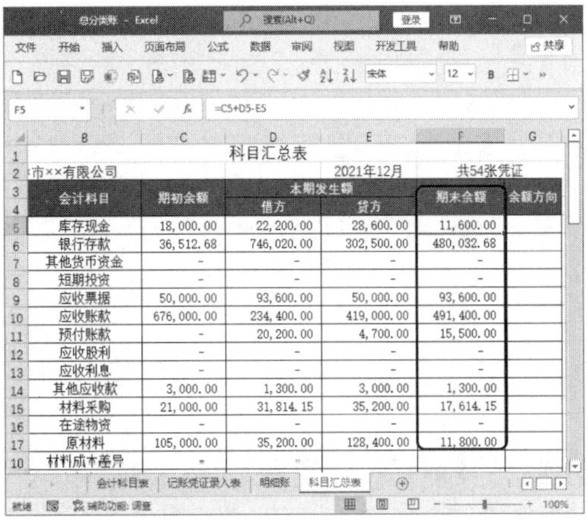

2．判断余额方向，屏蔽负数符号

下面设置函数公式，根据期末余额的正负判断余额方向。而对于为负数的期初和期末余额，只需运用"自定义"格式功能将负数符号屏蔽即可。具体操作步骤如下：

第 1 步：判断余额方向

在 G5 单元格中设置公式 "=IFS(F5>0,"借",F5=0,"平",F5<0,"贷")"，运用 IFS 函数判断 F5 单元格中的余额是大于 0，等于 0 还是小于 0 时，分别返回文本 "借" "平" 或 "贷"，将公式填充至 G5:G69 单元格区域中，如下图所示。

第 2 步：屏蔽余额中的负数符号

❶ 选中 F5:F69 单元格区域，按组合键 Ctrl+1 打开 "设置单元格格式" 对话框，在 "数字" 选项卡下的 "分类" 列表框中选择 "自定义" 选项；❷ 将 "类型" 文本框中的 "会计专用" 格式代码 "_ * #,##0.00_;_ * -#,##0.00_ ;_ * "-"??_;_@_" 中的负数符号 "-" 删除即可；❸ 单击 "确定" 按钮，如下图所示。

第 3 步：查看效果

按照第 2 步操作方法将 "期初余额" 数据中负数的负号屏蔽。在操作完成后，即可看到 "期初余额" 与 "期末余额" 字段中的负数已显示为正数。例如 "本年利润" 科目的期末余额=期初余额 0+借方发生额 187303.45-贷方发生额 296123.90= -108820.45，而单元格中显示为正数，如右图所示。

6.3.2 制作总分类账

科目汇总表制作完成后，接下来即可根据 "科目汇总表" 制作总分类账，动态汇总每个总账科目的当年每月借方和贷方发生额，并计算每月期末余额以及本年累计额。由于本例仅包括 2021 年 12 月的期初余额、本期发生额数据，为便于展示示例效果，本例将直接虚拟填入其他月份的相关数据。具体操作步骤如下：

第1步：绘制表格框架

❶新增一张工作表，重命名为"总账"，按照实务中"总分类账"的标准格式绘制表格框架，数据区域为 A4:F28 单元格区域，设置好字段名称、基础格式，再填入基础数据；❷在 H1:H2 单元格中绘制一个小型表格，用于制作下拉列表选择总账科目名称。在 H1 单元格中输入文本"选择科目名称"，如下图所示。

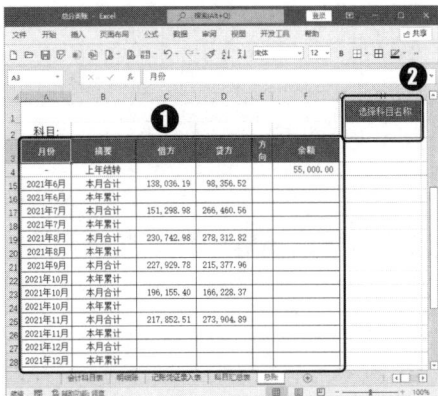

第2步：制作总账科目的下拉列表

❶选中 H2 单元格单击"数据"选项卡，在"数据工具"组中单击"数据验证"按钮，弹出"数据验证"对话框，在"设置"选项卡的"允许"下拉列表中选择"序列"选项；❷在"来源"文本框中输入"=总账科目"，引用之前定义的名称即可；❸单击"确定"按钮，如下图所示。

第3步：生成动态标题

返回工作表，❶在 H2 单元格的下拉列表中选择一个总账科目，如"银行存款"；❷在 A1 单元格中设置公式"=H2&"总账""，引用 H2 单元格中的科目名称与文本"总账"组合成为标题；❸在 B2 单元格中设置公式"=IFERROR(VLOOKUP (H2,会计科目表!B:E,4,0),"")"，运用 VLOOKUP 函数根据 H2 单元格中的科目名称在"会计科目表"工作表 B 列区域中查找相同数据后，引用 E 列中与之匹配的包含科目代码的科目名称，如下图所示。

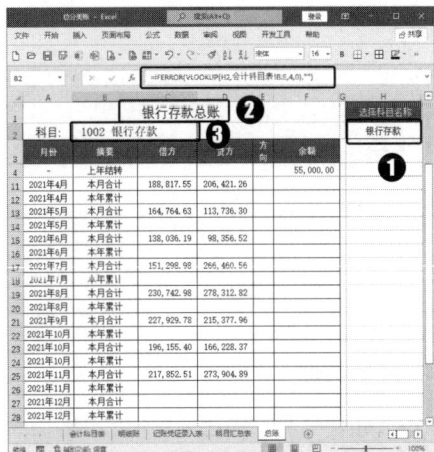

第4步：计算期末余额并判断余额方向

❶在 F5 单元格中设置公式"=F4+C5-D5"，计算 2021 年 1 月的期末余额；❷在 E5 单元格中设置公式"=IFS(F5>0,"借",F5=0,"平",F5<0,"贷")"，判断余额方向；❸将 E5:F5 单元格区域中的公式复制粘贴至 E7:F7 单元格区域中，将 F7 单元格中的公式修改为"=F7+C9-D9"，将 E7:F8 单元格区域中的全部内容复制粘贴至 E9:F28 单元格区域中，如下图所示。

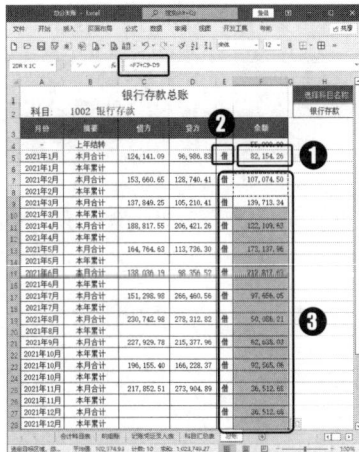

第 5 步：计算本年累计数

❶在 C6 单元格中设置公式 "=SUM(C4:C5)"，将公式填充至 D6 单元格中，计算截至 2021 年 1 月借方和贷方的本年累计数；❷将 C6:D6 单元格区域中的公式复制粘贴至下方对应 "本月累计" 项目的单元格区域中，如下图所示。

第 6 步：从科目汇总表中引用本月发生额

❶在 C27 单元格中设置公式 "=VLOOKUP ($H$2,科目汇总表!$B:D,3,0)"，根据 H2 单元格中的科目名称查找 "科目汇总表" 中 B 列区域中的相同数据，并引用与之匹配的 D 列中的借方发生额；❷将 C27 单元格公式填充至 D27 单元格中，将公式中 VLOOKUP 函数的第 3 个参数 "3" 修改为 "4" 即可，如下图所示。最后自定义 F4:F28 单元格区域的格式，屏蔽余额中负数的符号（请参照 6.3.1 节操作）。

温馨小提示

实务中，每月制作科目汇总表后，均可设置函数公式将当月的借方和贷方发生额引用至总分类账中。

6.4 提升效率——实用操作技巧

通过前面知识的学习，相信读者朋友已经掌握了制作 Excel 会计表单及账簿的相关基础知识。下面结合本章内容，给大家介绍一些实用技巧。

1. 使用 "自动更正" 快速输入文本

在 Excel 中，经常输入某些固定的文本，如常用摘要等，如果每次都手工录入，既耗时耗力，又难以保证其准确性。对此，可以使用 "自动更正" 功能，采用简单的字母代替冗长的文本，实现文本的快速录入。使用"自动更正"快速输入文本的具体操作方法如下：

第 1 步：执行"选项"命令

打开"素材文件\第 6 章\提升效率\快速输入文本.xlsx"文件，单击"文件"选项卡，在弹出的下拉菜单中选择"选项"选项，如下图所示。

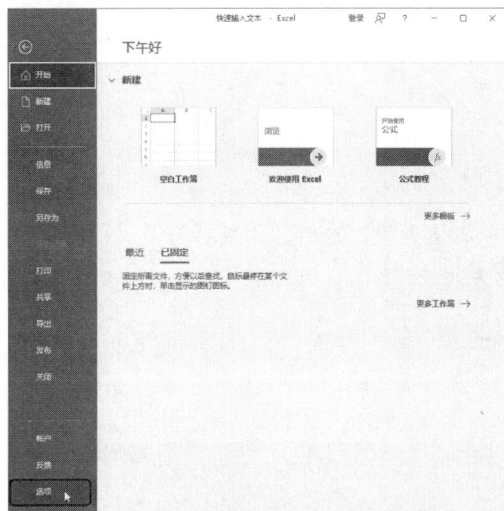

第 2 步：执行"自动更正选项"命令

弹出"Excel 选项"对话框，❶单击"校对"选项卡；❷在"自动更正选项"组中单击"自动更正选项"按钮，如下图所示。

第 3 步：设置自动更正

弹出"自动更正"对话框，单击"自动更正"选项卡，❶在"自动更正"选项卡下的"替换"文本框中输入"tb"，在"为"文本框中输入"提现备用"；❷单击"添加"按钮，如下图所示。

第 4 步：关闭对话框

操作完成后，已设置的自动更正即添加至下方列表框中，单击"确定"按钮，如下图所示。返回"Excel 选项"对话框后，再次单击"确定"按钮关闭对话框即可。

第 5 步：输入字母

返回工作表，在 C3 单元格中输入字母 "tb"，如下图所示。

第 6 步：查看输入效果

按 Enter 键，此时输入的字母 "tb" 就被替换为 "提现备用"，如下图所示。

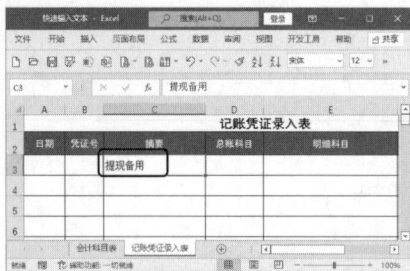

2. 使用冻结窗格快速浏览数据

Excel 提供了 "冻结窗格" 功能，在工作表中浏览大量数据时，为查看方便，可以使用 "冻结窗格" 功能，冻结一部分内容。具体操作方法如下：

第 1 步：执行 "冻结窗格" 命令

打开 "素材文件\第 6 章\提升效率\使用冻结窗格快速浏览数据.xlsx" 文件，选中 D5 单元格，❶单击 "视图" 选项卡；❷单击 "窗口" 组中的 "冻结窗格" 下拉按钮；❸在弹出的下拉列表中选择 "冻结窗格" 选项，如下图所示。

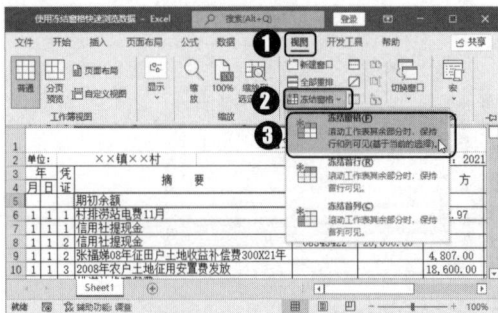

第 2 步：查看冻结线

操作完成后，即可看到在 D5 单元格的左侧和上方分别出现一条分割线，如下图所示。

第 3 步：拖动垂直滚动条

拖动垂直滚动条可以上下浏览表格内容，并保持首行开始的前 4 行不动，如右图所示。

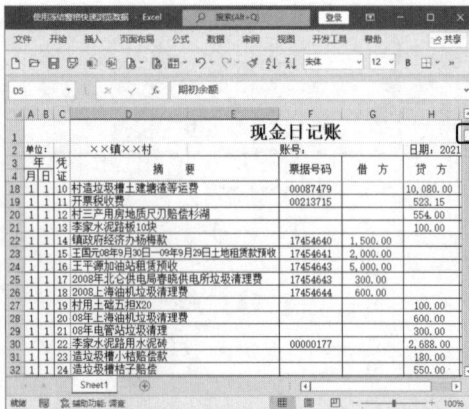

第 4 步：拖动水平滚动条

拖动水平滚动条可以左右浏览表格内容，并保持 A、B、C 前 3 列不动，如右图所示。

3．有效输入"0"开头的数字编号

在 Excel 表格中输入以"0"开头的数字，系统会自动将"0"过滤掉。例如，输入凭证编号"001"，则会自动显示成"1"。那么如何输入以"0"开头的数字呢？通过自定义单元格格式即可解决这个问题。具体操作方法如下：

第 1 步：自定义单元格格式

打开"素材文件\第 6 章\提升效率\输入'0'开头的数字编号.xlsx"文件，选中 B 列，按组合键 Ctrl+1 打开"设置单元格格式"对话框，❶在"数字"选项卡下的"分类"列表框中选择"自定义"选项；❷在"类型"文本框中输入"000"；❸单击"确定"按钮，如下图所示。

第 2 步：输入数字，查看结果

返回工作表，在 B3 及其下面的几个单元格中任意输入几个 3 位或 3 位以下的数字，即可看到单元格中的数字均按照"000"格式显示 3 位数。在编辑栏中可查看实际输入的数字，如下图所示。

第7章

往来账款分析

➡ 本章导读

　　往来账款是企业流动资产中的一个重要的组成部分。企业往来账款主要包括应收账款和应付账款。如何才能使往来账款的管理更加合理呢？本章将重点介绍 Excel 2021 在处理往来账款管理中所发挥的作用。

➡ 知识要点

❖ 逾期应收账款分析方法

❖ 应收账款账龄分析方法

❖ 如何使用记录单录入数据

❖ 使用条件格式提示到期应付账款

❖ 计算应付账款不同付款方案下的　应付金额

➡ 案例展示

7.1　应收账款管理

案例概述

应收账款管理主要包括逾期应收账款分析和应收账款账龄分析。本节将主要介绍如何利用 Excel 中的功能和技巧对其进行分析。当应收账款的数据信息量非常大时，如果想要对应收账款是否到期以及逾期的天数进行查询和分析，就需要花费大量的时间。但是运用 IF 函数却可以非常方便地查询未到期账款、已到期账款、逾期账款以及具体逾期时间段。

案例效果

利用 Excel 的数据处理功能，用户可以对应收账款进行透视分析和账龄分析，及时编制催款单，进行多渠道催款，提高应收账款的回收率。

"逾期应收账款分析表"和"账龄分析表"制作完成后，效果如左下图和右下图所示。

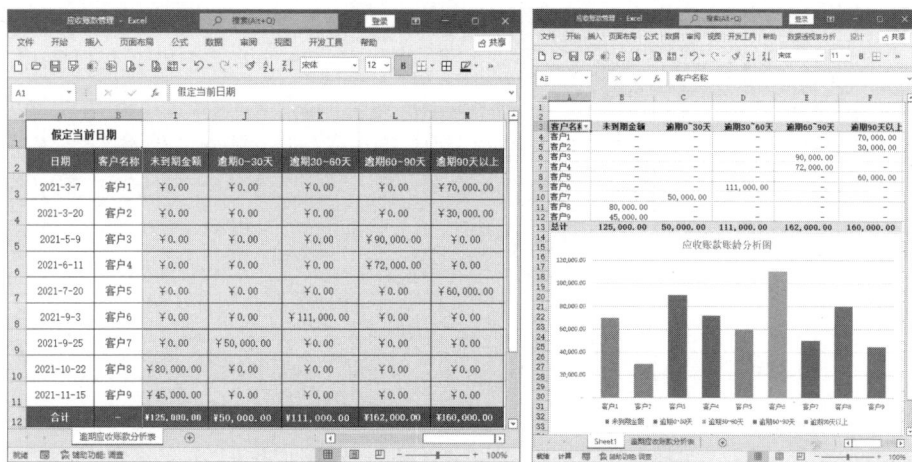

同步学习文件

原始文件：素材文件\第 7 章\应收账款管理.xlsx
结果文件：结果文件\第 7 章\应收账款管理.xlsx
同步视频文件：视频文件\第 7 章\7-1.mp4

制作思路

"逾期应收账款分析表"与"账龄分析表"的制作思路如下：

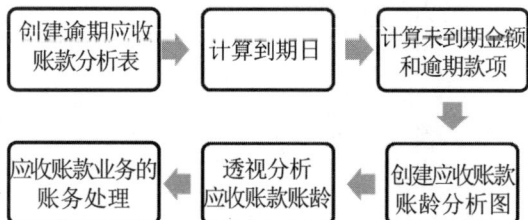

创建逾期应收账款分析表 → 计算到期日 → 计算未到期金额和逾期款项 → 创建应收账款账龄分析图 → 透视分析应收账款账龄 → 应收账款业务的账务处理

7.1.1 逾期应收账款分析

当企业发生的赊销业务较多时，用户可以利用 Excel 2021 的函数功能对应收账款是否到期及逾期天数进行判断分析，帮助企业及时地掌握应收账款的信息。

下面将讲解在 Excel 中分析应收账款，计算"未到期金额"和逾期应收账款等数据。具体操作方法如下：

第 1 步：打开素材文件

打开"素材文件\第 7 章\应收账款管理.xlsx"文件，"逾期应收账款分析表"工作表中的表格的基本格式、应收账款的原始数如下图所示。

第 2 步：计算到期日

❶在 G3 单元格中设置公式"=A3+F3"，用 A3 单元格中的应收账款发生日期加上 F3 单元格中的付款期限即可计算得出到期日期；❷将 G3 单元格公式填充至 G4:G11 单元格区域中，如下图所示。

第 3 步：判断应收账款是否到期

❶在 H3 单元格中设置公式"=IF(G3 <$C$1,"已到期","未到期")"，运用 IF 函数判断得到 G3 单元格中的到期日小于 C1 单元格中的假定当前日期时，返回文本"已到期"，否则返回文本"未到期"；❷将 H3 单元格公式填充至 H4:H11 单元格区域中，如下图所示。

第 4 步：计算未到期金额

❶在 I3 单元格中设置公式"=IF(H3 ="未到期",E3,0)"，运用 IF 函数判断得到 H3 单元格中的文本为"已到期"时，即返回 E3 单元格中的"未收金额"，否则返回 0；❷ 将 I3 单元格中的公式填充至 I4:I11 单元格区域中，如下图所示。

第 5 步：计算逾期 0~30 天的应收账款

❶在 J3 单元格中设置公式 "=IF(AND($C$1-$G3>0,$C$1-$G3<=30),$E3,0)"，运用 IF 函数判断得到当前日期与到期日期之间的间隔天数大于 0 天，并且小于或等于 30 天时，即返回 E3 单元格中的未收金额，否则返回 0；❷将 I3 单元格中的公式填充至 J4:J11 单元格区域中，如下图所示。

第 6 步：计算逾期 30~60 天的应收账款

❶在 K3 单元格中设置公式 "=IF(AND($C$1-$G3>30,$C$1-$G3<=60),$E3,0)" 计算逾期 30~60 天的应收账款；❷将 K3 单元格公式填充至 K4:K11 单元格区域中，如下图所示。

第 7 步：计算逾期 60~90 天的应收账款

❶在 L3 单元格中设置公式 "=IF(AND($C$1-$G3>60,$C$1-$G3<=90),$E3,0)"，计算逾期 60~90 天的应收账款；❷将 L3 单元格中的公式填充至 L4:L11 单元格区域中，如下图所示。

第 8 步：计算逾期 90 天以上的应收账款

❶在 M3 单元格中设置公式 "=IF($C$1-G3>90,E3,0)"，计算逾期 90 天以上的应收账款；❷将 M3 单元格中的公式填充至 M4:M11 单元格中，如下图所示。

┌───┐
　　（💡 温馨小提示 ）

　　本例计算逾期天数为"0~30 天""30~60 天"与"60~90 天"的应收账款时，在 IF 函数公式中嵌套的逻辑函数 AND，其语法为：AND(logical1,[logical2]…)。其中，参数"logical1"代表用户指定的条件，可设置多个条件。其逻辑语言是"并且"，也就是指定单元格中的内容必须同时满足全部条件，才能返回 IF 函数指定的结果。
└───┘

7.1.2　应收账款账龄分析

　　账龄分析法是根据应收账款拖欠时间的长短来估计坏账损失的方法。对应收账款的账龄进行合理分析，能够随时掌握各笔应收账款的账龄长短，对于应收账款的日常管理非常重要。为了更真实地反映企业实际的资金流动情况，对金额较大或逾期过长的款项进行重点催收。因此，财务人员必须及时对应收账款的账龄进行计算和分析，才能有效避免坏账发生。本节将运用 Excel 2021 中的数据透视表工具在"应收账款管理.xlsx"文件中创建应收账款账龄分析表和数据透视分析图。

1. 创建并布局数据透视表

　　下面首先根据逾期应收账款数据创建数据透视表，并对其进行必要的布局，为后面创建数据透视表做好准备。具体的操作步骤如下：

第 1 步：执行"数据透视表"命令

　　在"应收账款管理"工作簿"逾期应收账款分析表"工作表中选中 A2:M11 单元格区域，❶单击"插入"选项卡；❷在"表格"组中单击"数据透视表"按钮，如下图所示。

第 2 步：设置数据透视表选项

　　弹出"来自表格或区域的数据透视表"对话框，这里直接单击"确定"按钮即可，如下图所示。

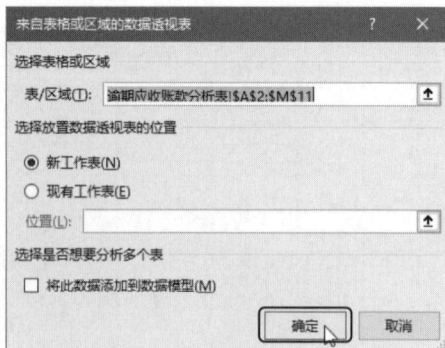

第 3 步：添加数据透视表字段

系统生成一个名称为"Sheet1"的新工作表并在其中创建数据透视表，❶在"数据透视表字段"窗格中将"客户名称"字段拖动至"行"区域中；❷将"未到期金额""逾期 0~30 天""逾期 30~60 天""逾期 60~90 天"以及"逾期 90 天以上"这 5 个字段拖动至"值"区域中，如下图所示。

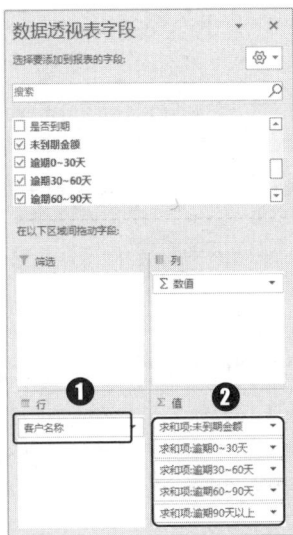

第 4 步：设置数据透视表的报表布局

选中数据透视表区域中任意一个单元格，❶单击"设计"选项卡；❷在"布局"组中单击"报表布局"下拉按钮；❸在弹出的下拉列表中选择"以表格形式显示"选项，如下图所示。

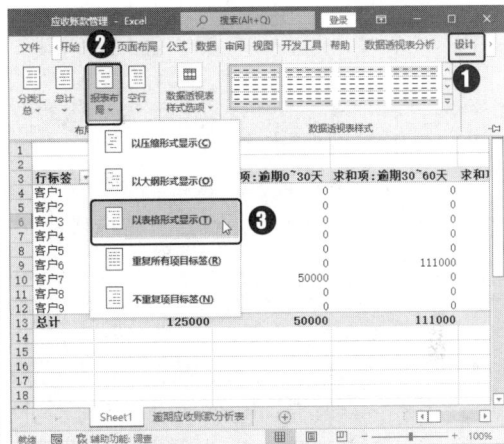

第 5 步：修改值字段名称，调整列宽

返回工作表，❶分别将 5 个值字段名称中的"求和项："字符删除，以便减少不必要列宽。注意在单元格中添加空格，避免与数据源的字段重名而导致无法修改；❷将数据透视表区域中各列列宽调整至合适的宽度，效果如下图所示。

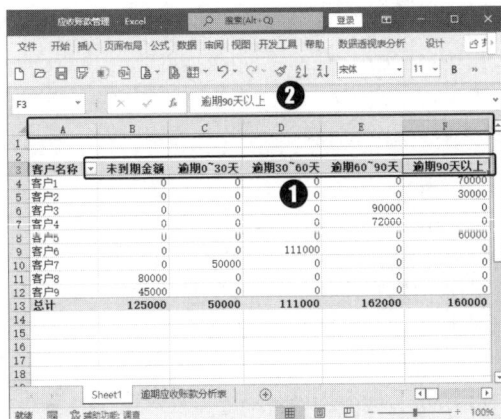

第 6 步：设置值字段的数字格式

若设置值字段的数字格式，则可直接设置其所在单元格区域的格式。❶选中 B:F 区域，按组合键 Ctrl+1 打开"设置单元格格式"对话框，在"数字"选项卡下的"分类"列表框中选择"会计专用"选项；❷在"货币符号(国家/地区)"下拉列表中选择"无"；❸单击"确定"按钮关闭对话框，如下图所示。

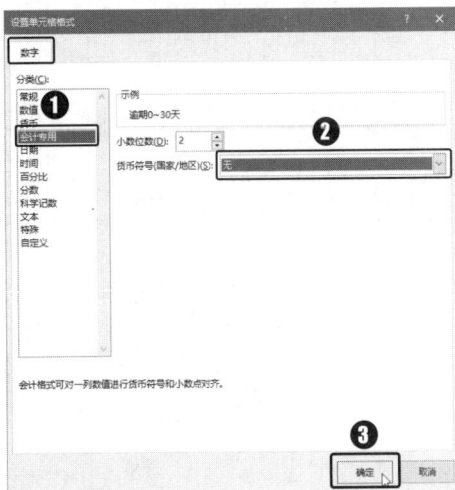

第 7 步：查看数据透视表布局效果

操作完成后，返回工作表即可看到数据透视表布局效果，如右图所示。

2. 创建应收账款账龄分析图

下面使用数据透视图创建"应收账款账龄分析图"并进行布局，直观对比客户应收账款中的账龄数据及账龄分布情况。具体操作步骤如下：

第 1 步：插入簇状柱形图

选中数据透视表区域中的任意一个单元格，❶单击"插入"选项卡；❷在"图表"组中单击"柱形图"下拉按钮 ；❸在弹出的下拉列表的"二维柱形图"选项组中单击"簇状柱形图"按钮 即可在工作表中插入一个基础柱形图，如下图所示。

第 2 步：执行"设置数据系列格式"命令

右击图表中的任意一个数据系列（柱条），在弹出的快捷菜单中选择"设置数据系列格式"选项，如下图所示。

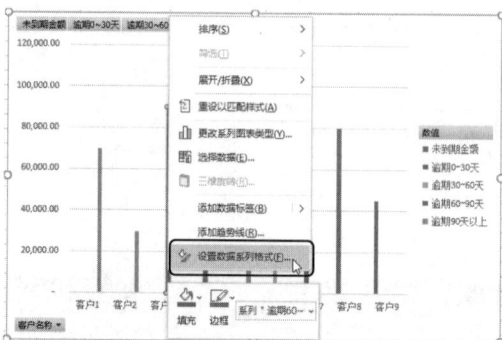

第 3 步：调整系列重叠值与间隙宽度

此时"设置数据系列格式"任务窗格被激活，在"系列选项"选项卡中将"系列重叠"的值调整"100%"，将"间隙宽度"的值调整为"80%"。调整后可加宽柱条的宽度，如下图所示。

第 4 步：添加图表标题

❶选中图表，单击右上角的"图表元素"浮动功能按钮 ，在弹出的快捷列表中选择"图表标题"复选框；❷选中图表中的"图表标题"文本框，将其中的文字修改为"应收账款账龄分析图"，如下图所示。

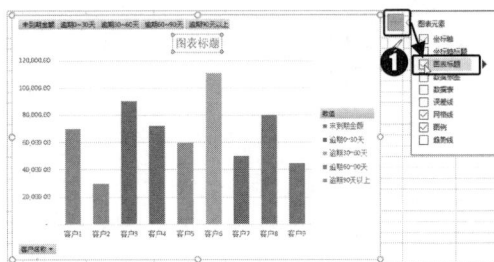

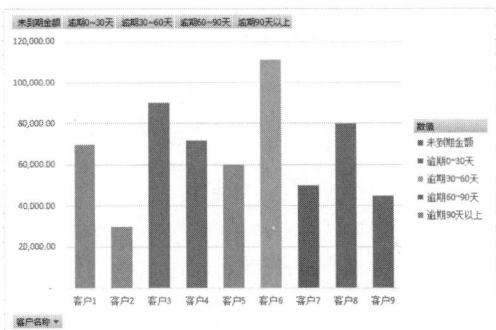

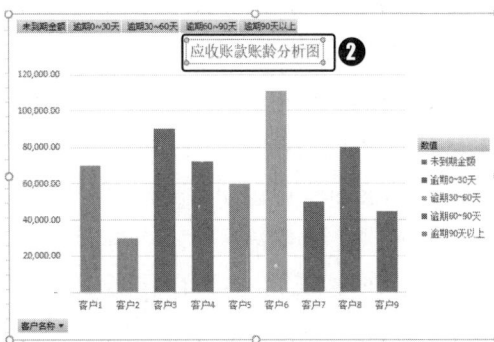

第 5 步：隐藏字段按钮

为使图表整洁、美观，可隐藏图表中不必要的字段按钮。右击图表中的任意一个字段按钮，在弹出的快捷列表中选择"隐藏图表上的所有字段按钮"选项，如下图所示。操作完成后，即可隐藏全部字段按钮。

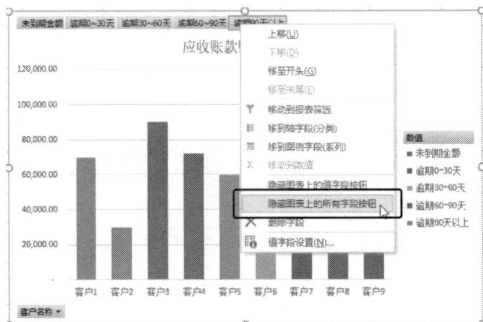

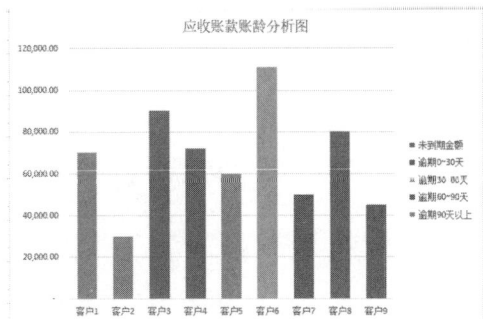

第 6 步：调整图例的位置

右击图表中的"图例项"，在弹出的快捷列表中选择"设置图例格式"选项激活同名任务窗格，选中"图例位置"选项组中的"靠下"单选钮，如下图所示。操作完成后，图例项将被横置于图表下方，使图表整体布局更为协调。

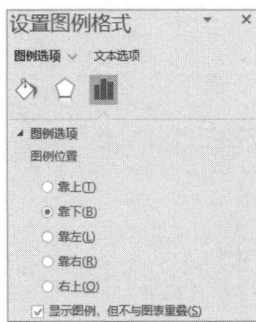

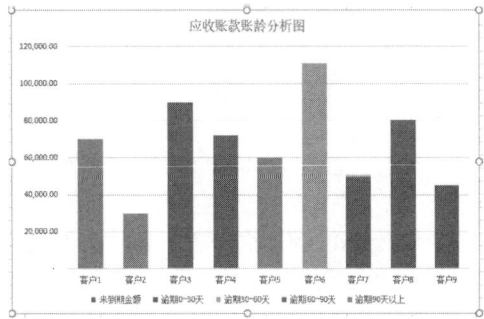

7.2 应付账款管理

案例概述

应付账款是企业在赊购业务中由于取得物资与支付货款在时间上不一致而产生的负债。加强应付账款的管理，有利于企业及时了解债务信息，按期偿还欠款，避免因欠款逾期而造成的财务损失。有利于强化整个赊购环节的风险管理，加强企业的付款循环内部控制。

案例效果

应付账款是指企业因购买材料、商品或接受劳务等而应当支付给货物提供者或劳务提供者的款项，企业要避免财务危机、维护企业的信誉，就一定要加强对应付账款的管理。本节将讲解在 Excel 中创建应付账款到期提示表，并制作应付账款付款方案。

“应付账款到期提示表”和“应付账款付款方案”制作完成后，效果如下图所示。

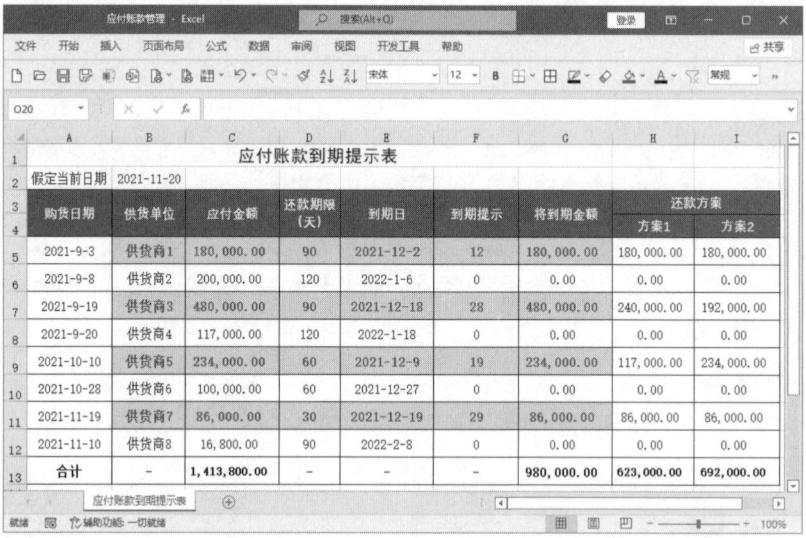

应付账款到期提示表

假定当前日期	2021-11-20							
购货日期	供货单位	应付金额	还款期限（天）	到期日	到期提示	将到期金额	还款方案	
							方案1	方案2
2021-9-3	供货商1	180,000.00	90	2021-12-2	12	180,000.00	180,000.00	180,000.00
2021-9-8	供货商2	200,000.00	120	2022-1-6	0	0.00	0.00	0.00
2021-9-19	供货商3	480,000.00	90	2021-12-18	28	480,000.00	240,000.00	192,000.00
2021-9-20	供货商4	117,000.00	120	2022-1-18	0	0.00	0.00	0.00
2021-10-10	供货商5	234,000.00	60	2021-12-9	19	234,000.00	117,000.00	234,000.00
2021-10-28	供货商6	100,000.00	60	2021-12-27	0	0.00	0.00	0.00
2021-11-19	供货商7	86,000.00	30	2021-12-19	29	86,000.00	86,000.00	86,000.00
2021-11-10	供货商8	16,800.00	90	2022-2-8	0	0.00	0.00	0.00
合计	-	1,413,800.00	-	-	-	980,000.00	623,000.00	692,000.00

同步学习文件

原始文件：素材文件\第 7 章\应付账款管理.xlsx
结果文件：结果文件\第 7 章\应付账款管理.xlsx
同步视频文件：视频文件\第 7 章\ 7-2.mp4

制作思路

“应付账款到期提示表”和“应付账款付款方案”的制作思路如下：

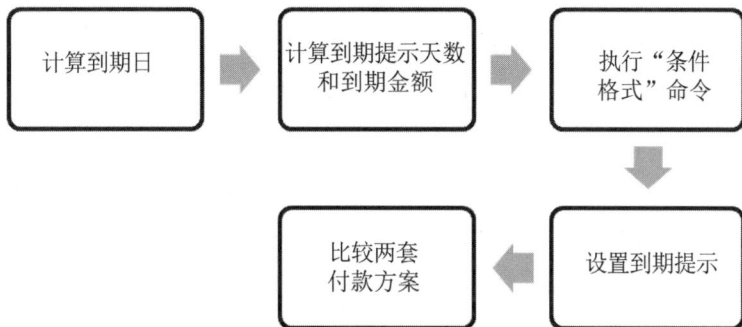

7.2.1　制作应付账款到期提示表

在实际工作中，如果企业发生的赊销业务较多，就会形成多笔应付款项。为了保证应付账款可以按期偿还，企业可以编制应付账款到期提示表，利用 Excel 函数功能设置应付账款到期提示，并计算将到期应付账款金额合计。

在制作应付账款到期提示表中使用 AND 函数计算应付账款"到期提示"天数和"将到期金额"。

通常情况下，企业可以按照给定日期，利用函数公式来标识一个月内到期的应付账款记录，并显示剩余天数。还可以计算将到期应付账款金额合计，以便企业按计划筹集资金，偿还欠款。

接下来首先计算应付账款"到期提示"天数和"将到期金额"，然后通过 Excel 的条件格式功能，制作应付账款到期提示，具体操作方法如下：

第 1 步：打开素材文件

打开"素材文件\第 7 章\应付账款管理.xlsx"文件，应付账款到期提示表的基本框架及基础数据如下图所示。

第 2 步：计算到期日

❶在 E5 单元格中设置公式"=A5+D5"；❷将 E5 单元格公式填充至 E6:E12 单元格区域中，如下图所示。

第 3 步：计算到期提示天数

❶在 F5 单元格中设置公式 "=IF(AND(E5-$B$2<=30,E5-$B$2>0),E5-$B$2,0)"，运用 IF 函数判断得到 E5 单元格中的到期日期与 B2 单元格中的当前日期之间的间隔天数小于或等于 30 天，且大于 0 天时，即返回 "E5-$B$2" 的计算结果，否则返回 0；❷将 F5 单元格公式填充至 F6:F12 单元格区域中，如下图所示。

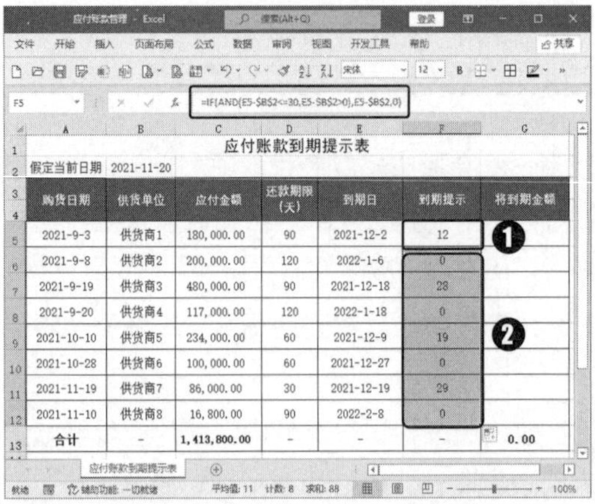

第 4 步：计算将到期金额

❶在 G5 单元格中设置公式 "=IF(AND(E5-$B$2<=30,E5-$B$2>0),C5,0)"，运用 IF 函数判断得到 E5 单元格中的到期日期与 B2 单元格中的当前日期之间的间隔天数小于或等于 30 天，且大于 0 天时，即返回 C5 单元格中的金额，否则返回 0；❷将 G5 单元格公式填充至 G6:G12 单元格区域中，如下图所示。

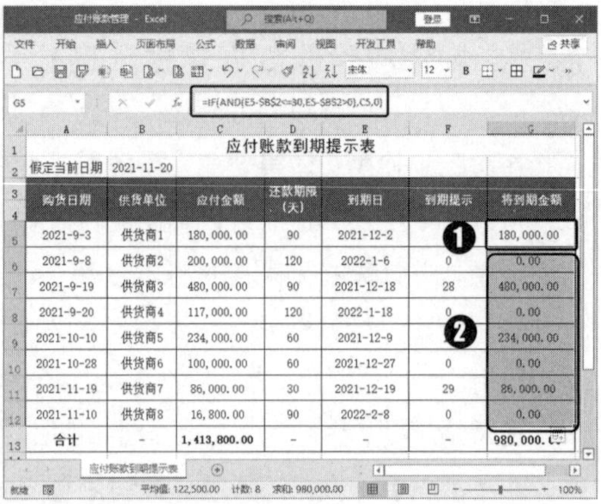

第 5 步：执行"新建规则"命令

选中 B4:G12 单元格区域，❶单击"开始"选项卡；❷在"样式"组中单击"条件格式"下拉按钮；❸在弹出的下拉列表中选择"新建规则"选项，如下图所示。

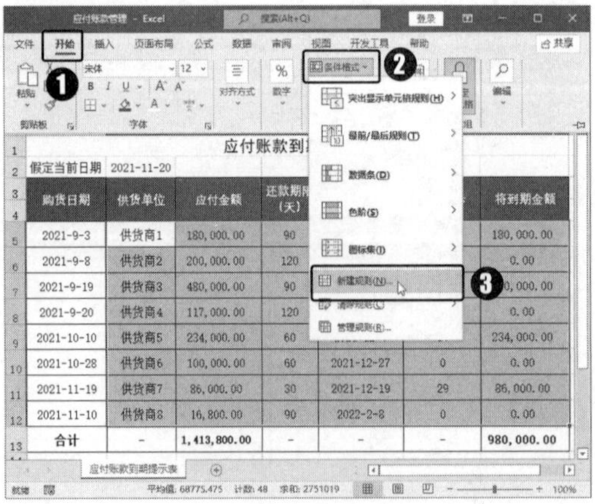

第 6 步：新建格式规则

弹出"新建格式规则"对话框，❶在"选择规则类型"列表框中选择"使用公式确定要设置格式的单元格"；❷在"为符合此公式的值设置格式"文本框中输入公式"=($E5-$B$2>0)*($E5-$B$2<=30)"；❸单击"格式"按钮，如下图所示。

第 7 步：设置字体格式

弹出"设置单元格格式"对话框，❶切换至"字体"选项卡；❷在"字形"列表框中选择"加粗"选项；❸在"颜色"下拉列表中选择一种颜色，如蓝色，如下图所示。

第 8 步：设置单元格背景色

❶切换至"填充"选项卡；❷在"背景色"列表框中选择一种颜色，如浅蓝色；❸单击"确定"按钮，如下图所示。

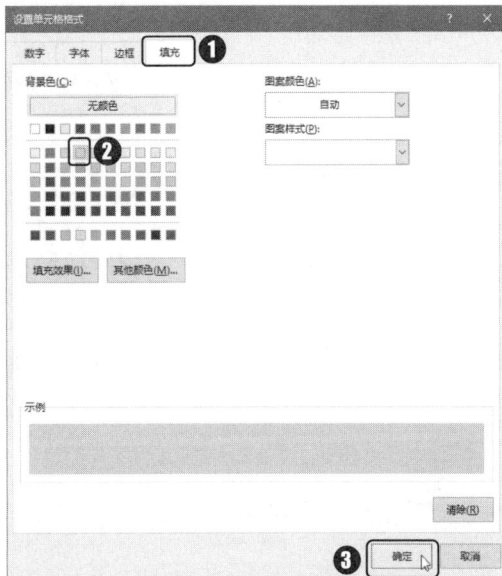

第 9 步：完成设置

返回"新建格式规则"对话框后，直接单击"确定"按钮关闭对话框即可，如下图所示。

第 10 步：查看条件格式效果

操作完成后，返回工作表即可看到符合条件的数据已应用了条件格式，效果如下图所示。

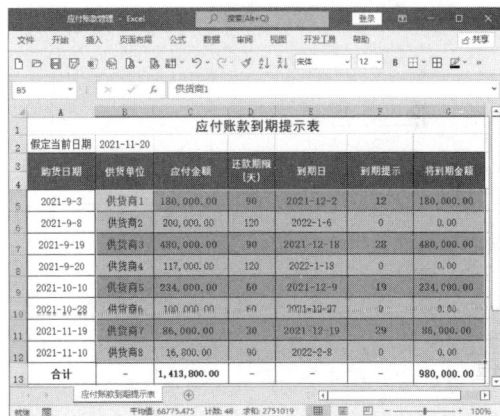

7.2.2　制作应付账款付款方案

通过应付账款到期提示表，可以清楚地了解企业应付账款的提示付款信息。接下来利用 Excel 的函数功能，根据应付金额来设计付款方案。合理的付款方案可以提高企业资金利用率，避免因欠款逾期而造成财务损失，提高企业的信誉度。

例如，企业财务部计划近期支付将到期的应付账款，制作了两套付款方案。

方案 1：应付账款大于 200 000 元的款项偿还应付金额的 50%，小于或等于 200 000 元的款项一次性付清。

方案 2：应付账款大于 250 000 元的款项偿还应付金额的 40%，小于或等于 250 000 元的款项一次性付清。

下面根据上述两套方案，分别计算将要支付的应付账款金额合计，具体的操作步骤如下：

第 1 步：添加"还款方案"字段

在"应付账款到期提示表"工作表中 G 列右侧添加两列，并设置好基础格式，分别在 H3、H4 与 I4 单元格中输入字段名称"还款方案""方案1""方案2"，如下图所示。

第 2 步：执行方案 1

❶根据方案 1 在 H5 单元格中设置公式"=IF (G5<=200000,G5,ROUND(G5*50%,2))"，运用 IF 函数判断得出 G5 单元格的将到期金额小于或等于 200000 时，即返回 G5 单元格的数据。否则计算"ROUND(G5*50%,2)"的值；❷将 H5 单元格公式填充至 H6:H12 单元格区域中，如下图所示。

第 3 步：执行方案 2

❶根据方案 2 在 I5 单元格中设置公式"=IF (G5<=250000,G5,ROUND(G5*40%,2))"，运用 IF 函数判断得出 G5 单元格的将到期金额小于或等于 250000 时，即返回 G5 单元格的数据。否则计算"ROUND(G5*40%,2)"的值；❷将 I5 单元格公式填充至 I6:I12 单元格区域中，如下图所示。

第 4 步：计算合计数

将 G13 单元格中的求和公式填充至 H13:I13 单元格区域中即可，如下图所示。

（💡温馨小提示）

　　本例在计算和比较两种应付账款付款方案时，用到了 ROUND 函数。ROUND 函数的功能是按指定的位数对数值进行四舍五入。其语法结构为

　　ROUND(number,num_digits)

　　参数说明：number 为指定用于进行四舍五入的数字，参数不能是一个单元格区域。如果参数是数值以外的文本，则返回错误值#VALUE!。

　　num_digits 为指定位数，按此位数进行四舍五入，位数不能省略。num_digits>0，四舍五入到指定的小数位；num_digits=0，四舍五入到最接近的整数位；num_digits<0，在小数点的左侧进行四舍五入。

7.3　提升效率——实用操作技巧

　　通过前面知识的学习，相信大家已经掌握了往来账款分析的相关知识。下面结合本章内容，介绍一些实用技巧。

1. 使用记录单添加应付账款记录

　　在 Excel 中，向一个数据量较大的表单中插入一行新记录的过程中，大量时间将会被耗费在来回切换行和列的位置上。而 Excel 的"记录单"可以帮助用户在一个小窗口中完成输入数据的工作，不必在长长的表单中进行输入。

　　例如，某工业企业属于一般纳税人，2021 年 11 月 15 日，向供货商 2 购入乙材料一批，增值税发票上注明货款 10 000 元，增值税 1 300 元，材料已验收入库，款未付。

　　该笔经济业务的会计分录如下：

借：原材料——乙材料　　　　　　　　　　10000
　　　应交税费——应交增值税（进项税额）　　1300（10000×13%）
　　贷：应付账款——供货商2　　　　　　　　11300

接下来，结合上述实例，使用"记录单"功能在"应付账款明细表"中添加应付账款记录，具体操作方法如下：

第1步：打开素材文件

打开"素材文件\第7章\提升效率\使用记录单添加数据.xlsx"文件，应付账款明细表的格式框架基础数据如下图所示。

第2步：添加记录单命令

打开"Excel选项对话框"，❶单击"快速访问工具栏"选项卡；❷在"从下列位置选择命令"下拉列表中选择"不在功能区的命令"选项；❸在下方列表框中执行"记录单"命令；❹单击"添加"按钮；❺单击"确定"按钮关闭对话框，如下图所示。

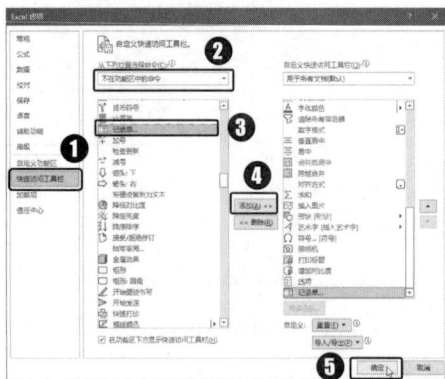

第3步：在"记录单"新建记录

返回工作表，即可看到"记录单"命令按钮已被添加在"快速访问工具栏"中，选中数据区域中任意一个单元格，在"快速访问工具栏"中单击"记录单"按钮，弹出以"Sheet1"命名的对话框，其中显示了第1条记录信息，如下图所示。

第4步：录入新记录

❶单击"新建"按钮；❷生成空白记录单，在"购货日期"文本框中输入"2021/11/15"，在"供货单位"文本框中输入"供货商2"，在"应付金额"文本框中输入"11300"，在"还款期限（天）"文本框中输"30"；❸单击"关闭"按钮关闭对话框，如下图所示。

第 5 步：查看添加记录单效果

返回工作表，即可看到新记录已被添加至数据表最末一行中，如右图所示。

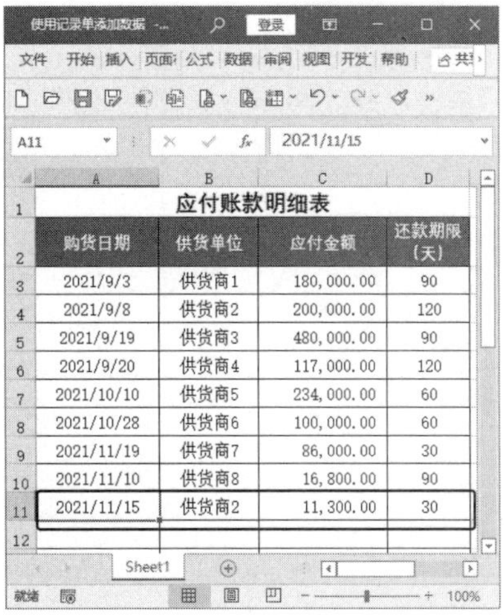

应付账款明细表

购货日期	供货单位	应付金额	还款期限（天）
2021/9/3	供货商1	180,000.00	90
2021/9/8	供货商2	200,000.00	120
2021/9/19	供货商3	480,000.00	90
2021/9/20	供货商4	117,000.00	120
2021/10/10	供货商5	234,000.00	60
2021/10/28	供货商6	100,000.00	60
2021/11/19	供货商7	86,000.00	30
2021/11/10	供货商8	16,800.00	90
2021/11/15	供货商2	11,300.00	30

温馨小提示

使用“记录单”录入数据时，必须在打开的对话框中首先单击“新建”按钮，然后再进行录入操作。录入完毕，可单击“新建”按钮继续录入下一条数据，或单击“关闭”按钮，才能将数据正常录入到工作表。

2．使用数据透视表设置账龄分组

分析应收账款的账龄时，除了可设置公式来统计不同账龄区间的应收账款数据，还可使用数据透视表中的“组合”功能快速设置账龄分组，按不同的账龄区间段分别统计应收账款。具体操作方法如下：

第 1 步：打开素材文件

打开“素材文件\第 7 章\提升效率\设置账龄分组.xlsx”文件，“应收账款账龄分析”表如下图所示。

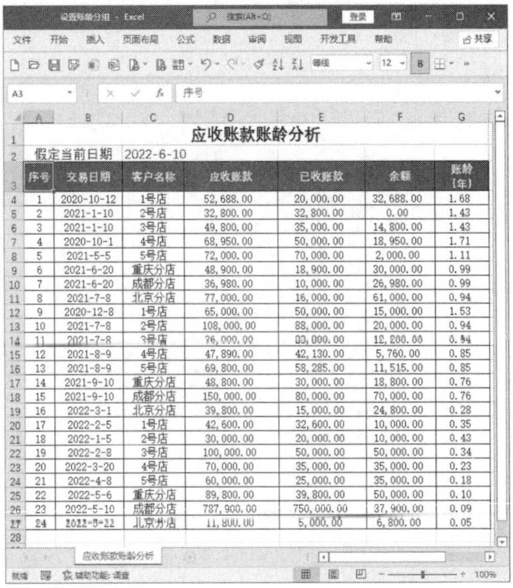

应收账款账龄分析

假定当前日期　2022-6-10

序号	交易日期	客户名称	应收账款	已收账款	余额	账龄（年）
1	2020-10-12	1号店	52,688.00	20,000.00	32,688.00	1.68
2	2021-1-10	2号店	32,800.00	32,800.00	0.00	1.43
3	2021-1-10	3号店	49,800.00	35,000.00	14,800.00	1.43
4	2020-10-1	4号店	68,950.00	50,000.00	18,950.00	1.71
5	2021-5-5	5号店	72,000.00	70,000.00	2,000.00	1.11
6	2021-6-20	重庆分店	48,900.00	18,900.00	30,000.00	0.99
7	2021-6-20	成都分店	36,980.00	10,000.00	26,980.00	0.99
8	2021-7-8	北京分店	77,000.00	16,000.00	61,000.00	0.94
9	2020-12-8	1号店	65,000.00	50,000.00	15,000.00	1.53
10	2021-7-8	2号店	108,000.00	88,000.00	20,000.00	0.94
11	2021-7-8	3号店	[illegible]	[illegible]	12,200.00	0.94
12	2021-8-9	4号店	47,890.00	42,130.00	5,760.00	0.85
13	2021-8-9	5号店	69,800.00	58,285.00	11,515.00	0.85
14	2021-9-10	重庆分店	48,800.00	30,000.00	18,800.00	0.76
15	2021-9-10	成都分店	150,000.00	80,000.00	70,000.00	0.76
16	2022-3-1	北京分店	39,800.00	15,000.00	24,800.00	0.28
17	2022-2-5	1号店	42,600.00	32,600.00	10,000.00	0.35
18	2022-1-5	2号店	30,000.00	20,000.00	10,000.00	0.43
19	2022-2-8	3号店	100,000.00	50,000.00	50,000.00	0.34
20	2022-3-20	4号店	70,000.00	35,000.00	35,000.00	0.23
21	2022-4-8	5号店	60,000.00	25,000.00	35,000.00	0.18
22	2022-5-6	重庆分店	89,800.00	39,800.00	50,000.00	0.10
23	2022-5-10	成都分店	787,900.00	750,000.00	37,900.00	0.09
24	2022-5-22	北京分店	11,800.00	5,000.00	6,800.00	0.05

第 2 步：制作数据透视表并布局

将 B3:G27 单元格区域作为数据源创建数据透视表，并对数据透视表进行基本布局，设置字体、数字格式等。布局完成后的数据透视表如下图所示。

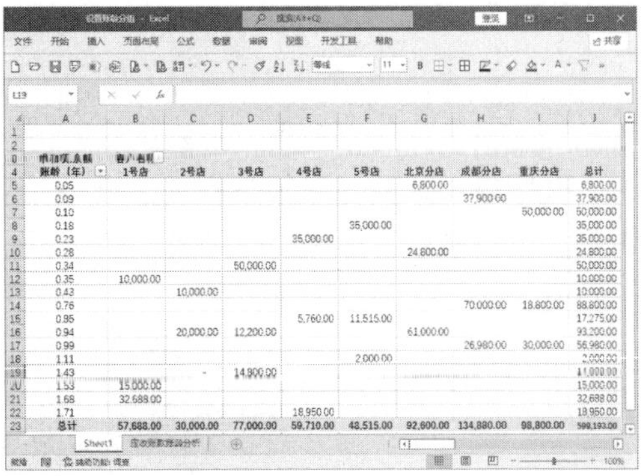

求和项:余额 账龄（年）	客户名称 1号店	2号店	3号店	4号店	5号店	北京分店	成都分店	重庆分店	总计
0.05						6,800.00			6,800.00
0.09							37,900.00		37,900.00
0.10								50,000.00	50,000.00
0.18					35,000.00				35,000.00
0.23				35,000.00					35,000.00
0.28						24,800.00			24,800.00
0.34			50,000.00						50,000.00
0.35	10,000.00								10,000.00
0.43		10,000.00							10,000.00
0.76							70,000.00	18,800.00	88,800.00
0.85				5,760.00	11,515.00				17,275.00
0.94		20,000.00	12,200.00			61,000.00			93,200.00
0.99							26,980.00	30,000.00	56,980.00
1.11					2,000.00				2,000.00
1.43		-	14,800.00						14,800.00
1.53	15,000.00								15,000.00
1.68	32,688.00								32,688.00
1.71				18,950.00					18,950.00
总计	57,688.00	30,000.00	77,000.00	59,710.00	48,515.00	92,600.00	134,880.00	98,800.00	599,193.00

第3步：执行组合命令

右击任意一个行标签，在弹出的快捷菜单中选择"组合"命令，如下图所示。

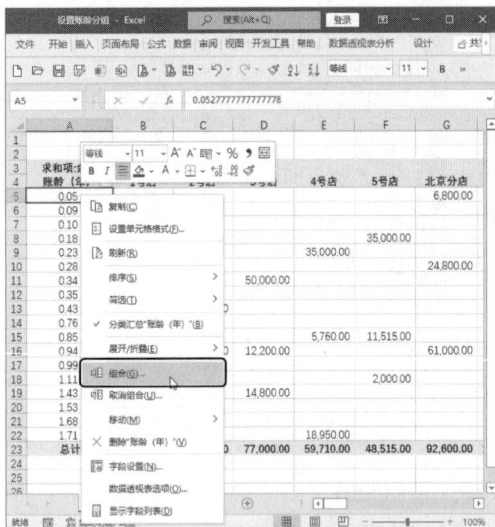

第4步：设置起始值与步长值

弹出"组合"对话框，❶将"起始于"和"终止于"文本框中的数值分别修改为"0"和"2"，将"步长"的数值设置为"0.5"；❷单击"确定"按钮，如下图所示。

第5步：查看设置结果

返回工作表，即可看到数据透视表中的账龄期间为0~2年，分组期间为0.5年的账龄区间，如右图所示。

（💡温馨小提示）

本例设置的"起始于""终止于"和"步长"的数值是根据应收账款账龄的数值决定的。实务中，用户可以根据需要进行自定义设置。

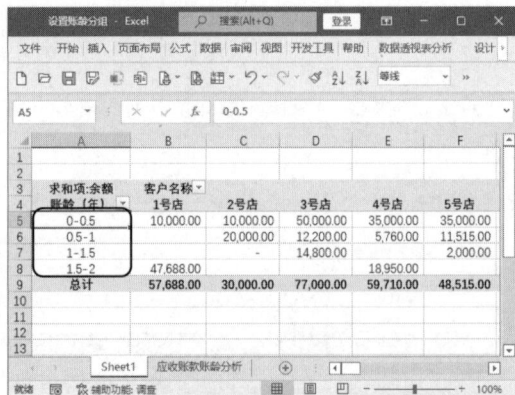

3. 制作简易催款单

根据应收账款的账龄情况，企业应当及时制作催款通知单，对已到期或将到期的应收款项进行催缴，接下来使用数据验证功能和SUMIF函数制作简易催款单。具体操作方法如下：

第1步：打开素材文件

打开"素材文件\第7章\提升效率\制作简易催款单.xlsx"文件，简易催款单的基本格式如下图所示。

第2步：执行"数据验证"命令

选中单元格C4，❶单击"数据"选项卡；❷单击"数据工具"组中的"数据验证"按钮，如下图所示。

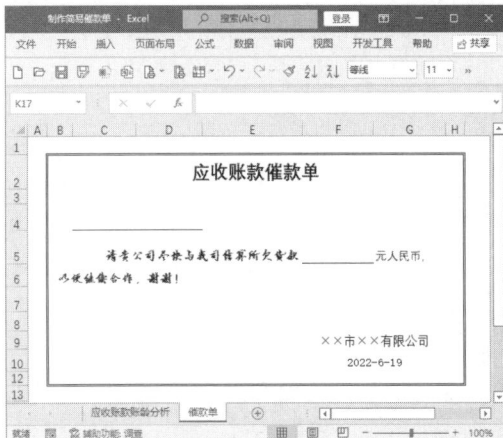

第3步：设置验证条件

弹出"数据验证"对话框，❶在"设置"选项卡下的"允许"下拉列表中选择"序列"选项；❷单击"来源"文本框，将工作表切换至"应收账款账龄分析"工作表，拖动鼠标选中 I4:I11 单元格区域；❸单击"确定"按钮，如下图所示。

第4步：自定义单元格格式

返回工作表，❶在 C3 单元格中的下拉列表中选择"3号店"选项，按组合键 Ctrl+1 打开"设置单元格格式"对话框，在"数字"选项卡下的"分类"列表框中单击"自定义"选项卡；❷在"类型"文本框中输入格式代码"致：@"；❸单击"确定"按钮，如下图所示。

第5步：计算欠款金额

返回工作表，在 F5 单元格中设置公式"=SUMIF(应收账款账龄分析!$C$4:$C$27,!$C$4,应收账款账龄分析!$F$4:$F$27)" 即可调出 3 号店的欠款金额，如下图所示。

第6步：查看催款单效果

操作完成后，应收账款催款单最终效果如下图所示。

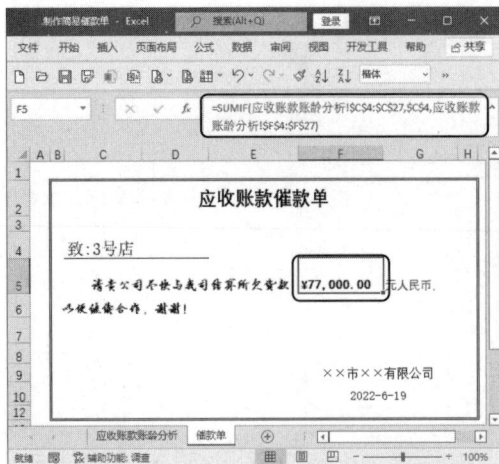

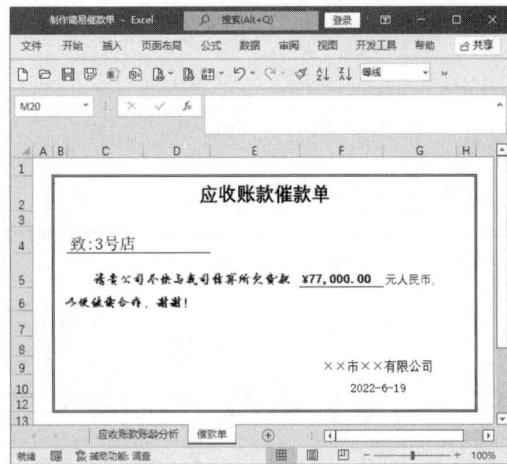

4. 提取坏账准备

结合应收账款账龄分析表中的数据，根据客户拖欠日期的长短（账龄长短），可以分别按不同的坏账率估计坏账损失，计提坏账准备。

例如，某企业按照不同的平均账龄区间设置计提比例，如半年以内暂不计提，半年到一年的计提 0.5%，一年到一年半的计提 1%，一年半以上的计提 2%。

下面运用 AVERAGEIF 函数计算平均账龄，再用 IFS 函数嵌套 AND 函数根据平均账龄确定计提比例，然后计算坏账准备金额。具体操作步骤如下：

第1步：计算平均账龄

打开"素材文件\第 7 章\提升效率\提取坏账准备 .xlsx"文件，❶ 在 D3 单元格中设置公式"=AVERAGEIF(应收账款账龄分析!C$4:C$27,$B3,应收账款账龄分析!G$4:G$27)"，运用 AVERAGEIF 函数计算"应收账款账龄分析"工作表中客户名称为"1 号店"的平均账龄；❷ 将 D3 单元格公式填充至 D4:D10 单元格区域中，如下图所示。

第2步：确定计提比例

❶ 在 E3 单元格中设置公式"=IFS(D3<0.5,0,AND(D3>=0.5,D3<1),0.5%,AND(D3>=1,D3<1.5),1%,D3>1.5,2%)"运用 IFS+AND 函数根据 D3 单元格中的平均账龄数据返回指定的比例；❷ 将 E3 单元格公式填充至 E4:E10 单元格区域中，如下图所示。

第 3 步：计算应提取的坏账金额

❶在 F3 单元格中设置公式“=ROUND(C3*E3,2)”，计算应提取的坏账金额；❷将公式填充至 F4:F10 单元格区域中，如右图所示。

提取坏账准备

客户名称	应收账款	平均账龄（年）	坏账提取比例	提取坏账金额
1号店	¥57,688.00	1.19	1.0	¥576.88
2号店	¥30,000.00	0.93	0.50%	¥150.00
3号店	¥77,000.00	0.90	0.50%	¥385.00
4号店	¥59,710.00	0.93	0.50%	¥298.55
5号店	¥48,515.00	0.71	0.5	¥242.58
重庆分店	¥98,800.00	0.61	0.50%	¥494.00
成都分店	¥134,880.00	0.61	0.50%	¥674.40
北京分店	¥92,600.00	0.42	0.00%	¥0.00

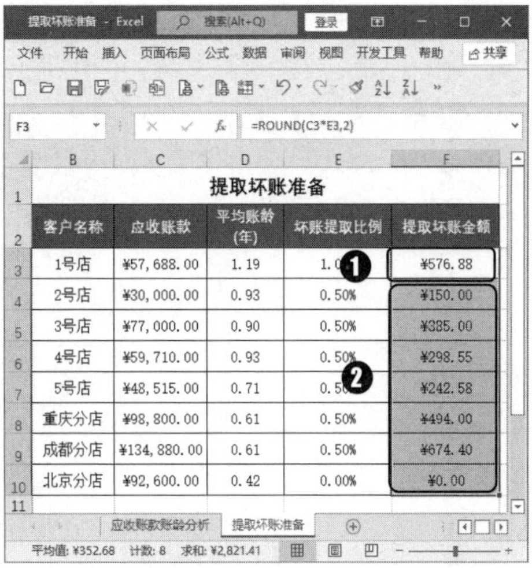

温馨小提示

本例中使用的 AVERAGE 函数，其作用是返回指定区域内满足给定条件的所有单元格的平均值。其原理与参数设置方法与条件求和函数 SUMIF 基本相同。

第 8 章

进销存管理与分析

➥本章导读

　　采购、销售和库存是进销存管理的三个环节。采购就是将企业新购进的原材料、商品等货物入库，并登记备查；销售就是记录销售情况，汇总销售数据，然后对销售数据进行处理和分析；存货是企业会计核算和管理中的一个重要环节，存货管理的好坏和信息提供得准确与否，会直接影响到企业的采购、生产和销售业务的进行。

➥知识要点

❖ 制作采购管理表单

❖ 制作销售管理表单

❖ 制作库存汇总表

❖ 制作进销存分析表

❖ 设置存货紧缺预警

❖ Excel 2021 新增函数的应用

❖ 使用切片器筛选数据

❖ 在数据透视表（图）中使用日程表筛选日期

➥案例展示

8.1　进销存管理

案例概述

做好进销存的管理，其核心就是要做好对采购、销售和库存三个主要环节所产生的大量数据的管理。落到实处，就是要善于使用 Excel 制作电子管理表单，并充分利用各种工具、功能实现数据规范化管理。本节将制作基础信息表、采购管理表单、销售管理表单以及库存汇总表，分别针对进销存各环节进行数据管理。

案例效果

进销存相关表单制作完成后，效果如下图所示。

同步学习文件

原始文件：素材文件\第 8 章\进销存管理.xlsx
结果文件：结果文件\第 8 章\进销存管理.xlsx
同步视频文件：视频文件\第 8 章\8-1.mp4

制作思路

进销存管理表单的制作思路如下：

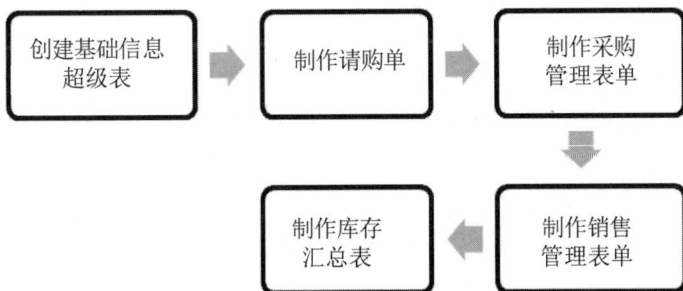

创建基础信息超级表 → 制作请购单 → 制作采购管理表单 → 制作销售管理表单 → 制作库存汇总表

8.1.1 创建基础信息超级表

进销存的基础信息主要包括供应商信息、客户信息、货品信息等。这些基础信息将在后面填写进销存表单时被频繁调用。本小节将创建供应商名称、客户名称、货品基础信息（包括货品名称、规格型号、单位等）的超级表，后续以此为来源制作下拉列表后，可随着数据的增加而自动扩展下拉列表的选项范围。具体操作步骤如下：

第 1 步：打开素材文件

打开"素材文件\第 8 章\进销存管理.xlsx"文件，其中包含一张名为"基础信息"的工作表，进销存的相关基础信息如下图所示。

第 2 步：创建超级表

❶选中 A1:A7 单元格区域，按组合键 Ctrl+T；❷弹出"创建表"对话框，直接单击"确定"按钮，如下图所示。重复第❶~第❷步操作，将 C1:C7 与 E1:E7 单元格区域创建为超级表。

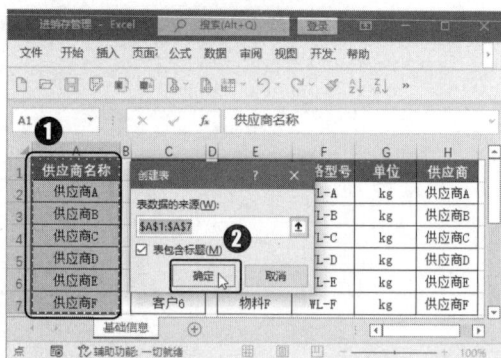

第 3 步：修改表名称

超级表创建后，系统自动将表名称命名为"表1""表 2""表 3"……，可对其进行修改。❶选中A1:A7 单元格区域中的任意一个单元格，单击"表设计"选项卡；❷在"属性"组中的"表名称"文本框中将名称修改为"供应商"，如下图所示。重复第❶~第❷步操作将"表 2"和"表 3"的名称分别修改为"客户"与"货品"。

第 4 步：取消筛选按钮

超级表创建后，Excel 将自动为所选单元格区域的首行标题添加筛选按钮。由于本例无须对基础信息进行筛选，因此可取消自动添加的筛选按钮。❶选中"供应商"表区域中的任意一个单元格，单击"表设计"选项卡；❷在"表格样式选项"组中取消选择"筛选按钮"复选框，如下图所示。重复第❶第❷步操作将"客户"表和"货品"表的筛选按钮取消。

第 5 步：设置表样式

Excel 为超级表提供了多种内置样式，只需一键套用即可。❶选中"供应商"表区域中的任一个单元格，单击"表设计"选项卡；❷在"表格样式"组中的"快速样式"列表框中选择一种样式，如下图所示。重复第❶～第❷步操作，将"客户"表和"货品"表样式设置为与"供应商"相同的样式。

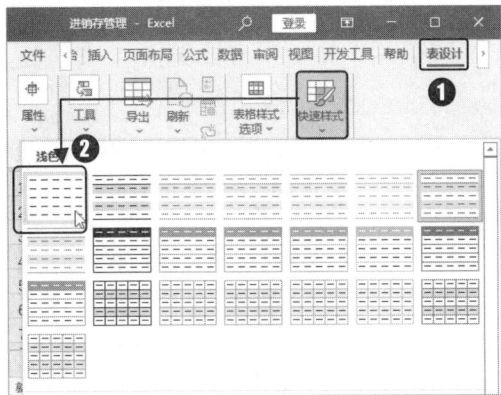

第 6 步：查看表样式效果

返回工作表，即可看到 3 个超级表的样式效果。表格最末行最右列的单元格右下角的小三角形标识即为超级表的标志。效果如下图所示。

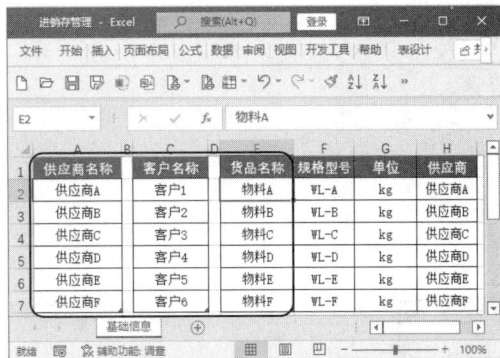

第 7 步：执行"名称管理器"命令

创建超级表后，系统会自动定义与表名称同名的名称。修改表名称后，已定义的名称也会同步改变。可打开"名称管理器"查看名称。❶单击"公式"选项卡；❷在"定义的名称"组中单击"名称管理器"按钮，如下图所示。

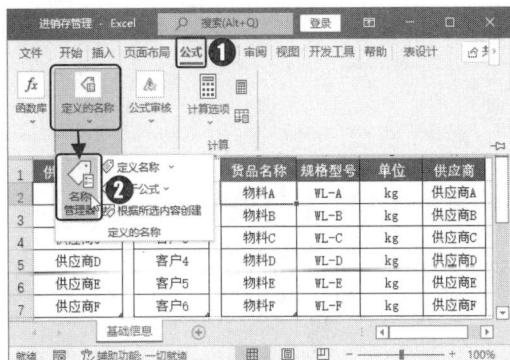

第 8 步：查看已定义的名称

弹出"名称管理器"对话框，可看到列表框中列示出与 3 个超级表同名的名称。引用位置正是创建超级表时所选择的单元格区域。查看完毕后，若无须其他操作，只需单击"关闭"按钮关闭对话框即可，如下图所示。

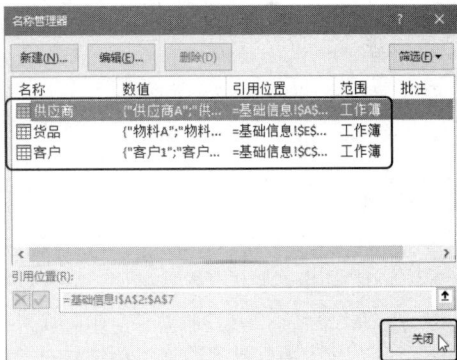

8.1.2　制作采购管理表单

采购是指企业在一定的条件下从供应市场获取产品或服务作为企业资源，以保证企业生产及经营活动正常开展的一项企业经营活动。采购业务中，企业一般需要根据物料需求时间计划，以采购订单的形式向供应方发出需求信息，并安排和跟踪整个物流过程，确保物料按时到达企业，以支持企业的正常运营的过程。

1. 制作请购单

请购是指某人或者某部门根据生产需要确定一种或几种物料，并按照规定的格式填写一份要求，递交至公司的采购部以获得这些物料的单据的整个过程。所填写的单据即为"请购单"。请购单主要包括申请时间、申请部门、物料名称、规格型号、采购数量以及库存数量等数据。接下来运用数据验证、函数公式等工具在"进销存管理"工作簿中制作请购单。具体的操作步骤如下：

第 1 步：绘制表格框架

在"进销存管理"工作簿中新增一张工作表，重命名为"请购单"，并绘制表格框架，设置字段名称、表格基本格式，如下图所示。

第 2 步：自定义单据编号的格式

选中 G2 单元格，❶按组合键 Ctrl+1 打开"设置单元格格式"对话框，在"数字"选择卡中的"分类"列表框中选择"自定义"选项；❷在"类型"文本框中输入格式代码""NO:"0000"；❸单击"确定"按钮，如下图所示。

第 3 步：制作下拉列表

返回工作表，可看到 G2 单元格中的数字显示为"NO:0001"。接着制作"申请部门"的下拉列表。❶选中 B3 单元格区域，单击"数据"选项卡"数据工具"组中的"数据验证"按钮打开"数据验证"对话框，在"设置"选项卡下的"允许"下拉列表中选择"序列"选项；❷在"来源"文本框中输入"一车间, 二车间, 三车间, 四车间"；❸单击"确定"按钮，如右图所示。

第 4 步：引用货品的名称

返回工作表，❶在 B3 单元格的下拉列表中选择一个选项，如"三车间"；❷在 B5 单元格中输入引用货品名称的公式"=货品"，按 Enter 键后将其范围的全部货品名称填充至下方区域中，再填入"库存数量""申请数量""需求时间"三项基础信息，如下图所示。

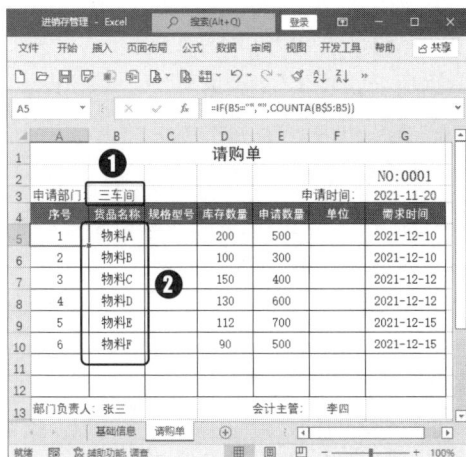

第 5 步：自动生成序号

接下来运用 IF+COUNTA 函数组合自动生成序号，可有效避免手工输入出错。❶在 A5 单元格中设置公式"=IF(B5="","",COUNTA(B$5:B5))"，运用 IF 判断得出 B5 单元格中内容为空时，即返回空值。否则使用 COUNTA 函数统计 B$5:B5 单元格区域中文本的数量；❷将 A5 单元格公式填充至 A6:A12 单元格区域中，如下图所示。

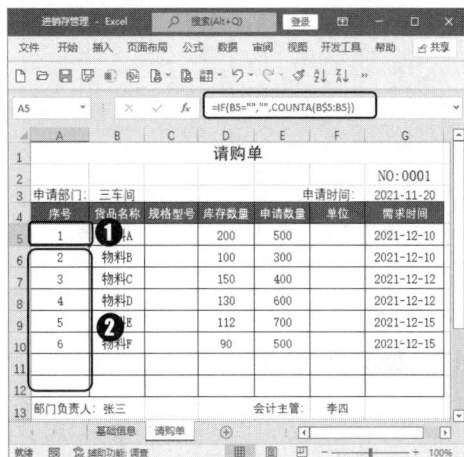

第 6 步：引用货品的规格型号

❶在 C5 单元格中设置公式"=XLOOKUP($B5,基础信息!$E$1:$E$7,基础信息!F$1:F$7,"")"，运用 XLOOKUP 函数根据 B5 单元格中的货品名称在"基础信息"工作表中的 E1:E7 单元格区域中查找相同内容，并返回 F1:F7 单元格区域中与之匹配的"规格型号"（如果查不到，就返回空值）；❷将 C5 单元格公式填充至"C6:C12"单元格区域中，如下图所示。

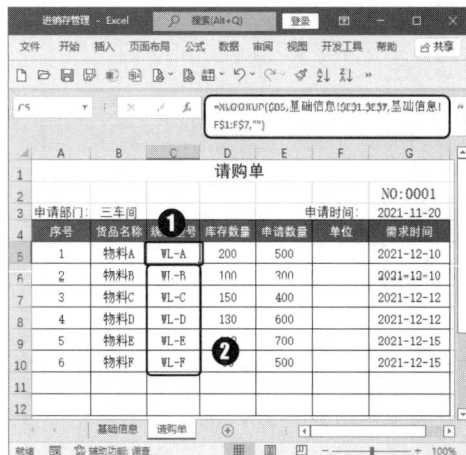

第 7 步：引用货品的单位

❶在 F5 单元格中设置公式"=IFERROR(XLOOKUP($B5,基础信息!$E$1:$E$7,基础信息!G$1:G$7),"")"，运用 XLOOKUP 函数根据 B5 单元格中的货品名称在"基础信息"工作表中的 E1:E7 单元格区域中查找相同内容，并返回 G1:G7 单元格区域中与之匹配的"单位"（如果查不到，就返回空值）；❷将 F5 单元格公式填充至"F6:F12"单元格区域中，如下图所示。

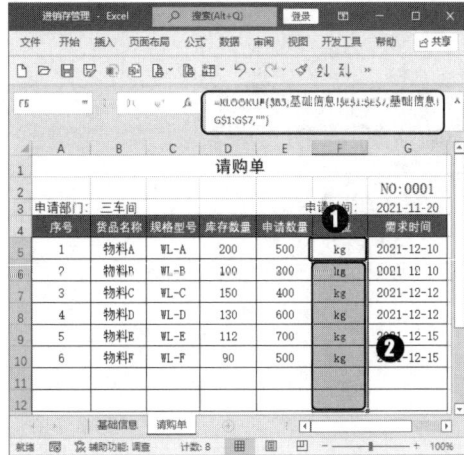

（ 💡 温馨小提示 ）

本例在引用货品的规格型号与单位时运用了 Excel 2021 中新增的查找引用函数 XLOOKUP，其语法如下：

XLOOKUP(lookup_value,lookup_array,return_array,[if_not_found],[Match_mode],[search_mode])

XLOOKUP(关键字,查找区域,结果区域,[找不到时显示的值],[匹配方式],[查询模式])

在 6 个参数中，前三个参数是必需项，后三个参数可保持默认值。

其中，第 4 个参数为找不到时显示的值，其作用是屏蔽错误值。由用户自行设置。

第 5 个参数为匹配方法，包含 4 个代码：0（精确匹配）、−1（精确匹配或下一个较小的项）、1（精确匹配或下一个较大的项）、2（通配符匹配）。默认时为 "0"，即精确匹配。

第 6 个参数为查询模式，包含 4 个代码：1（从第一项到最后一项搜索）、−1（从最后一项到第一项搜索）、2（二进制文件搜索，需要先进行升序排序）、−2（二进制文件搜索，需要先进行降序排序）。

---

2. 制作采购明细表

采购申请单经单位相关领导审批后，由采购部门实施采购，然后根据采购信息制作采购明细表。采购明细表主要包括采购日期、物料名称、供应商、采购数量、单价和金额等数据。其中部分内容同样可制作下拉列表简化手工输入，或者设置函数公式自动计算。具体操作步骤如下：

第 1 步：绘制表格框架

在"进销存管理"工作薄中新增一张工作表，重命名为"采购明细表"，并绘制表格框架，设置字段名称、表格基本格式，如下图所示。

第 2 步：引用"货品"名称

在 A4 单元格中输入引用货品名称的公式"=货品"，按 Enter 键后将其范围的全部货品名称填充至下方区域中，如下图所示。

第3步：引用供应商

❶在 B4 单元格中设置公式"=XLOOKUP(A4, 基础信息!$E$1:$E$7,基础信息!$H$1:$H$7,"")"，运用 XLOOKUP 函数根据 B5 单元格中的货品名称在"基础信息"工作表中的 E1:E7 单元格区域中查找相同内容，并返回 H1:H7 单元格区域中与之匹配的"供应商"（如果查不到，则返回空值）❷将 B4 单元格公式填充至 B5:B10 单元格区域中，如下图所示。

第4步：汇总采购数量

❶在 C5 单元格中设置公式 "=IF(A4="","",SUMIF(请购单!$B:$B,$A4,请购单!E:E))"，运用 IF 判断得出 A4 单元格中内容为空时，即返回空值，否则使用 SUMIF 函数汇总"请购单"工作表中 B:B 列区域中货品名称为"物料 A"的全部"申请数量"；❷将 C4 单元格公式填充至 C5:C10 单元格区域中，如下图所示。

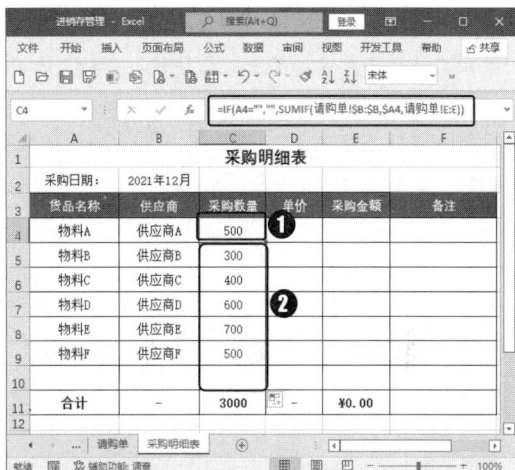

第5步：计算采购金额

❶在 D4:D9 单元格区域中填入每个货品的单价；❷在 E4 单元格区域中设置公式"=IFERROR(ROUND(C4*D4,2),0)"，运用 ROUND 函数将"C4*D4（采购数量×单价）"的数值四舍五入至小数点后 2 位，如右图所示。嵌套 IFERROR 函数的作用是屏蔽错误值，使之返回空值。

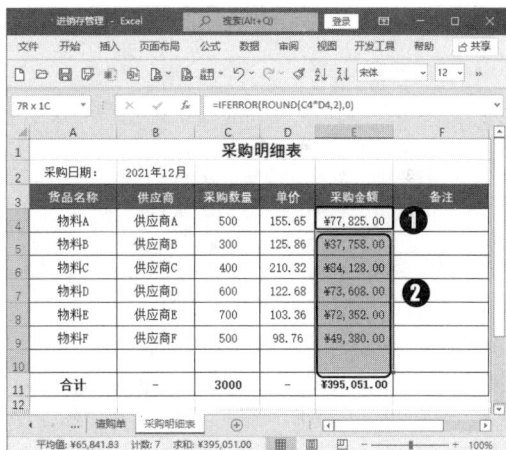

8.1.3 制作销售管理表单

销售业务是企业实现经营利润的关键环节。一般情况下，销售数据都是通过流水账的形式进行记录的。接下来创建销售明细表，通过销售明细表来管理销售数据，然后对销售数据进行处理和分析，以便查看并总结销售经验，同时对企业的销售状况进行合理的预测。

1. 制作销售明细表

销售明细表一般包括销售日期、货品名称、客户、销售数量、单价以及销售金额等数据。下面依然运用数据验证、函数公式等工具制作销售明细表。同时，由于销售数据信息数量的不确定性，本例将运用条件格式功能设置表格框线跟随数据的填入而自动添加。具体操作步骤如下：

第1步：绘制表格框架

在"进销存管理"工作簿中新建一张工作表，重命名为"销售明细表"，并绘制表格框架，设置字段名称、表格基本格式，最后填入部分基础信息。注意，数据区域暂不添加表格框线，后面将设置条件格式自动添加，如下图所示。

第2步：制作货品名称与供应商的下拉列表

❶选中 B4:B18 单元格区域，单击"数据"选项卡"数据工具"组中的"数据验证"按钮，弹出"数据验证"对话框，在"设置"选项卡下的"允许"下拉列表中选择"序列"选项；❷单击"来源"文本框，将工作表切换至"基础信息"工作表，选中 E1:E7 单元格区域；❸单击"确定"按钮，如下图所示。重复第❶～第❸步操作，在 C4:C18 单元格区域中制作"供应商"的下拉列表，将"来源"设置为"=基础信息!\$C\$2:\$C\$7"即可。

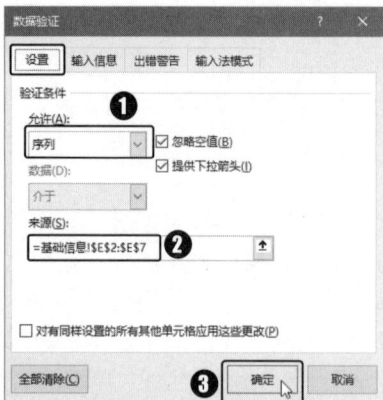

第3步：引用货品的单位

返回工作表，分别在 B4:B12 与 C4:C12 单元格区域的单元格下拉列表中任意选择一个选项；❶在 D4 单元格中设置公式"=XLOOKUP(\$B4,基础信息!\$E\$1:\$E\$7,基础信息!\$G\$1:\$G\$7,"")"，运用 XLOOKUP 函数根据 B4 单元格中的货品名称在"基础信息"工作表中的 E1:E7 单元格区域中查找相同内容，并返回 G1:G7 单元格区域中与之匹配的"供应商"（如果查不到，就返回空值）；❷将 D4 单元格公式填充至 D5:D18 单元格区域中，如右图所示。

第 4 步：计算销售金额

❶ 在 G4 单元格中设置公式 "=IF(B4=
"","",ROUND(E4*F4,2))"，运用 IF 函数判断出 B4
单元格中为空值时，即返回空值，否则运用
ROUND 函数将 "E4*F4" 的计算结果四舍五入至
小数点后 2 位；❷将 G4 单元格公式填充至 G5:G18
单元格区域中，如下图所示。

第 5 步：执行"新建规则"命令

选中 A4:H18 单元格区域，❶单击"开始"选
项卡；❷在"样式"组中单击"条件格式"下拉按
钮；❸在弹出的下拉列表中选择"新建规则"选项，
如下图所示。

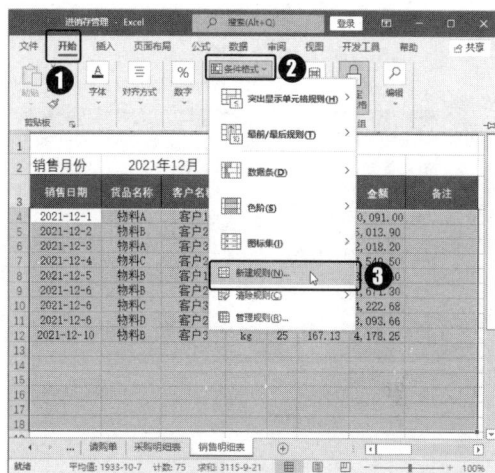

第 6 步：新建格式规则

弹出"新建格式规则"对话框，❶在"选择
规则类型"列表框中选择"使用公式确定要设置
格式的单元格"选项；❷在"为符合此公式的值
设置格式"文本框中输入公式"=$A4<>"""，即
A4 单元格中不为空值；❸单击"格式"按钮，如
下图所示。

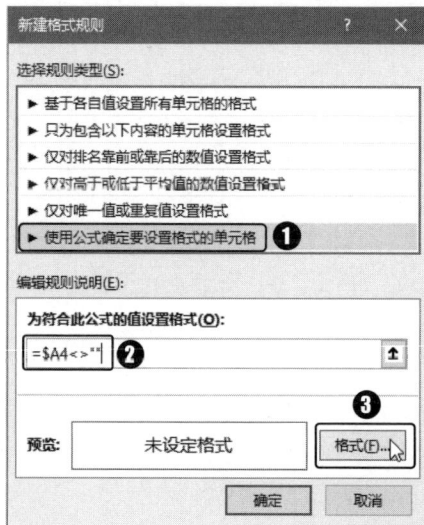

第 7 步：设置边框

弹出"设置单元格格式"对话框，❶切换至
"边框"选项卡；❷在"预置"选项框中选择"外
边框"选项；❸单击"确定"按钮，如下图所示。
返回"新建格式规则"对话框后直接单击"确定"
按钮即可。

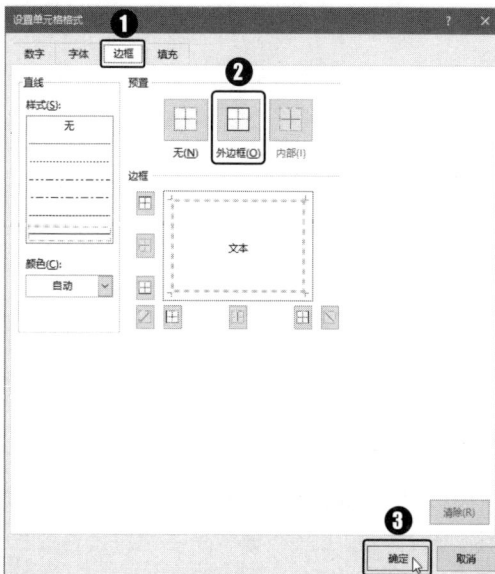

第 8 步：查看条件格式效果

返回工作表，即可看到 A4:H18 单元格区域中，凡是 A 列区域中有数据的单元格及同行次其他单元格全部添加了表格框线，而无数据的单元格未添加框线。效果如下图所示。

销售明细表							
销售月份	2021年12月						
销售日期	货品名称	客户名称	单位	销售数量	单价	金额	备注
2021-12-1	物料A	客户1	kg	50	201.82	10,091.00	
2021-12-2	物料B	客户2	kg	30	167.13	5,013.90	
2021-12-3	物料A	客户3	kg	10	201.82	2,018.20	
2021-12-4	物料C	客户2	kg	25	301.62	7,540.50	
2021-12-5	物料B	客户1	kg	20	167.13	3,342.60	
2021-12-6	物料B	客户2	kg	10	167.13	1,671.30	
2021-12-6	物料C	客户3	kg	14	301.62	4,222.68	
2021-12-6	物料D	客户2	kg	18	171.87	3,093.66	
2021-12-10	物料B	客户3	kg	25	167.13	4,178.25	

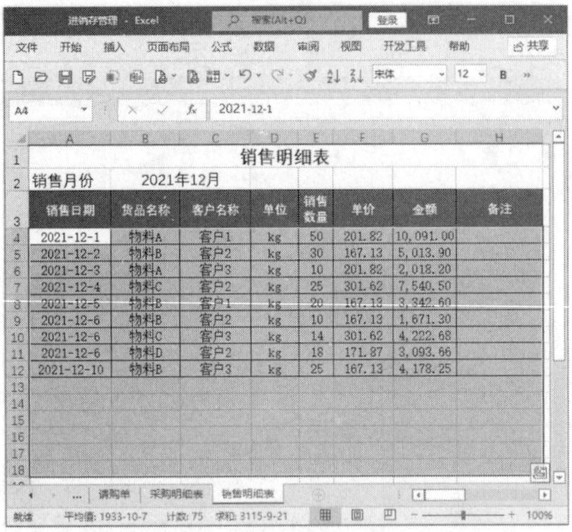

第 9 步：测试条件格式效果

在 A13 单元格中录入一个日期，即可看到 A13:H13 单元格区域中的全部单元格已自动添加了表格框线，如下图所示。

销售明细表							
销售月份	2021年12月						
销售日期	货品名称	客户名称	单位	销售数量	单价	金额	备注
2021-12-1	物料A	客户1	kg	50	201.82	10,091.00	
2021-12-2	物料B	客户2	kg	30	167.13	5,013.90	
2021-12-3	物料A	客户3	kg	10	201.82	2,018.20	
2021-12-4	物料C	客户2	kg	25	301.62	7,540.50	
2021-12-5	物料B	客户1	kg	20	167.13	3,342.60	
2021-12-6	物料B	客户2	kg	10	167.13	1,671.30	
2021-12-6	物料C	客户3	kg	14	301.62	4,222.68	
2021-12-6	物料D	客户2	kg	18	171.87	3,093.66	
2021-12-10	物料B	客户3	kg	25	167.13	4,178.25	
2021-12-10							

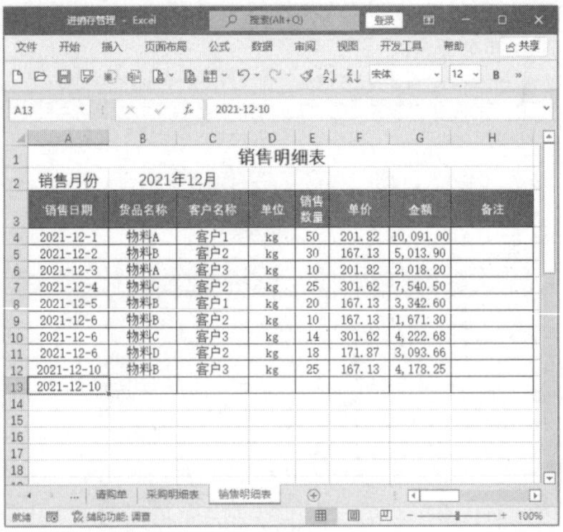

第 10 步：补充销售数据

在 A13:H26 单元格区域中补充销售数据，以备后续使用。当前数据区域为 A4:H26 单元格区域，如右图所示。

销售明细表							
销售月份	2021年12月						
销售日期	货品名称	客户名称	单位	销售数量	单价	金额	备注
2021-12-1	物料A	客户1	kg	50	201.82	10,091.00	
2021-12-2	物料B	客户2	kg	30	167.13	5,013.90	
2021-12-3	物料A	客户3	kg	10	201.82	2,018.20	
2021-12-4	物料C	客户2	kg	25	301.62	7,540.50	
2021-12-5	物料B	客户1	kg	20	167.13	3,342.60	
2021-12-6	物料B	客户2	kg	10	167.13	1,671.30	
2021-12-6	物料C	客户3	kg	14	301.62	4,222.68	
2021-12-6	物料D	客户2	kg	18	171.87	3,093.66	
2021-12-10	物料B	客户3	kg	25	167.13	4,178.25	
2021-12-10	物料E	客户5	kg	11	138.87	1,527.57	
2021-12-10	物料F	客户4	kg	22	137.5	3,025.00	
2021-12-12	物料A	客户2	kg	40	201.82	8,072.80	
2021-12-13	物料C	客户4	kg	32	301.62	9,651.84	
2021-12-15	物料E	客户3	kg	28	138.87	3,888.36	
2021-12-16	物料A	客户2	kg	17	201.82	3,430.94	
2021-12-17	物料C	客户1	kg	35	301.62	10,556.70	
2021-12-19	物料E	客户6	kg	29	138.87	4,027.23	
2021-12-20	物料A	客户3	kg	10	201.82	2,018.20	
2021-12-20	物料D	客户2	kg	12	171.87	2,062.44	
2021-12-22	物料B	客户5	kg	17	167.13	2,841.21	
2021-12-23	物料F	客户3	kg	26	137.5	3,575.00	
2021-12-25	物料A	客户6	kg	38	201.82	7,669.16	
2021-12-30	物料C	客户1	kg	36	301.62	10,858.32	

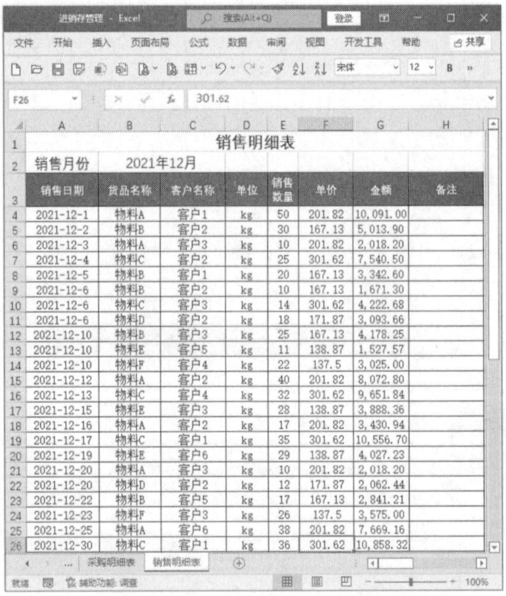

2. 制作销售数据分类汇总表

为了便于分类查看和统计销售数据，用户可以通过 Excel 的分类汇总功能快速制作销售数据汇总表，既可以按照货品名称汇总各种物料的销售数量，也可以统计出每种物料的销售金额合计。接下来根据货品名称对销售数据进行汇总，具体的操作步骤如下：

第1步：执行"排序"命令

对数据进行分类汇总前，首先需要对关键字段"货品名称"中的数据进行排序。❶选中 A3:F26 单元格区域，单击"数据"选项卡；❷单击"排序和筛选"组中的"排序"按钮，如下图所示。

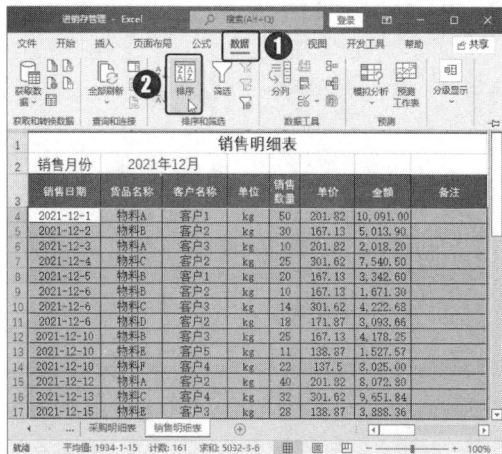

第2步：设置排序条件

弹出"排序"对话框，❶在"主要关键字"下拉列表中选择"货品名称"选项；"排序依据"与"次序"默认设置为"单元格值"与"升序"，本例保持不变；❷单击"确定"按钮，如下图所示。

第3步：查看排序结果

返回工作表，即可看到"货品名称"字段中的数据已按照升序排列，如下图所示。

第4步：执行"分类汇总"命令

选中 A3:H26 单元格区域，❶单击"数据"选项卡；❷单击"分级显示"组中的"分类汇总"按钮，如下图所示。

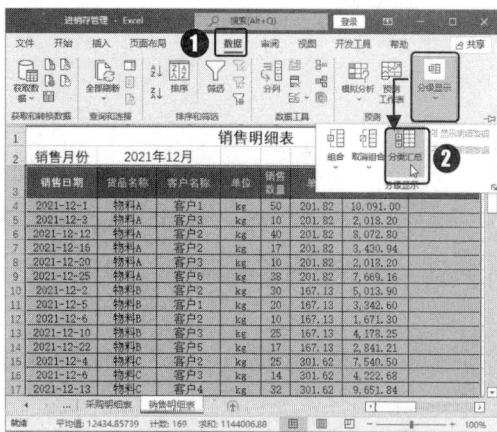

第5步：设置分类汇总条件

弹出"分类汇总"对话框，❶在"分类字段"下拉列表中选择"货品名称"选项；❷在"选定汇总项"列表框中选择"销售数量"和"金额"复选框；❸单击"确定"按钮，如右图所示。

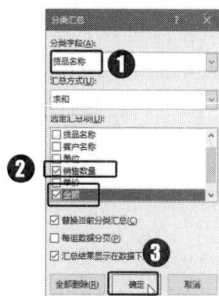

第6步：查看分类汇总结果

返回工作表，即可看到销售数量与金额已根据不同的货品名称进行分类汇总，并将汇总数据显示在每组分类下面。效果如下图所示。

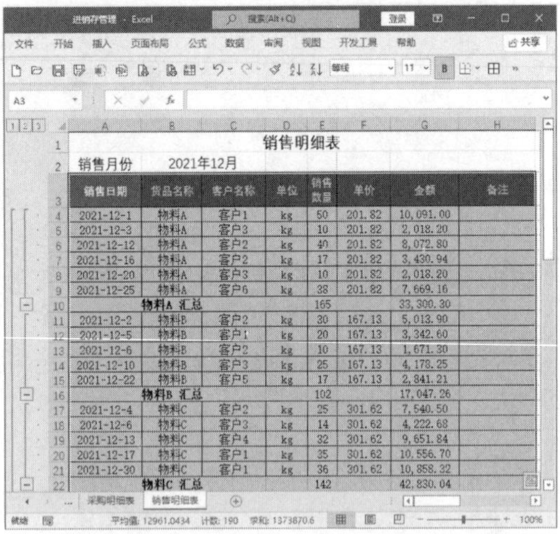

第7步：执行二级汇总命令

单击分类汇总界面左上角的数字按钮"2"，如下图所示。

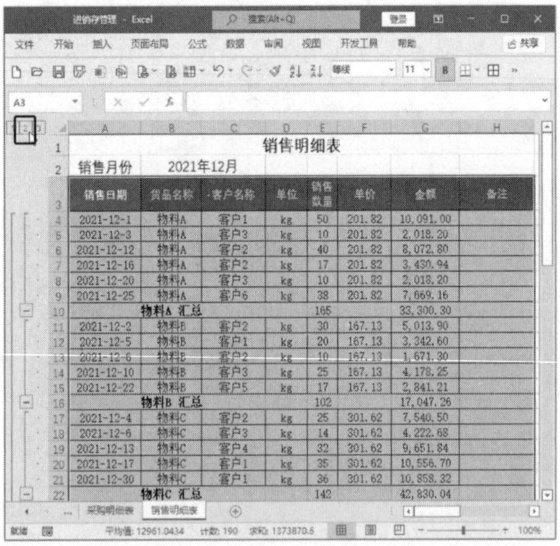

第8步：查看二级分类汇总结果

操作完成后，即可看到表格中货品销售明细数据已被折叠起来，仅列示每种货品的销售汇总数据。效果如右图所示。

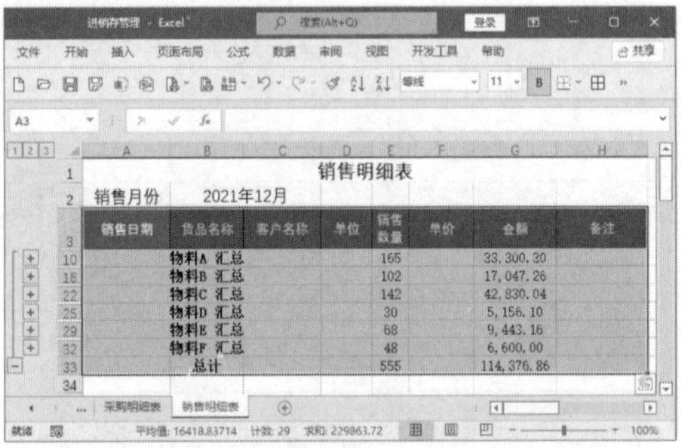

8.1.4 制作库存汇总表

库存汇总表是根据指定期间范围内每种货品的期初数据加当期发生的采购汇总数据，减当期发生的销售成本汇总数据，以此结算得到货品在当期期末结存数据的报表。

库存汇总表中一般包括货品名称、规格型号、单位、期初数量和期初金额、采购数量和采购金额、销售数量和销售成本、期末结存数量与期末结存金额等数据。下面根据前面小节制作的采购明细表与销售明细表数据制作2021年12月的库存汇总表。具体操作步骤如下：

第 1 步：绘制表格框架

在"进销存管理"工作簿中新建一张工作表，重命名为"库存汇总"，并绘制表格框架，设置字段名称、表格基本格式，如下图所示。

第 2 步：引用货品名称

在 A3 单元格中输入引用货品名称的公式"=货品"，按 Enter 键后将其范围的全部货品名称填充至下方区域中，如下图所示。

第 3 步：引用货品的规格型号和单位

❶ 在 B3 单元格中设置公式"=XLOOKUP($A3,基础信息!$E$2:$E$7,基础信息!F$2:F$7,"")"，运用 XLOOKUP 函数根据 A3 单元格中的货品名称在"基础信息"工作表中的 E2:E7 单元格区域中查找相同内容，并返回 F2:F7 单元格区域中与之匹配的"规格型号"（如果查不到，就返回空值）；❷ 将 B3 单元格公式填充至 C3 单元格中；❸ 将 B3:C3 单元格区域中的公式填充至 B4:C8 单元格区域中，如下图所示。

第 4 步：填入期初数据

本例直接在 D3:D8 和 E3:E8 单元格区域中填入期初数量与期初金额，如下图所示（实务中可运用 XLOOKUP 函数设置公式，从上一期的库存汇总表中引用上期期末数据）。

第 5 步：汇总采购数量和采购金额

❶在 F3 单元格中设置公式 "=SUMIF(采购明细表!$A:$A,$A3,采购明细表!C:C)"，运用条件求和函数 SUMIF 对"采购明细表"工作表中"物料 A"的采购数量进行求和；❷将 F3 单元格中的公式填充至 G3 单元格中，将公式中"采购明细表!D:D"修改为"采购明细表!E:E"即可对"物料 A"的"采购金额"进行求和；❸将 F3:G3 单元格区域中的公式填充至 F4:G8 单元格区域中，如下图所示。

第 6 步：汇总销售数量，计算销售成本

❶在 H3 单元格中设置公式 "=SUMIF(销售明细表!$B:$B,$A3,销售明细表!E:E)"，运用条件求和函数 SUMIF 对"销售明细表"工作表中"物料 A"的销售数量进行求和；❷在 I3 单元格中设置公式 "=ROUND(H3*(E3+G3)/(D3+F3),2)"，使用加权平均法计算销售成本；❸将 H3:I3 单元格区域中的公式填充至 H4:I8 单元格区域中，如下图所示。

第 7 步：计算结存数量和结存金额

❶在 J3 单元格中设置公式 "=D3+F3－H3"，计算期末结存数量；❷将 J3 单元格公式填充至 K3 单元格中，即可计算期末结存金额；❸将 J3:K3 单元格区域中的公式填充至 J4:K8 单元格区域中，如下图所示。

第 8 步：计算各项数据的合计数

❶在 D9 单元格中设置公式 "=ROUND(SUM(D3:D8),2)"，计算期初数量的合计数；❷将 D9 单元格公式填充至 E9:K9 单元格区域中，即可计算得到各字段中数据的合计数，如下图所示。

8.2　进销存业务分析

案例概述

在进销存业务明细建立之后，财务人员可以制作进销存分析表，对各种业务信息进行加工、分析，便于企业管理层及时了解和掌握进销存的状况，从而做出正确的进销存管理决策。

案例效果

通过制作进销存分析表，可以计算或统计出本期"期末库存数量""库存占用资金""销售成本""销售收入""销售毛利"的数据。另外，还可以使用 Excel 的条件格式功能制作"期末库存数量"不足时的预警。

"进销存业务分析表"制作完成后，效果如下图所示。

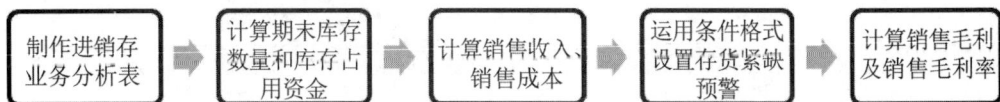

同步学习文件

原始文件：素材文件\第 8 章\进销存数据分析.xlsx
结果文件：结果文件\第 8 章\进销存数据分析.xlsx
同步视频文件：视频文件\第 8 章\8-2.mp4

制作思路

进销存业务分析表的制作思路如下：

制作进销存业务分析表 ➡ 计算期末库存数量和库存占用资金 ➡ 计算销售收入、销售成本 ➡ 运用条件格式设置存货紧缺预警 ➡ 计算销售毛利及销售毛利率

8.2.1 制作进销存分析表

进销存业务分析表的内容主要包括库存数量、存货占用资金、销售成本、销售收入以及销售毛利等。

下面讲解在 Excel 中创建进销存业务分析表，具体的操作步骤如下：

第 1 步：打开素材文件

打开"素材文件\第 8 章\进销存数据分析.xlsx"文件，其中包含 6 张工作表，"进销存数据分析"工作表中，已预先引用已定义的名称"货品"至"货品名称"字段中（A4:A9 单元格区域），如下图所示。其他字段的数据将设置函数公式自动计算。其他工作表中的全部内容均与 8.1 节中制作的数据表完全相同。

第 2 步：引用库存数量与库存占用资金

❶在 B4 单元格设置公式"=XLOOKUP($A4,库存汇总!$A:$A,库存汇总!J:J,"")"，运用 XLOOKUP 函数根据 A4 单元格中的货品名称在"库存汇总"工作表 A 列区域中查找相同的数据，并返回 J 列区域中的库存数量（如果查不到，就返回空值）；❷库存占用资金即库存期末结存金额，将 B4 单元格公式复制粘贴至 C4 单元格中即可；❸将 B4:C4 单元格区域中的公式填充至 B5:C9 单元格区域中，如下图所示。

第 3 步：计算库存占用率

❶在 D4 单元格中设置公式"=IFERROR(ROUND(C4/C$10,4),"-")"，用 C4 单元格中库存占用资金除以 C10 单元格中库存占用资金合计数即可得到"物料 A"的库存占用率；❷将 D4 单元格中公式填充至 D5:D9 单元格区域中，如下图所示。

第 4 步：汇总销售收入

❶在 E4 单元格中设置公式"=SUMIF(销售明细表!B:B,$A4,销售明细表!G:G)"，运用 SUMIF 函数汇总"销售明细表"工作表中 B:B 列区域中货品名称为"物料 A"的全部"销售金额"；❷将 E4 单元格中公式填充至 E5:E9 单元格区域中，如下图所示。

第5步：引用销售成本

❶将C4单元格中的XLOOKUP函数公式复制粘贴至F4单元格中，将F4单元格公式中的"库存汇总!N:N"部分修改为"库存汇总!I:I"即可引用"库存汇总"工作表中的销售成本数据；❷将F4单元格公式填充至F5:F9单元格区域中，如下图所示。

第6步：计算销售毛利与销售毛利率

❶在G4单元格中设置公式"=ROUND(E4-F4,2)"，将公式填充至G5:G9单元格中，计算各种货品的销售毛利；❷在H4单元格中设置公式"=ROUND(G4/E4,4)"，将公式复制粘贴至H5:H10单元格区域中，计算各种货品的销售毛利率，如下图所示。

8.2.2 设置存货紧缺预警

在企业的生产经营过程中经常出现存货紧缺的现象，如果存货紧缺现象长时间得不到解决，就会影响企业的正常运转。如果设置了存货紧缺提示，当存货少于一定数量时，就会显示紧缺提示，企业管理层可以根据提示及时安排物资采购，保证企业生产经营活动的持续进行。设置存货紧缺提示的具体操作步骤如下：

第1步：执行"新建规则"命令

选中单元格B3:B9，❶单击"开始"选项卡；❷单击"样式"组中的"条件格式"下拉按钮；❸在弹出的下拉列表中选择"新建规则"选项，如下图所示。

第2步：设置条件格式规则

弹出"新建格式规则"对话框，❶在"选择规则类型"列表框中选择"只为包含以下内容的单元格设置格式"选项；❷在"编辑规则说明"组合框中将格式规则设置为单元格值"小于或等于""500"；❸单击"格式"按钮，如下图所示。

第3步：设置单元格格式

弹出"设置单元格格式"对话框，自行设置单元格格式即可。

设置完成后，返回"新建格式规则"对话框，可在"预览"框中预览条件格式效果。单击"确定"按钮关闭对话框即可，如下图所示。

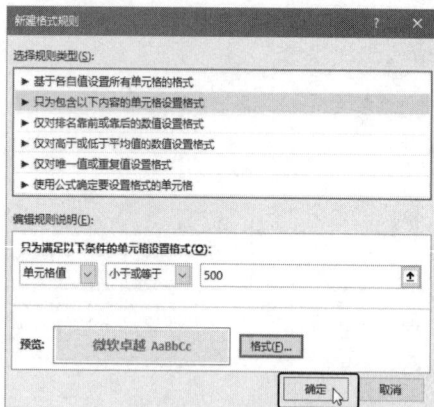

第4步：查看条件格式效果

返回工作表，即可看到 B4:B9 单元格区域中小于或等于 500 的数字所在的单元格应用了条件格式。效果如下图所示。

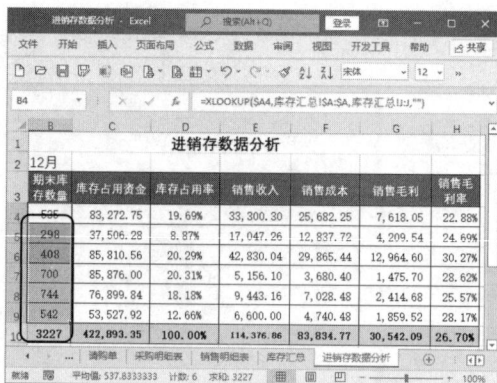

8.3 提升效率——实用操作技巧

通过前面知识的学习，相信大家已经掌握了制作进销存管理表单的相关知识。下面结合本章内容，介绍一些实用技巧。

1. 使用切片器快速筛选销售记录

在日常工作中，一个月内可能发生数百，甚至数千笔销售业务。那么，通过常规筛选方法筛选数据可能并不能有效提高工作效率。对此，可运用 Excel 提供的高级筛选工具"切片器"进行筛选。下面即在"销售明细表"中创建切片器，以"客户名称"字段为关键字段快速筛选销售记录，具体操作方法如下：

第1步：创建超级表

切片器可在超级表或数据透视表（图）中使用，本例创建超级表。打开"素材文件\第8章\提升效率\使用切片器筛选数据.xlsx"文件，选中 A3:H26 单元格区域，按组合键 Ctrl+T 打开"创建表"对话框，单击"确定"按钮，如右图所示。

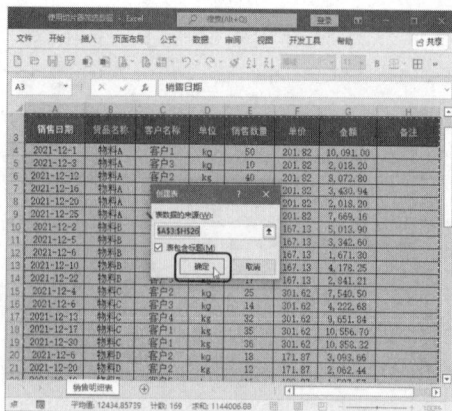

第2步：添加汇总行

❶单击超级表区域中任意一个单元格激活"表设计"选项卡；❷在"表格样式选项"组中选择"汇总行"复选框即可将其添加在超级表的最末行，如下图所示。在超级表中添加汇总行，可以动态汇总当前被筛选出来的数据。

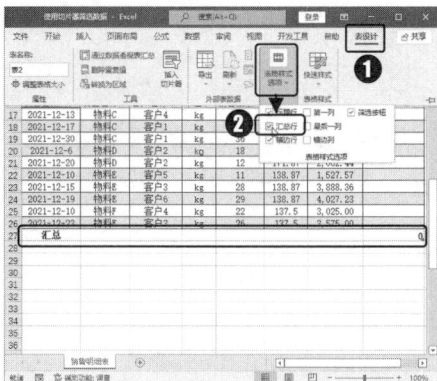

第3步：设置汇总方式

超级表中具备多种动态汇总方式，需要简单设置。本例设置为"求和"。选中E27单元格，出现下拉按钮，在下拉列表中选择"求和"选项，如下图所示。用同样的操作方法将"金额"字段的汇总方式也设置为"求和"。

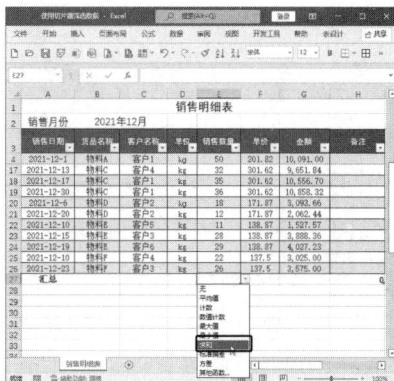

第4步：执行"插入切片器"命令

❶单击"表设计"选项卡；❷在"工具组"单击"插入切片器"按钮，如下图所示。

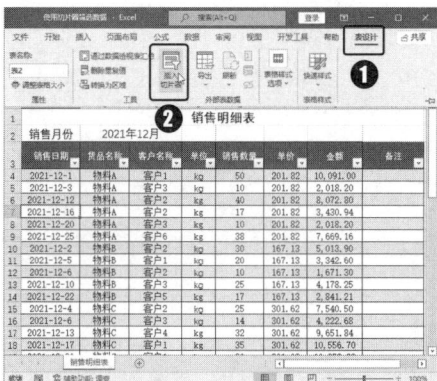

第5步：选择要筛选的字段

弹出"插入切片器"对话框，❶在列表框中选择"客户名称"字段复选框；❷单击"确定"按钮，如下图所示。

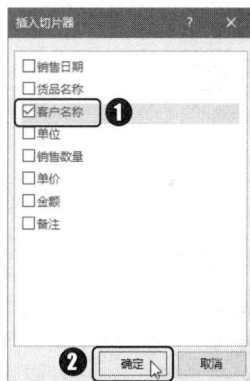

第6步：使用切片器筛选数据

返回工作表，即可看到已插入其中的"客户名称"切片器。单击切片器中某一个项目按钮，如"客户3"，超级表中即可筛选出该客户的相关数据。同时，汇总行中仅对筛选出来的数据进行汇总，如右图所示。

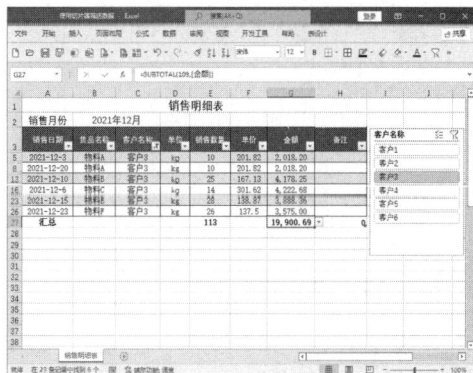

温馨小提示

切片器筛选操作提示：

（1）单项筛选：单击切片器中的某一个项目按钮即可。

（2）多项筛选：按住 Ctrl 键后单击要筛选的项目按钮。如果要筛选连续排列的多个项目，可按住鼠标左键拖动鼠标进行选择。

（3）清除筛选：单击切片器右上角的"清除筛选"按钮，或按组合键 Alt+C。

2. 使用推荐的图表展示销售数据

在实际工作中，如果需要在 Excel 中制作图表，但对于图表类型的选择不够明确时，可使用"推荐的图表"功能快速完成对图表的创建和初始布局。下面使用"推荐的图表"功能来展示销售数据，具体操作方法如下：

第 1 步：选中单元格区域

打开"素材文件\第 8 章\提升效率\使用推荐的图表.xlsx"文件，在"销售明细表"工作表中，选中汇总后的单元格区域 B3:B32 和 G3:G32，如下图所示。

第 2 步：执行"推荐的图表"命令

❶单击"插入"选项卡；❷在"图表"组中单击"推荐的图表"按钮，如下图所示。

第 3 步：选择图表类型

弹出"插入图表"对话框，可看到系统已根据数据类型推荐了三类图表。❶选择一种图表类型，如"簇状条形图"选项，从预览框中预览图表内容，❷单击"确定"按钮，如下图所示。

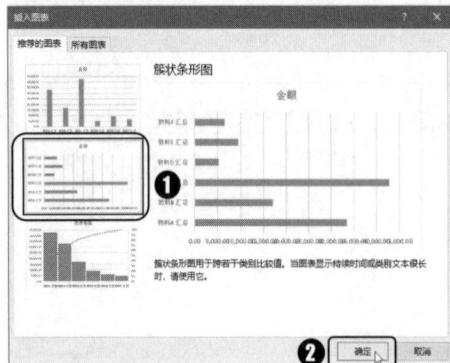

第 4 步：查看插入的图表并修改图表标题

操作完成后，即可在工作表中插入一个簇状条形图，将图表标题修改为"物料销售统计图"即可完成图表的初始布局。效果如下图所示。

3．使用数据透视图与日程表动态呈现每日销售走势

日程表与切片器同类，也是一种操作十分便捷的高级数据筛选工具，是 Excel 为数据透视表（图）中日期型数据提供的专用筛选器。使用日程表筛选日期，同时在数据透视图中予以呈现，可动态展示不同日期期间中产生的数据，增加数据的可读性和可理解性。下面在数据透视表中创建日程表和每日销售走势图。具体操作方法如下：

第 1 步：查看销售清单

打开"素材文件\第 8 章\提升效率\每日销售走势分析.xlsx"文件，包含"销售清单"和"数据透视表"两张工作表。其中"销售清单"工作表中的数据为数据透视表的数据源，为 2022 年 3 月的日销售数据，共 47 条记录，如下图所示。

第 2 步：查看数据透视表

切换至"数据透视表"工作表，根据"销售清单"工作表中的数据创建的数据透视表及布局效果如下图所示。

第 3 步：执行"插入日程表"的命令

❶单击"数据透视表分析"选项卡；❷在"筛选"组中单击"插入日程表"按钮，如下图所示。

第 4 步：选择要筛选的字段

弹出"插入日程表"对话框，❶在列表框中选择唯一的"日期"字段复选框；❷单击"确定"按钮，如下图所示。

第 5 步：切换筛选期间

返回工作表，即可看到日程表已被插入其中，默认期间为"月"。❶单击"3 月"按钮；❷单击"月"下拉按钮；❸在弹出的下拉列表中选择"日"选项，如下图所示。

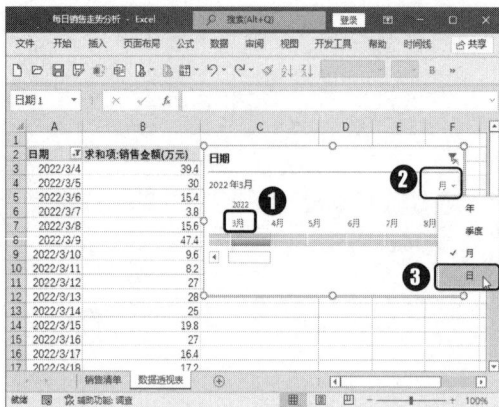

第 6 步：按日期筛选数据

将筛选期间切换为"日"后，即可动态筛选一日或连续多日的数据。例如，筛选 3 月 1 日至 3 月 7 日的销售金额，只需单击"2022 年 3 月"期间段面的按钮"1"，按住鼠标左键向右拖动，光标至按钮"7"即可，如下图所示。

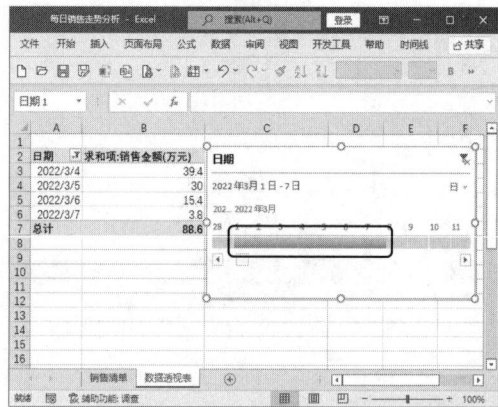

第 7 步：执行"数据透视图"命令

❶选中数据透视表区域中任意一个单元格激活"数据透视表分析"选项卡后单击；❷在"工具"组中单击"数据透视图"按钮，如下图所示。

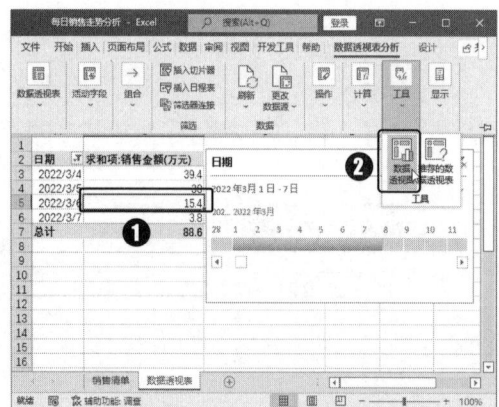

第 8 步：选择图表类型

弹出"插入图表"对话框，❶单击"折线图"选项卡；❷在右侧上方的图形框中选择"带数据标记的折线图"选项，并在下方预览图表效果；❸单击"确定"按钮，如下图所示。

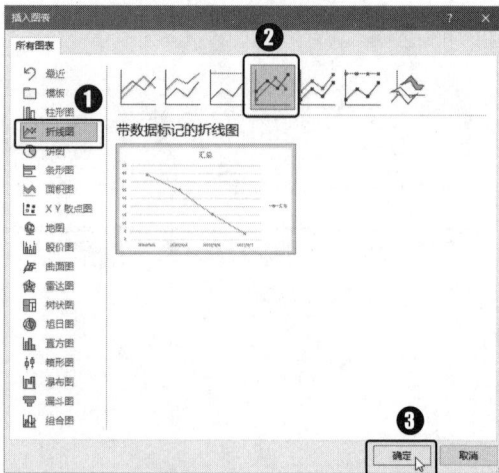

第 9 步：修改图表标题并布局图表

返回工作表，将图表标题修改为"每日销售走势分析图"，删除"图例项"元素，效果如下图所示。

第 10 步：测试效果

在"日程表"中选择按钮"11"至"20"日，即可筛选出 2022 年 3 月 11 日至 3 月 20 日的销售数据。可看到数据透视图与数据透视表同步发生动态变化。效果如下图所示。

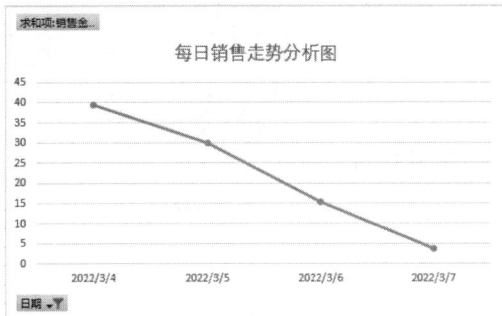

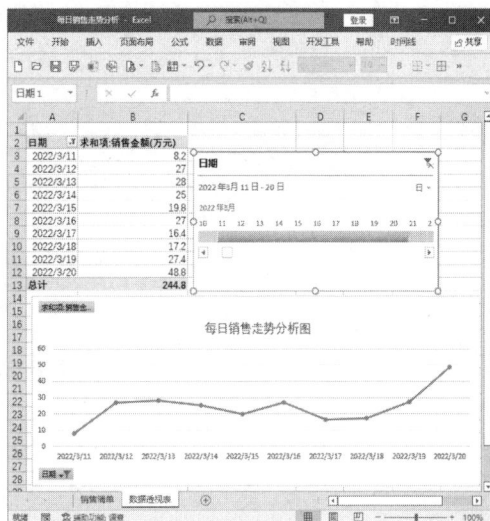

第

9

章

固定资产管理

➷本章导读

　　固定资产是企业进行生产经营活动的物质基础，在企业的资产总额中占有相当大的比重，正确地核算和计算固定资产对企业的生产经营具有重大的意义。本章将在 Excel 2021 中创建固定资产卡片对固定资产卡进行日常管理，分别介绍三种常用的固定资产折旧方法，计提固定资产折旧。

➷知识要点

❖ 固定资产折旧起始日期的计算

❖ 固定资产信息动态查询表

❖ 直线法折旧的计算方法

❖ 年数总和法折旧的计算方法

❖ 双倍余额递减法折旧的计算方法

➷案例展示

9.1　制作固定资产入账登记表

案例概述

每个企业都拥有一定的固定资产，如机器设备、厂房、交通工具等，这些固定资产在企业资产中一般都占有很大的比例，对企业具有非常重要的意义，因此必须要严格有效地管理固定资产。管理固定资产的第一步，就是要在其购置入账时做好原始信息记录，并计算相关基础数据。例如，固定资产折旧的起止日期、预计净残值、折旧基数等。对此，本节在 Excel 中制作固定资产入账登记表，设置函数公式自动计算上述数据。

案例效果

固定资产入账登记表制作完成后，效果如下图所示。

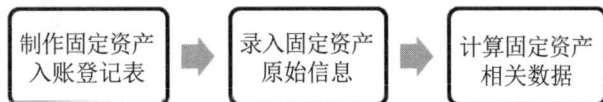

同步学习文件

原始文件：素材文件\第 9 章\固定资产入账登记表.xlsx
结果文件：结果文件\第 9 章\固定资产入账登记表.xlsx
同步视频文件：视频文件\第 9 章\9-1.mp4

制作思路

固定资产卡片的制作思路如下：

制作固定资产入账登记表 ➡ 录入固定资产原始信息 ➡ 计算固定资产相关数据

9.1.1　录入固定资产原始信息

固定资产是企业长期使用的财产，是生产能力的重要标志。为了加强对固定资产的管理，固定资产的增加、减少以及固定资产部门之间的调拨等都要计入固定资产的核算之中。

在固定资产卡片中登记新增的固定资产的具体操作步骤如下：

第1步：打开素材文件

打开"素材文件\第 9 章\固定资产入账登记表.xlsx"文件，其中包含一张名称为"入账登记"的工作表，数据表已创建为超级表。单元格背景为浅蓝色的字段的数据将在9.1.2节中设置公式自动计算，其他字段为固定资产原始信息，应手工录入。表格框架如下图所示。

第2步：录入原始信息

在表格中录入固定资产的原始信息。其中，"使用部门""增加方式"与"折旧方法"字段可分别制作下拉列表快速填入。

另外，"使用情况"字段中全部填写为"在用"。"预计净残值率"按相关规定统一设置为"5%"。填写完成后，效果如下图所示。

> **温馨小提示**
>
> 我国现行税法规定的固定资产计算折旧的最低年限如下：
> （一）房屋、建筑物，为 20 年；
> （二）飞机、火车、轮船、机器、机械和其他生产设备，为 10 年；
> （三）与生产经营活动有关的器具、工具、家具等，为 5 年；
> （四）飞机、火车、轮船以外的运输工具，为 4 年；
> （五）电子设备，为 3 年。

9.1.2　计算固定资产相关数据

录入原始信息后，"固定资产入账登记表"中的其他数据即可根据原始信息设置函数公式自动计算。本节将要使用的主要函数包括：ROW 函数（自动生成序号）、TEXT 函数（自动生成资产编号）、EOMONTH 函数（计算固定资产折旧的起始日期）、EDATE 函数（计算固定资产折旧的结束日期）。具体操作步骤如下：

第 1 步：自动生成序号和资产编号

❶在 A3 单元格中设置公式 "=IF(C3="","", ROW()-2)"，运用 IF 函数判断 C3 单元格为空时，即返回空值，否则，计算 "ROW()-2" 的结果。其中，ROW 函数的作用是返回所在单元格的行数，即返回 "3"，减 2 是要减掉表格名称与字段名称占用的两行。因此，最终返回结果为 "1"。❷在 B3 单元格中设置公式 "="GDZC"&TEXT (A3,"000")"，运用 TEXT 函数将 A3 单元格中的数字转换为 "000" 格式，当编号不足 3 位数字时，添 "0" 补足 3 位，并与固定文本 "GDZC" 组合（在超级表中设置公式后将自动填充至下方区域，不必再手动填充），效果如下图所示。

第 2 步：计算固定资产折旧起止日期

❶在 J3 单元格中设置公式 "=IF(H3="","", EOMONTH(H3,0)+1)"，根据固定资产当月购置，次月开始折旧的相关规定，计算折旧起始日期。其中，EOMONTH 函数的作用是计算 H3 单元格中固定资产购置或投入使用日期所在月份的月末日期，加 "1" 即可返回次月第 1 日的日期。❷在 K3 单元格中设置公式 "=IF(H3="","", EDATE(J3,I3*12)-1)"，计算折旧结束日期。其中 EDATE 函数的作用是计算 J3 单元格中的起始日期，在间隔 I3 单元格中的折旧年限×12 个月的折旧期数后的日期所在月份的月末日期。减 "1" 是要减掉被重复计算在内的 J3 单元格中的日期。效果如下图所示。

第 3 步：计算预计净残值和折旧基数

❶在 N3 单元格中设置公式 "=ROUND(L3*M3,2)"，用 L3 单元格中的资产原值×M3 单元格中的净值值率即可得到 "预计净残值" 数据；❷在 O3 单元格中设置公式 "=ROUND(L3-N3,2)"，用 L3 单元格中的资产原值减 N3 单元格中的预计净残值，即可得到 "折旧基数"。效果如右图所示。

9.2 固定资产折旧额计算

案例概述

实务中，做好固定资产的入账登记后，接下来就应该对固定资产的各年折旧额进行计算。在本例涉及的几种折旧方法中，直线法的折旧计算非常简单，而年数总和法与双倍余额递减法的计算方法比较复杂，而且计算得到的每年折旧额也不相同。对此，本节将以固定资产查询的形式制作动态折旧额计算表，根据指定的固定资产的折旧方法，动态计算其每年及每期折旧额。

案例效果

按照不同折旧方法动态计算固定资产折旧额的效果如下图所示。

同步学习文件

原始文件：素材文件\第 9 章\固定资产折旧计算.xlsx
结果文件：结果文件\第 9 章\固定资产折旧计算.xlsx
同步视频文件：视频文件\第 9 章\ 9-2.mp4

制作思路

计算固定资产折旧额的具体思路如下：

制作固定资产信息查询表 ➡ 计算直线法折旧额 ➡ 计算年数总和法折旧额 ➡ 计算双倍余额递减法折旧额

9.2.1 制作固定资产信息查询表

固定资产信息查询表的制作方法非常简单，只需将固定资产的"资产编号"或"资产名称"制作为下拉列表，在其中选择一项固定资产，其他信息则可设置函数公式进行查询。具体的操作步骤如下：

第1步：打开素材文件

打开"素材文件\第 9 章\固定资产折旧计算.xlsx"文件，其中包含两张工作表，"入账登记"工作表中的数据与第9.1节中制作的"固定资产入账登记表"完全相同。在"折旧计算"工作表的"固定资产信息查询表"中已预先制作"资产编号"的下拉列表，在其中任意选择一项。初始表格框架及数据如下图所示。

第2步：查询固定资产信息

❶在 B3 单元格中设置公式"=XLOOKUP($A3,入账登记!$B:$B,入账登记!C:C,"")"，运用XLOOKUP 函数根据 A3 单元格中的资产编号在"入账登记"工作表中的 B 列区域中查找相同编号，并引用 C 列区域中与之匹配的资产名称（找不到时返回空值）；❷将 B3 单元格公式复制粘贴至 C3:J3 单元格区域中，对应各字段名称将各单元格内 XLOOKUP 函数第 3 个参数中的区域地址修改为与"入账登记"工作表相同字段名称所在的区域地址。效果如下图所示。

9.2.2 计算折旧额

固定资产的折旧方法包括直线法、年数总和法、双倍余额递减法、工作量法。其中，前三种折旧方法可使用 Excel 专门提供的财务函数 SLN、SYD 与 VDB 根据资产原值、预计净残值、使用年限等信息进行预算。而工作量法则是根据固定资产每月实际产生的工作量设置普通公式即可计算。因此，这里主要介绍直线法、年数总和法与双倍余额递减法的折旧额。

1. 直线法

直线法也称为"年限平均法"，是指将固定资产的应计折旧额均衡地分摊到固定资产预计使用寿命内的一种折旧方法。计算直线法折旧额的函数为 SLN 函数（3.5.5 节对 SLN 函数的运用方法已经介绍过，这里不赘述）。采用直线法计算的每期折旧额相等，因此，本例只需直接在 9.2.1 节中制作的"固定资产信息查询表"中根据相关数据计算即可。具体操作方法如下：

第 1 步：计算年折旧额	第 2 步：计算每期(月)折旧额
在 K3 单元格中设置公式"=IF(J3="直线法",SLN($H3,$I3,$E3),"-")"，运用 IF 函数判断 J3 单元格中的文本为"直线法"时，即使用 SLN 函数计算年折旧额，否则返回符号"-"，如下图所示。	在 L3 单元格中设置公式"=IFERROR(ROUND(K3/12,2),"-")"，用 K3 单元格中的"直线法年折旧额"除以 12 期（月）即可得到每期折旧额。同时嵌套 IFERROR 函数屏蔽错误值，如下图所示。

2. 年数总和法

年数总和法又称为"折旧年限积数法"或"级数递减法"，是将固定资产的原值减去残值后的净额乘以一个逐年递减的分数计算确定固定资产折旧额的一种加速折旧方法。年数总和法下的每期折旧额都不相等。因此，需要另外制作表格计算每年的年折额。计算年数总和法的函数为 SYD 函数，语法结构如下：

SYD(Cost,Salvage,Life,Per)

//SYD(资产原值,预计净残值,使用年限,折旧期数)

第 1 步：绘制表格框架

在"折旧计算"工作表中的 A6:E18 单元格区域中绘制表格框架，并设置基本格式、字段名称，在 D18 单元格中设置公式"=SUM(D8:D17)"，计算各年折旧额的合计数，如下图所示。

第 2 步：设置动态标题

在 A5 单元格中设置公式"=A3&B3&" 折旧计算表——"&J3"，将 A3 单元中的资产编号、B3 单元格中的资产名称、文本"折旧计算表——"，以及 J3 单元格中的折旧方法组合起来，即可生成动态标题，如下图所示。

第 3 步：自动列示折旧年数

由于各固定资产的折旧年数都不尽相同，因此，应设置函数公式根据不同固定资产的使用年限自动生成。❶在 A8 单元格中设置公式"=IF(ROW()-7<=$E$3, ROW()-7,"-")"，运用 IF 函数判断"ROW()-7"的值小于或等于 E3 单元格中的使用年限时，即返回这个值；否则返回符号"-"。其中，ROW()的作用是计算当前单元格的行数，减 7 是减掉 A1:A7 单元格区域所占用的 7 行，将 A8 单元格格式设置为"自定义"，格式代码为"第#年"。❷将 A8 单元格公式填充至 A9:A17 单元格区域中，如右图所示。

第4步：计算每年的折旧起始日期

❶ 在 B8 单元格中设置公式 "=IFERROR (EDATE($F$3,$A8*12-12),"-")"，运用 EDATE 函数计算 F3 单元格中的折旧起始日期，在间隔 A8 单元格中的折旧年数×12 个月再减掉 12 个月后的日期，即可得到第 1 年的折旧起始日期；❷ 将 B8 单元格公式填充至 C8 单元格中，将公式中的 "-12" 删除，也就是 "=IFERROR(EDATE($F$3,$A8*12)),"-")"，即可得到第 1 年的折旧截止日期；❸ 将 B8:C8 单元格公式填充至 B9:C17 单元格区域中，如下图所示。

第5步：计算每年折旧额

❶在 D8 单元格中设置公式 "=IFERROR(SYD ($H$3,$I$3,$E$3,A8)),"-")"，运用 SYD 函数计算年数总和法的折旧额，如果公式返回错误值，即用 IFERROR；❷将 D8 单元格公式工作表中的 A6:E18 单元格区域中绘制表格框架，并设置基本格式、字段名称，在 D18 单元格中设置公式 "=SUM(D8:D17)"，计算各年折旧额的合计数，如下图所示。

第6步：计算每期折旧额

❶在 E8 单元格中设置公式 "=IFERROR (ROUND(D8/12,2),"-")"，用 D8 单元格中的第 1 年折旧额除以 12 个月即可得到每期折旧额；❷将 E8 单元格公式填充至 E9:E17 单元格区域中，即可得到其他折旧年数的每期折旧额，如右图所示。

3. 双倍余额递减法

双倍余额递减法的计算规则是：不考虑固定资产预计净残值，在其使用年限最末两年之前的每年，用直线法折旧率的两倍作为固定的折旧率乘以逐年递减的固定资产期初净值，以此得出每年折旧额。固定资产使用年限的最末两年转为直线法计算折旧额。因此，在双倍余额递减法下，除固定资产使用年限的最末两年的折旧额相等之外，之前每年折旧额都不相等。

实务中，采用双倍余额递减法计算固定资产折旧额需要逐年计算，相当烦琐，而且容易出错。而使用 Excel 提供的 VDB 函数计算则可化烦琐为简。VDB 函数的语法结果如下：

VDB(cost,salvage,life,start_period,end_period,[factor],[no_swich])

//VDB(资产原值,预计净残值,使用寿命,起始期数,截止期数,[余额递减速率],[最末转为直线法])

参数说明：在 VDB 函数的 7 个参数中，前 5 个是必需参数。其中，第 3~第 5 个参数可以设置为一致的年、月、日。第 4 个和第 5 个参数设定起始和截止期数，代表一个期间，那么要注意将第 5 个参数设定为实际折旧期数，而第 4 个参数为截止期数减 1。例如，计算第 1 年的折旧额，第 4 和第 5 个参数应设置为 0 和 1，依此类推。第 6 和第 7 个参数为可选项，默认时为 2，最末两年转为直线法。

本例将继续在折旧计算表中动态计算双倍余额递减法折旧额。操作方法非常简单，只需添加 IFS 函数，再将 VDB 函数公式嵌套至原公式中，即可根据固定资产查询表中的折旧方法返回年数总和法或双倍余额递减法的计算结果。具体操作步骤如下：

第 1 步：修改函数公式

❶将 D8 单元格公式修改为 "=IFERROR(IFS($J$3="年数总和法",SYD($H$3,$I$3,$E$3,A8),$J$3="双倍余额递减法",VDB($H$3,0, $E$3, A8-1,A8)),"-")"，运用 IFS 函数判断 J3 单元格中的折旧方法，返回 SYD 或 VDB 函数公式的计算结果；

❷将 D8 单元格公式填充至 D9:D17 单元格区域中。由于当前固定资产折旧方法为 "年数总和法"，因此计算结果未发生变化，如右图所示。

第 2 步：测试效果

在 A3 单元格下拉列表中选择采用“双倍余额递减法”计算折旧额的固定资产编号，如“GDZC008”，即可看到折旧计算表中数据的动态变化，如右图所示。

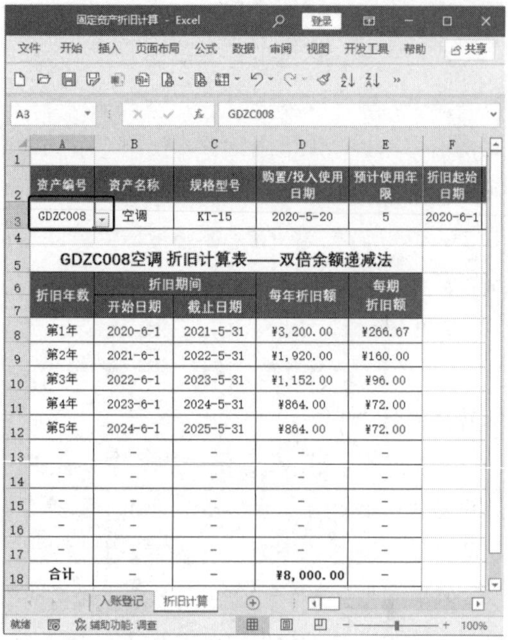

资产编号	资产名称	规格型号	购置/投入使用日期	预计使用年限	折旧起始日期
GDZC008	空调	KT-15	2020-5-20	5	2020-6-1

GDZC008空调 折旧计算表——双倍余额递减法

折旧年数	折旧期间		每年折旧额	每期折旧额
	开始日期	截止日期		
第1年	2020-6-1	2021-5-31	¥3,200.00	¥266.67
第2年	2021-6-1	2022-5-31	¥1,920.00	¥160.00
第3年	2022-6-1	2023-5-31	¥1,152.00	¥96.00
第4年	2023-6-1	2024-5-31	¥864.00	¥72.00
第5年	2024-6-1	2025-5-31	¥864.00	¥72.00
-	-	-	-	-
-	-	-	-	-
-	-	-	-	-
-	-	-	-	-
-	-	-	-	-
合计	-	-	¥8,000.00	-

温馨小提示

（1）由于双倍余额递减法不考虑预计净残值，因此本例将 VDB 函数的第 3 个参数设置为 0。

（2）动态计算得到各固定资产的折旧额后，可复制折旧计算表，并通过“选择性粘贴—数值”将其保存为静态数据，以作留存。

9.3 提升效率——实用操作技巧

通过前面知识的学习，相信大家已经掌握了固定资产管理的相关知识。下面介绍一些实用技巧。

1. 查看 Excel 中相距较远的两列数据

在 Excel 中，若要将距离较远的两列数据（如 A 列与 Z 列）进行对比，只能不停地移动表格窗内的水平滚动条来分别查看，这样的操作非常麻烦而且容易出错。使用 Excel 的“拆分窗口”功能可以将一个数据表“变”成四个数据表，让相距较远的数据能够同屏显示。接下来，通过拆分窗口功能，查看 Excel 中相距较远的 B 列和 L 列中的数据，具体操作方法如下：

第1步：选择拆分点单元格

打开"素材文件\第9章\提升效率\固定资产入账登记表 1.xlsx"文件，本例将 D6 单元格作为拆分点。选中 D6 单元格，如下图所示。

第2步：执行"拆分"命令

❶单击"视图"选项卡；❷在"窗口"组中单击"拆分"按钮，如下图所示。

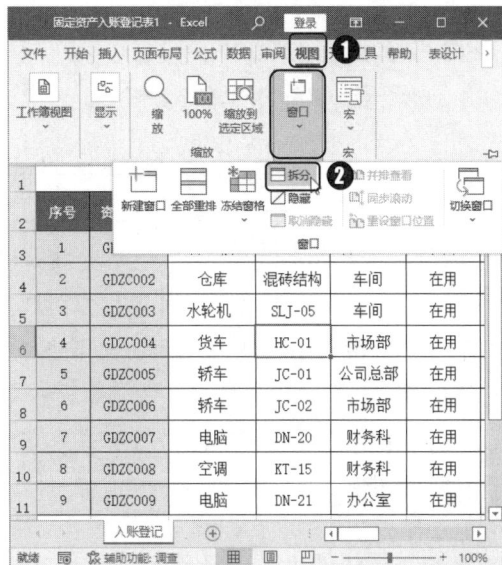

第3步：查看拆分后的窗口

操作完成后，即可以 D6 为界，将当前窗口拆分为 4 个窗口，如下图所示。

第4步：拖动水平滚动条

拖动水平滚动条，即可将相隔距离较远的 B 列和 L 列同屏显示出来，如下图所示。

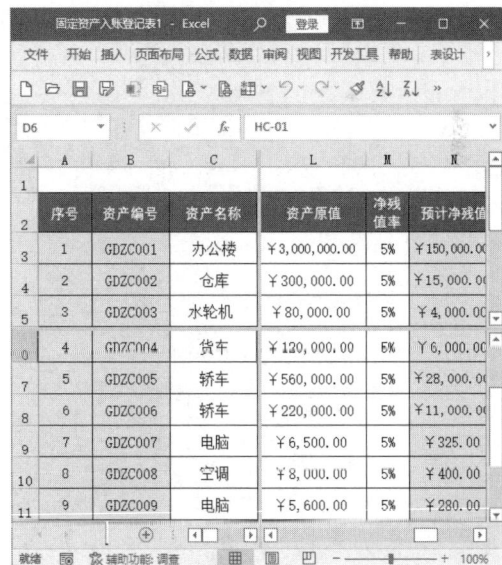

（💡温馨小提示）

拆分窗口后，拖动上方的垂直滚动条，可以同时改变上面两个窗口的显示数据；单击左侧的水平滚动条，可以同时改变左侧两个窗口显示的数据，此时，我们就可以通过四个窗口同屏查看不同位置的数据。

此外，使用鼠标拖动窗口的拆分线，把鼠标移动至这些分隔线上，按下鼠标左键不放，拖动鼠标就可以调整分隔线的位置。

2．一键创建 Excel 图表

在 Excel 中创建图表，可采用多种操作方法。例如，可使用"推荐的图表"功能快速创建自带初始布局的图表，也可打开"插入图表"对话框，选择图表类型后创建，或者直接在"插入"选项卡"图表"组中单击需要的图表类型的快捷按钮创建。此外，Excel 还提供了两组快捷键：Alt+F1 和 F11。其中，Alt+F1 可在数据源所在工作表中一键创建图表。而 F11 则可一键生成图表工作表并在其中创建图表。下面分别介绍这两种操作方法。

第 1 步：选中单元格区域

打开"素材文件\第 9 章\提升效率\一键创建 Excel 图表.xlsx"文件，选中 D2:D12 单元格区域，如下图所示。

第 2 步：按 Alt+F1 组合键

按 Alt+F1 组合键，即可在当前工作表中创建一个簇状柱形图图表，如下图所示。

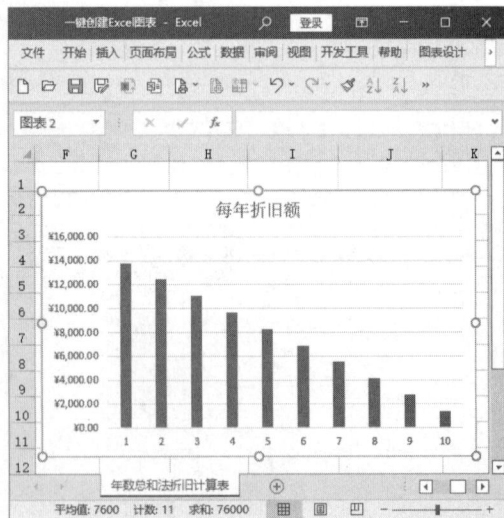

第 3 步：按 F11 键

按 F11 键，此时即可在工作簿中插入一个名为 Chart1 的图表工作表，同时也创建了一个簇状柱形图图表，如右图所示。

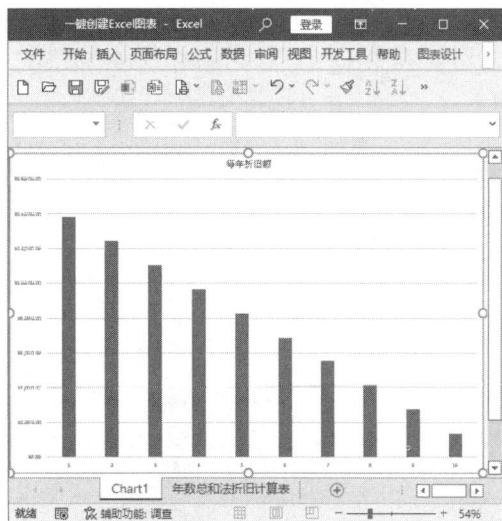

3. 使用复合条饼图分析固定资产结构

制作 Excel 饼图时，如果饼图中的一些数值具有较小的百分比，将其放到同一个饼图中难以看清这些数据，此时就用到了复合条饼图，使用复合条饼图可以提高小百分比的可读性。接下来对比上年和本年的固定资产类型和金额，分别制作复合条饼图，分析固定资产结构，具体操作方法如下：

第 1 步：打开素材文件

打开"素材文件\第 9 章\提升效率\固定资产结构分析.xlsx"文件，本年的固定资产类别如下图所示。

第 2 步：执行"复合条饼图"命令

选中 B2:B10 和 C2:C10 单元格区域，❶单击"插入"选项卡；❷在"图表"组中单击"饼图"下拉按钮；❸在弹出的下拉列表中选择"复合条饼图"选项，如下图所示。

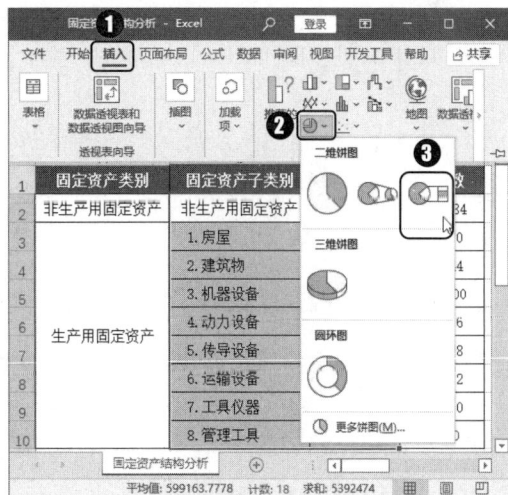

第 3 步：设置图表标题

操作完成后，即可在工作表中插入一个复合条饼图，将图表标题设置为"上年固定资产结构分析"，如下图所示。

第 4 步：快速布局图表

❶单击"图表设计"选项卡；❷在"图表布局"组中单击"快速布局"按钮；❸在弹出的下拉列表中选择"布局 6"选项，如下图所示。

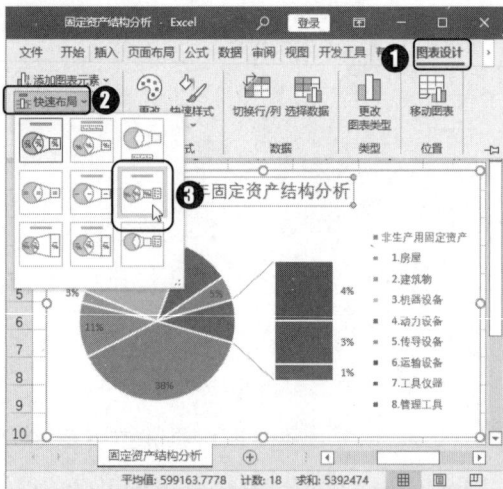

第 5 步：执行"设置数据系列格式"命令

在图表中右击数据系列，在弹出的快捷菜单中选择"设置数据系列格式"命令，如下图所示。

第 6 步：设置第二绘图区中的值

弹出"设置数据系列格式"任务窗格，在"系列选项"选项卡中将"第二绘图区中的值"设置为"8"，如下图所示。

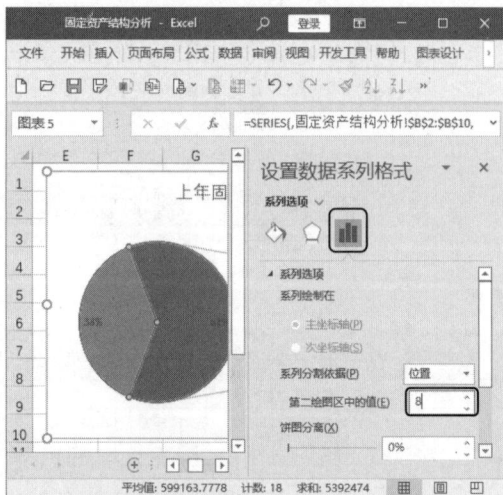

第 7 步：查看上年固定资产结构分析图表

设置完毕，上年固定资产结构分析图表的最终效果如下图所示。

第 8 步：制作本年固定资产结构分析图表

参照第 1~第 7 步操作，制作本年固定资产结构分析图表。效果如下图所示。

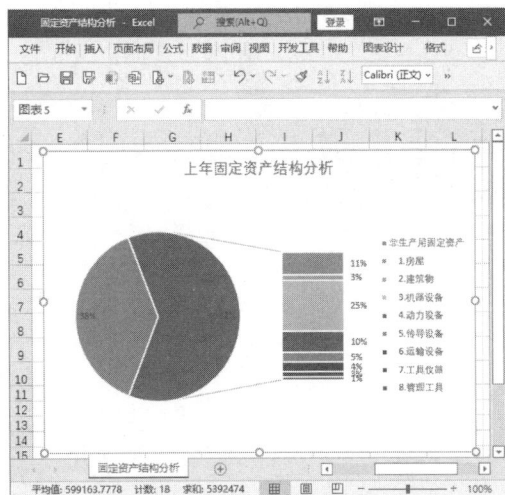

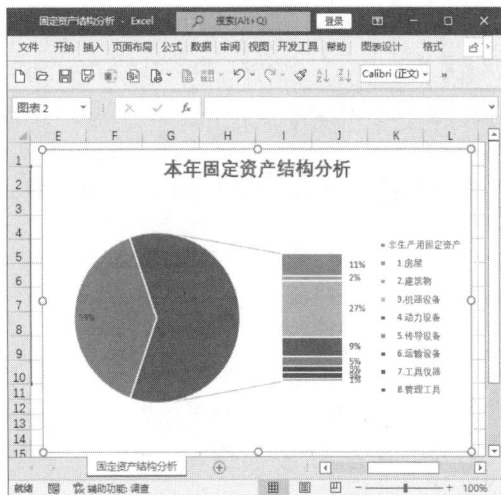

通过上年固定资产结构分析图表和今年固定资产结构分析图表的对比，可以直观地看出今年和上年的固定资产结构和比重的变化。

第 10 章

公司日常费用管理

本章导读

在企业的生产经营活动中不可避免地发生一些日常费用,如管理费用、交通费用、旅费、通信费、交通费、培训费等。对日常费用进行统计和分析,有利于加强和规范企业日常费用管理,节约企业资源,避免不必要的浪费。本章主要以统计和分析差旅费明细表、日常费用明细表和收支汇总表为例,对各项费用进行分析和管理。

知识要点

❖ 新增去重函数 UNIQUE 的应用
❖ 新增筛选函数 FILTER 的应用
❖ 制作动态分析图表的方法

❖ 使用移动平均法预测费用
❖ 使用平滑指数法预测费用
❖ 制作收支结构分析图

案例展示

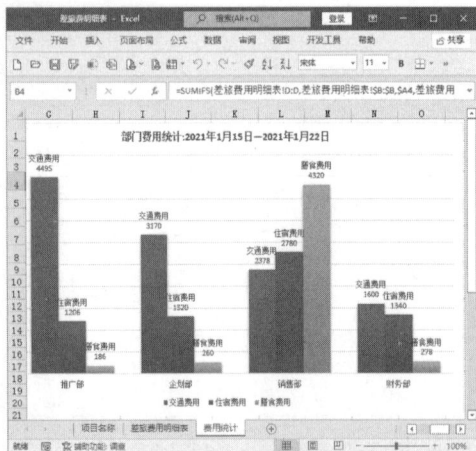
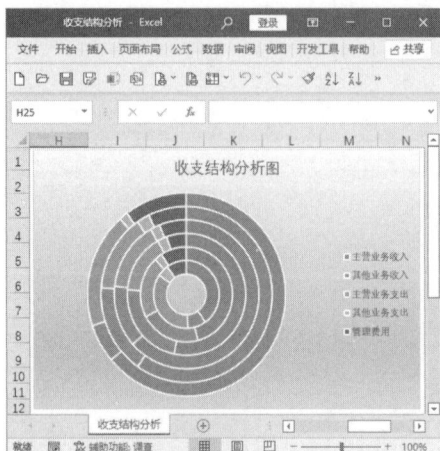

10.1　差旅费统计与分析

案例概述

差旅费是单位和企业的一项重要的常规支出项目，主要包括因公出差期间所产生的交通费、住宿费、伙食费和公杂费等各项费用。本节主要介绍通过 Excel 2021 中的几个新增函数，实现对差旅费进行统计和分析。

案例效果

通过对差旅费明细表中的数据进行统计和分析，有利于对差旅费标准进行规范化、统一化管理，提升企业形象，提高外出办事工作效率。

差旅费统计与分析完成后，效果如下图所示。

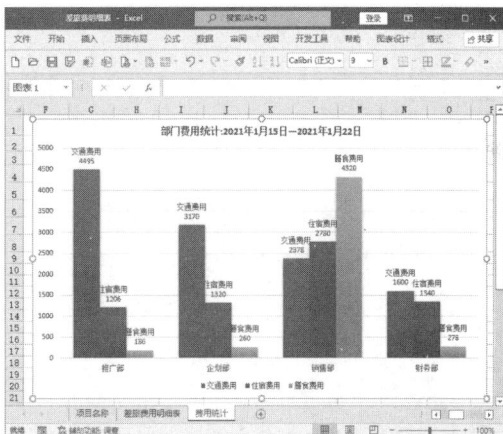

同步学习文件

原始文件： 素材文件\第 10 章\差旅费明细表.xlsx
结果文件： 结果文件\第 10 章\差旅费明细表.xlsx
同步视频文件： 视频文件\第 10 章\ 10-1.mp4

制作思路

差旅费统计与分析的思路如下：

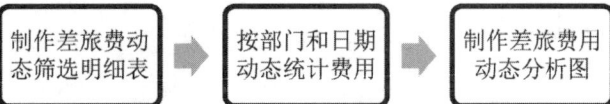

制作差旅费动态筛选明细表 ➡ 按部门和日期动态统计费用 ➡ 制作差旅费用动态分析图

10.1.1　制作差旅费动态筛选明细表

差旅费明细表是反映工作人员在出差期间产生的费用明细，通常包含员工姓名、所属部

门、费用产生日期、交通费用、住宿费用、膳食费用、费用总额等内容。本节主要运用
Excel 2021 中新增的 UNIQUE 函数、FILTER 函数与常用的 INDIRECT 函数制作动态筛
选明细表。

1. 使用 UNIQUE 函数提取项目中的唯一值

在制作下拉列表前，首先应对数据源中的目标序列范围中的数据进行去重，常规操
作是使用"删除重复值"工具手动删除重复值。而在 Excel 2021 中，更快捷的方法是使
用新增函数 UNIQUE 自动提取。UNIQUE 的作用就是返回一个范围或数组中的唯一值。
通俗来讲，就是可以删除指定范围或数组中的重复值，保留唯一数据。UNIQUE 函数的
语法结构如下：

UNIQUE(array,by_col,exactly_once)

//UNIQUE(数组,[唯一行],[每个不同的项])

参数说明：UNIQUE 的第 2 和第 3 个参数为可选项，均以逻辑值 TRUE 和 FALSE
表示，默认时为 FALSE。其中，第 2 个参数 TRUE 和 FALSE 分别代表返回唯一列和返
回唯一行。第 3 个参数 TRUE 和 FALSE 分别代表返回只出现一次的项和返回每个不同
的项。

下面使用 UNIQUE 函数提取差旅费用明细表中的"员工姓名"及"所属部门"字段
中的唯一值。具体操作方法如下：

第 1 步：打开素材文件

打开"素材文件\第 10 章\差旅费明细表.xlsx"文件，其中包含一张名称为"差旅费用明细表"的工作表，数据表格已预先创建为超级表。表格框架与原始数据如下图所示。

第 2 步：提取"员工姓名"字段的唯一值

新增一张工作表，重命名为"项目名称"。❶将"差旅费用明细表"中的 A2:B2 单元格区域中的字段名称复制粘贴至"项目名称"工作表中的 A1:B1 单元格区域中；❷在 A2 单元格中输入公式"=UNIQUE(差旅费用明细表!A3:A32)"后，系统将自动填充"差旅费用明细表"中 A3：A32 的内容至下方区域中，如下图所示。

第 3 步：提取"所属部门"字段中的唯一值

在 B2 单元格中设置公式 "=UNIQUE(差旅费用明细表!B3:B32)"后，系统将自动填充"差旅费用明细表"中 B3：B32 的内容至下方区域，如右图所示。

温馨小提示

UNIQUE 函数公式返回的结果是指定范围中的多个唯一值，是一组数据，因此，它会进行自动填充，无须手动填充。这一函数一般可结合超级表使用，当数据源中新增数据后，UNIQUE 函数公式的第 1 个参数（范围或数组）也会自动将其计算在内。

2. 定义两个维度的名称

下面使用"定义名称"功能，将"员工姓名"与"所属部门"两个字段名称创建为一个名称，再将两个字段中的内容定义为名称。两组名称维度不同，但内容相互关联，将作为下一步制作动态下拉列表的序列来源。具体操作方法如下：

第 1 步：执行"定义名称"命令

选中 A1:B1 单元格区域，❶单击"公式"选项卡；❷在"定义的名称"组中单击"定义名称"按钮，如下图所示。

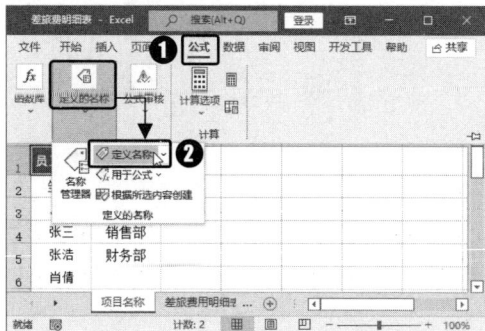

第 2 步：新建名称

弹出"新建名称"对话框，❶在"名称"文本框中输入"项目"；❷单击"确定"按钮，如下图所示。

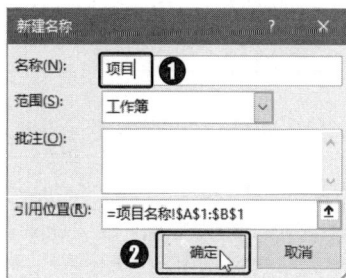

第3步：执行"根据所选内容创建"命令

返回工作表，选中 A1:A20 单元格区域，❶单击"公式"选项卡；❷在"定义的名称"组中单击"根据所选内容创建"按钮，如下图所示。

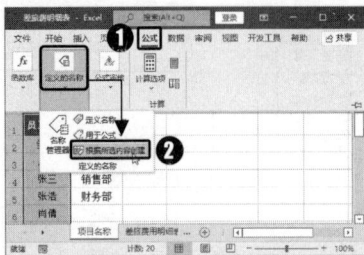

第4步：创建"员工姓名"名称

弹出"根据所选内容创建名称"对话框，系统默认选择"首行"复选框，这里直接单击"确定"按钮即可，如下图所示。

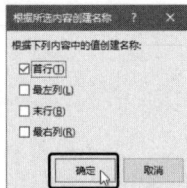

第5步：创建"所属部门"名称

参照第 4 步操作，选中 B1:B5 单元格区域，打开"根据所选内容创建名称"对话框创建"所属部门"，如下图所示。

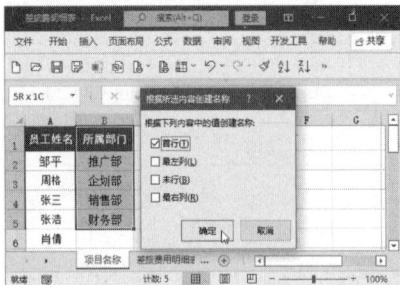

第6步：执行"名称管理器"命令

返回工作表，❶单击"公式"选项卡；❷在"定义的名称"组中单击"名称管理器"按钮，如下图所示。

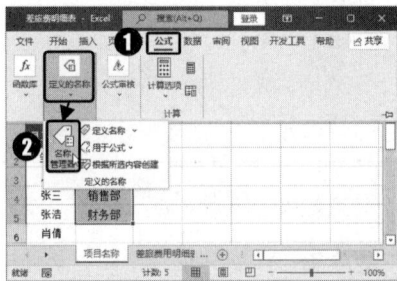

第7步：查看已定义的名称

弹出"名称管理器"对话框，可看到其中列示了前面创建的 3 个名称及相关信息。查看完毕后，单击"关闭"按钮即可，如右图所示。

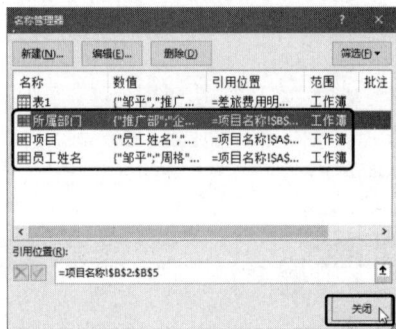

> **温馨小提示**
>
> "名称管理器"对话框中列示的名称"表 1"是本例预先创建超级表时自动定义的同名名称。

3. 创建联动下拉列表

下面使用"数据验证"功能，创建二级联动下拉列表，使第二级下拉列表中的备选项目跟随上级下拉列表中的不同选项而动态变化。本例将运用 INDIRECT 函数，其作用是返回文本字符串所指定的引用。语法结构如下：

```
INDIRECT(ref_text,[a1])
//INDIRECT(文本,[引用样式])
```

参数说明：INDIRECT 函数的两个参数中，第 2 个参数"引用样式"包括 A1 和 R1C1 两种样式。默认时为 A1 样式。第 1 个参数包括两种引用方式，即直接引用和间接引用。二者的区别在于是否添加英文双引号。例如,公式"=INDIRECT("A1")"即为直接引用 A1 单元格中的文本。而公式"=INDIRECT(A1)"即为间接引用 A1 单元格中所指向的一个地址、定义的名称或数组中的内容。此时 A1 单元格中如果是文本，将返回错误代码"#REF!"。

本例将使用 INDIRECT 函数的间接引用方式制作第二级下拉列表。具体操作方法如下：

第 1 步：执行"数据验证"命令

切换至"差旅费用明细表"工作表，❶选中 I1 单元格，单击"数据"选项卡，❷在"数据工具"组中单击"数据验证"按钮，如下图所示。

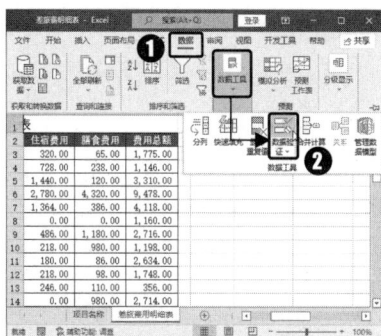

第 2 步：设置一级下拉列表的验证条件

弹出"数据验证"对话框，❶在"设置"选项卡下的"允许"下拉列表中选择"序列"选项；❷在"来源"文本框中输入"=项目"，即可引用已定义的名称"项目"中的内容；❸单击"确定"按钮，如下图所示。

第 3 步：设置二级下拉列表的验证条件

返回工作表，参照第 1～第 2 步操作，在 J1 单元格中制作二级下拉列表，注意在"数据验证"对话框中将验证条件的"来源"设置为公式"=INDIRECT(I1)"。设置完毕后，单击"确定"按钮关闭对话框，如下图所示。

第 4 步：测试下拉列表联动效果

返回工作表，❶在 I1 单元格下拉列表中选择"所属部门"选项，单击 J1 单元格下拉按钮，可看到其中列示的备选项目均为部门名称；❷在 I1 单元格下拉列表中重新选择"员工姓名"选项，再次单击 J1 单元格下拉按钮，可看到下拉列表中列示的备选项目均为员工姓名，如下图所示。

4. 使用 FILTER 函数制作动态筛选明细表

在 Excel 中筛选数据时，可采用多种方法进行操作。例如，可添加筛选按钮在筛选列表中选择筛选项；可使用"高级筛选"功能根据指定条件筛选数据；可在超级表中插入"切片器"快速筛选目标数据。此外，还可使用 Excel 2021 中新增的筛选函数 FILTER 设定条件进行筛选，相较于其他筛选方式更为简便、快捷。FILTER 函数的语法结构如下：

```
FILTER(数组,包括,[if_empty])
//FILTER(数组,包括,[如果为空])
```

参数说明：在 FILTER 函数的 3 个参数中，第 2 个参数"包括"即筛选条件，可以设置多个条件。第 3 个参数可默认，其含义是如果没有找到目标数据，应返回的内容。

下面使用 FILTER 函数设置公式，制作动态筛选明细表，根据"员工姓名"和"所属部门"两个项目动态筛选数据。具体操作方法如下：

第 1 步：在下拉列表中选择项目，复制单元格

❶在 I1 单元格下拉列表中选择"员工姓名"选项，在 J1 单元格下拉列表中任意选择一个选项，如"张三"；❷将 A2:G2 单元格区域中的字段名称全部复制粘贴至 I2:O2 单元格区域中，如下图所示。

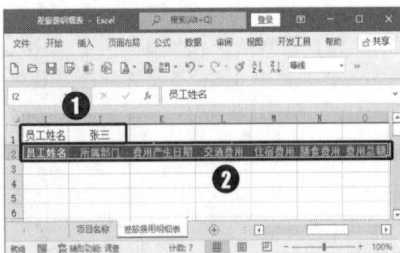

第 2 步：设置 FILTER 函数公式

在 I3 单元格中设置公式"=IFS(I1="员工姓名",FILTER(A2:G32,A2:A32=J1),I1="所属部门",FILTER(A2:G32,B2:B32=J1))"，运用 IFS 函数根据 I1 单元格中的不同内容，分别返回 FILTER 函数公式的不同结果。公式中，"FILTER(A2:G32,A2:A32=J1)"的作用是在 A2:G32 单元格区域中进行数据筛选，筛选条件为 A2:A32 单元格区域中的"员工姓名"与 J1 单元格中相同。"FILTER(A2: G32,B2:B32=J1)"参考理解即可。在 I3 单元格中设置公式，系统自动填充至其他区域中，并返回计算结果，如下图所示。

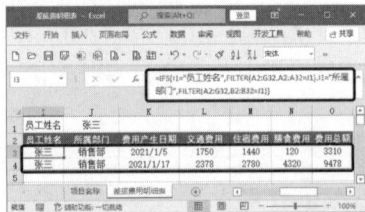

第 3 步：筛选其他员工数据

在 J1 单元格下拉列表中选择其他项目,如"刘浩"，即可看到该员工的相关数据已经被筛选出来，如下图所示。

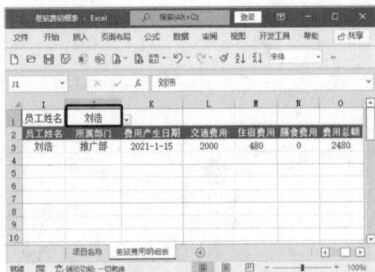

第 4 步：筛选部门数据

在 I1 单元格下拉列表中选择"所属部门"选项，在 J1 单元格下拉列表中选择任意选项，如"销售部"，即可看到此部门的相关数据已经被筛选出来，如下图所示。

10.1.2　按部门和日期动态统计费用

实务中，对于各类数据都可以从不同的维度进行统计和分析。如本例，可分别按部门汇总不同类别的差旅费用，也可以根据费用发生的日期进行统计，等等。本节将部门和日期结合，制作动态费用统计表，根据指定的起止日期统计部门的差旅费用。

这里主要使用多条件求和函数 SUMIFS 与文本函数 TEXT 实现工作目标。SUMIFS 函数和 SUMIF 函数和的升级版可以设定多个条件对数据进行求和。语法结构如下：

SUMIFS(sum_range,criteria_range1,criteria1,criteria_range2,criteria2,…)

//SUMIFS(求和区域,条件区域1,条件1,条件区域2,条件2, …)

TEXT 函数的作用是根据指定的数字格式将数值转换成文本。语法结构如下：

TEXT(value,format_text)

//TEXT(待转换的数值,指定的格式)

参数说明：TEXT 函数的第 2 个参数是指定格式的文本，需要在其首尾添加英文双引号。

第 1 步：制作表格框架

在"差旅费用明细表"工作簿中新增一张工作表，重命名为"费用统计"，并绘制表格框架，设置字段名称、基础格式以及基础求和公式，如下图所示。

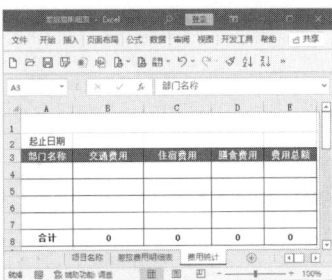

第 2 步：输入起止日期，引用部门名称

❶在 B2 和 C2 单元格中输入要统计费用的起止日期，如"2021/1/1"与"2021/1/10"；❷在 A4 单元格中输入"=所属部门"，即可引用名称中的全部内容，如下图所示。

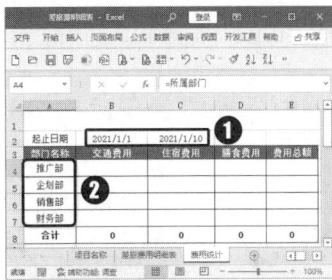

第 3 步：设置动态标题

在 A1 单元格中设置公式"="部门费用统计:"&TEXT(B2,"YYYY 年 m 月 d 日")&"—"&TEXT(C2,"YYYY 年 m 月 d 日")"，分别运用 TEXT 函数将 B2 和 C2 单元格中的日期转换为指定格式，并与文本"部门费用统计:"、符号"—"组合成为标题内容，如下图所示。

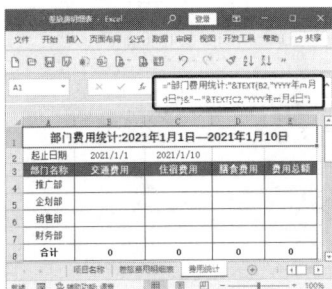

第 4 步：汇总费用金额

❶在 B4 单元格中设置公式"=SUMIFS(差旅费用明细表!D:D,差旅费用明细表!$B:$B,$A4,差旅费用明细表!$C:$C,">="&$B$2,差旅费用明细表!$C:$C,"<="&$C$2)"，运用 SUMIFS 函数对"差旅费用明细表"中符合条件的数据进行求和；❷将 B4 单元格公式复制粘贴至 B4:E7 单元格区域中，如下图所示。

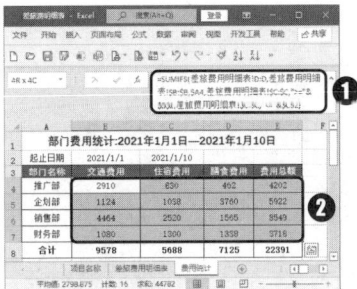

(🔆 温馨小提示)

B4 单元格中的 SUMIFS 函数公式中设定了以下 3 组条件：

（1）"差旅费用明细表!$B:$B,$A4"："差旅费用明细表"工作表中的 B 列区域中的部门名称与 A4 单元格中的相同。

（2）"差旅费用明细表!$C:$C,">="&$B$2"："差旅费用明细表"工作表中的 C 列区域中的日期大于或等于 B2 单元格中的起始日期。

（3）"差旅费用明细表!$C:$C,"<="&$C$2"："差旅费用明细表"工作表中的 C 列区域中的日期小于或等于 C2 单元格中的截止日期。

第 5 步：测试效果

在 B2 和 C2 单元格中分别输入其他日期，如"2021/1/11"和"2021/1/20"，即可看到数据动态变化，效果如右图所示。

10.1.3　制作差旅费用动态分析图

按照"所属部门"和日期对差旅费用明细表中的数据进行动态汇总后，下面以动态费用统计表为数据源，制作动态分析图表。具体操作方法如下：

第 1 步：快速插入簇状柱形图

选中 A3:D7 单元格区域，按组合键 Alt+F1 即可在工作表中插入一个基础柱形图，如下图所示。

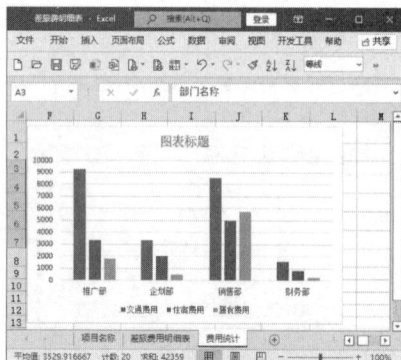

第 2 步：选择图表样式

选中图表，❶单击"图表设计"选项卡；❷在"图表样式"组中选择"样式 6"选项，如下图所示。

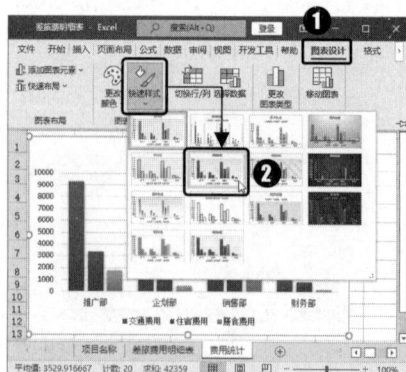

第 3 步：设置动态图表标题

选中"图表标题"文本框，在"编辑栏"中输入符号"="后选中 A1 单元格，按 Enter 键即可将图表标题链接至 A1 单元格中的动态标题，如下图所示。

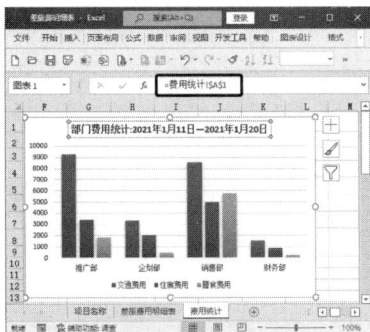

第 4 步：设置系列重叠值

右击图表中的任意一个数据系列，在弹出的快捷列表中选择"设置数据系列格式"选项激活同名任务窗格，在"系列选项"选项卡中将"系列重叠"值设置为"0%"，如下图所示。

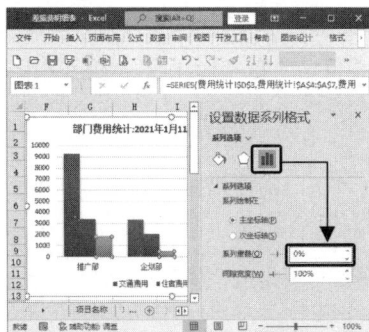

第 5 步：添加数据标签

❶选中图表，单击图表右上角的"图表元素"浮动功能按钮⊞；❷在弹出的快捷列表中选择"数据标签"复选框，即可为全部数据系列添加数据标签，如下图所示。

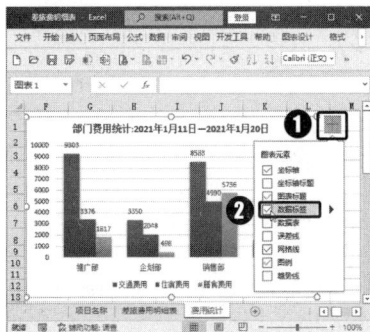

第 6 步：设置数据标签格式

❶选中任意一个数据系列的数据标签，激活同名任务窗格，在"标签选项"选项卡"标签包括"选项组中取消选择"显示引导线"复选框；❷选择"系列名称"复选框；❸在"分隔符"下拉列表中选择"(新文本行)"选项，如下图所示。重复第❶~第❸步操作设置其他数据系列的数据标签格式。

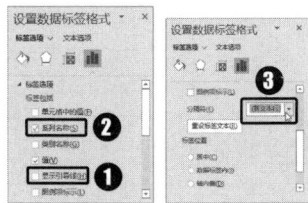

第 7 步：测试图表动态效果

在 B2 和 C2 单元格中重新输入其他起止日期，如"2021/1/15"和"2021/1/22"，即可看到图表的动态变化效果，如下图所示。

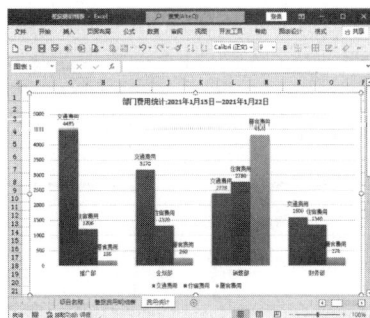

第 8 步：转换数据维度

❶单击"图表设计"选项卡；❷在"数据"组中单击"切换行/列"按钮，即可使图表中数据的行列互换。图表同步呈现效果如下图所示。

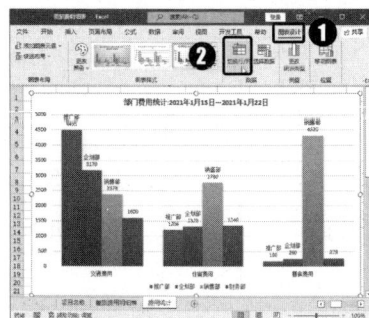

10.2　日常费用统计与分析

案例概述

在日常费用统计表中，记录着企业发生的日常费用记录。本节使用 Excel 的图表功能，按照费用类型分析日常费用，并制作各费用类型比例图，然后对 1~6 月日常费用比较分析，制作 1~6 月日常费用对比图，最后采用移动平均法和指数平滑法预测下半年企业日常费用。

案例效果

本节在日常费用统计表中，分别使用饼图和柱形图对日常费用统计表中数据进行对比分析，制作统计图表。

各类费用类型比例图的制作效果如下图所示。

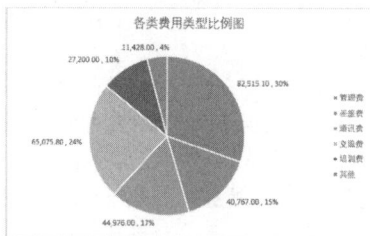

2022 年 1~6 月日常费用对比图的制作效果如下图所示。

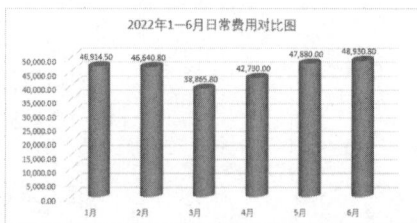

同步学习文件

原始文件：素材文件\第 10 章\日常费用统计表.xlsx

结果文件：结果文件\第 10 章\日常费用统计表.xlsx

同步视频文件：视频文件\第 10 章\ 10-2.mp4

制作思路

对企业日常费用统计表进行统计和分析的具体思路如下：

制作上半年日常费用统计表 ➡ 按费用类别分析日常费用 ➡ 1～6 月日常费用比较 ➡ 日常费用预测

10.2.1 制作上半年日常费用统计表

日常费用统计表是记录企业日常费用的明细表单，通常包含月份、管理费、差旅费、通信费、交通费、培训费、其他费用和费用合计等内容。

打开"素材文件\第 10 章\日常费用统计表.xlsx"文件，在"日常费用"工作表中，制作上半年日常费用统计表，并输入内容，结出费用合计，如下图所示。

10.2.2 按费用类别分析日常费用

在日常工作中，通常使用饼图来展示一组数据各占数据总和的占比。下面通过饼图，创建类别费用比例图，统计并分析各类别费用占日常费用的比重。具体的操作步骤如下：

第 1 步：选择数据源

选中 B2:G2 和 B9:G9 单元格区域，如下图所示。

第 2 步：插入饼图

❶单击"插入"选项卡；❷在"图表"组中单击"饼图"下拉按钮 ；❸在弹出的下拉列表中选择"饼图"选项，如下图所示。

第3步：设置图表标题

插入饼图后，选中"图表标题"文本框，输入标题内容"各类费用类型比例图"，如下图所示。

第4步：添加数据标签

❶选中图表，单击右上角的"图表元素"浮动功能按钮⊞；❷在列表框中选择"数据标签"复选框，如下图所示。

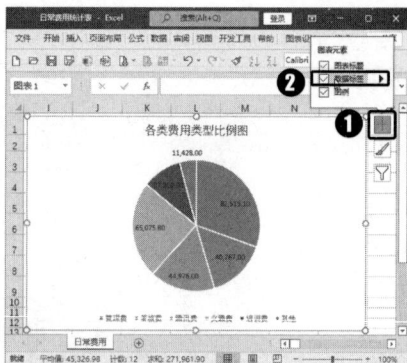

第5步：设置数据标签格式

选中数据标签，激活"设置数据标签格式"窗格，❶在"标签选项"选项卡"标签包括"选项组中选择"百分比"选项；❷向下拖动垂直滚动条，在"标签位置"选项组中选中"数据标签外"单选钮，如下图所示。

第6步：查看标签格式效果

数据标签格式设置完成后，效果如下图所示。

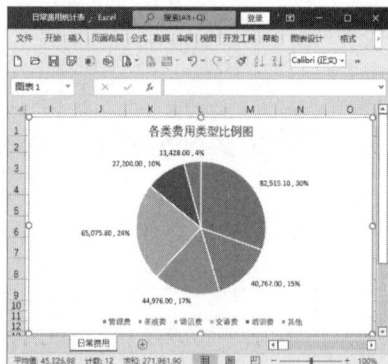

第7步：设置图例位置

选中图例，激活"设置图例格式"任务窗格，在图例数据标签上右击，在弹出的快捷菜单中选择"设置图例格式"命令，设置"图例位置"为"靠右"，如下图所示。

第8步：查看图例效果

图例位置设置完成后，即可看到图例已被调整至图表区域右侧。最终效果如下图所示。

10.2.3　1—6 月日常费用比较

下面制作三维柱形图，直接对比 1—6 月日常费用数据。具体操作方法如下：

第 1 步：选择数据源	**第 2 步：选择"三维柱形图"命令**
选中 H3:H8 单元格区域，如下图所示。	❶单击"插入"选项卡；❷在"图表"组中单击"柱形图"下拉按钮 ；❸在弹出的下拉列表中选择"三维柱形图"选项，如下图所示。

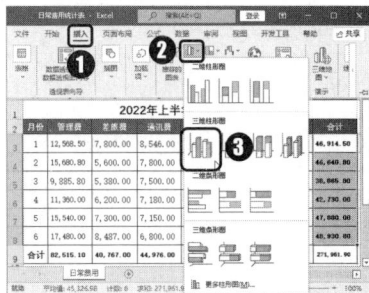

第 3 步：设置图表标题	**第 4 步：设置柱体形状**
插入图表后，选中图表文本框，重新输入文本"2022 年 1—6 月日常费用对比图"，以此作为图表的标题，如下图所示。	选中数据系列激活"设置数据系列"任务窗格，在"系列选项"选项卡"柱体形状"选项组中选中"圆柱形"单选钮，如下图所示。

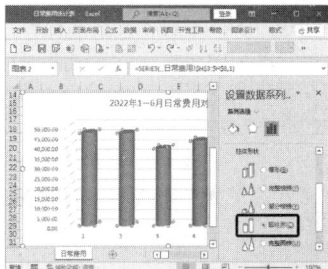

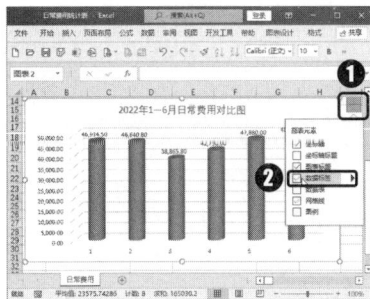

第 5 步：添加数据标签	**第 6 步：设置坐标轴的数字格式**
选中图表，❶单击右上角的"图表元素"浮动功能按钮 ；❷在弹出的快捷列表中选择"数据标签"复选框，如下图所示。	选中横坐标轴激活"设置坐标轴格式"任务窗格，❶在"坐标轴选项"选项卡"数字"选项组中的"类别"列表框中选择"自定义"选项；❷在"格式代码"文本框中输入代码"#月"；❸单击"添加"按钮将代码添加至"类型"列表框中，如下图所示。

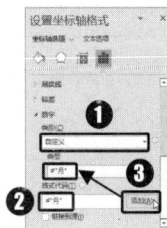

第7步：查看坐标轴数字效果

操作完成后，即可看到横坐标轴上的数字效果，如右图所示。

> **温馨小提示**
>
> 在为数字设置自定义格式时，输入代码并单击"添加"按钮后，系统将自动为代码中的文本添加英文双引号。

10.2.4 企业日常费用预测

日常工作中经常会遇到的一些财务预测问题，如资金需要量预测、企业日常费用预测、企业销售额预测等。本节主要使用移动平均法和指数平滑法预测企业日常费用。

1. 移动平均法预测日常费用

移动平均法是一种简单平滑预测技术，它的基本思想是根据时间序列资料、逐项推移，依次计算包含一定项数的序时平均值，以反映长期趋势的预测方法。接下来使用 AVERAGE 函数进行移动平均，预测企业下半年日常费用，具体操作方法如下：

第1步：复制表格框架

在"日常费用统计"工作簿中新增一张工作表，重命名为"日常费用预测"，❶将"日常费用"工作表中的"2022年上半年日常费用统计"表格复制粘贴至新工作表中的 A1:H9 单元格区域中；❷在将 1:9 行区域全部内容复制粘贴至 12:20 行区域中后，修改标题名称，修改 A14:A19 单元格区域中代表月份的数字，删除 B14:G19 单元格区域中的数据，如下图所示。

第2步：预测7月的费用

❶在 B14 单元格中设置公式 "=AVERAGE(B3:B4)"，计算 1 月与 2 月管理费的平均值，即预测出 7 月份的管理费数据；❷将 B14 单元格公式填充至 C14:G14 即可预测出 7 月份的其他费用，如下图所示。

第 3 步：预测 8—12 月份的费用

将 B14:G14 单元格区域中的公式填充至 B15:G19 单元格区域中，即可预测出 8—12 月份的费用数据，如下图所示。

第 4 步：查看预测结果

操作完成后，即可看到使用移动平均法预测费用的数据结果，如下图所示。

2．指数平滑法预测日常费用

指数平滑法是在移动平均法基础上发展起来的一种时间序列分析预测法，它是通过计算指数平滑值，配合一定的时间序列预测模型对现象的未来进行预测。

指数平滑法的基本公式是：$S_t = ay_t + (1 - a)S_{t-1}$

式中，S_t——时间 t 的平滑值；

y_t——时间 t 的实际值；

S_{t-1}——时间 $t-1$ 的平滑值；

a——平滑常数，其取值范围为[0,1]。

假设平滑常数 $a=0.6$，接下来使用指数平滑法对企业日常费用进行预测，具体操作方法如下：

第 1 步：复制表格框架并修改内容

将 11:20 行区域中的全部内容复制粘贴至 22:31 行区域中。❶修改 A22 单元格中的小标题内容；❷删除 B25:G30 单元格区域中的数据，如下图所示。

第 2 步：预测 7 月份费用

❶在 B25 单元格中设置公式"=B3"，将 1 月的管理费数据作为 7 月管理费基期数据；❷将 B25 单元格公式填充至 C25:G25 单元格区域中，如下图所示。

第 3 步：预测 8—12 月份的费用

❶ 在 B26 单元格中设置公式 "=0.6*B4+0.4*B25"，预测 8 月管理费；❷将 B26 单元格复制粘贴至 B26:G30 单元格区域中，即可预测 8—12 月份的费用数据，如右图所示。

> **温馨小提示**
>
> 指数平滑法解决了移动平均法需要 n 个观测值和不考虑 $t-n$ 前时期数据的缺点，通过某种平均方式，消除历史统计序列中的随机波动，找出其中的主要发展趋势。

10.3 收支结构分析

案例概述

企业的收支结构主要表现在两个方面：一是企业的总利润是如何通过收支来形成的；二是企业的收入和支出是如何通过不同的收入和支出项目构成的。本节根据 2022 年上半年收支数据计算各项目收支合计和收支比，并制作收支结构分析图。

案例效果

本节以 "2022 年上半年收支数据" 为依据，对 2022 年上半年收支数据进行结构性分析，制作收支数据汇总表和收支结构分析图。

收支数据汇总表和收支结构分析图的制作效果如下图所示。

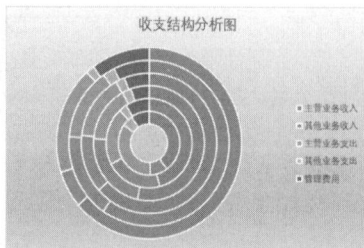

同步学习文件

原始文件：素材文件\第 10 章\收支结构分析.xlsx

结果文件：结果文件\第 10 章\收支结构分析.xlsx

同步视频文件：视频文件\第 10 章\10-3.mp4

制作思路

"收支结构分析" 的制作思路如下：

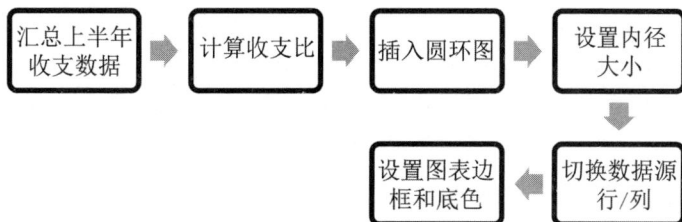

10.3.1　制作上半年收支数据汇总表

根据 2022 年上半年收支数据，制作上半年收支数据汇总表，具体操作步骤如下：

第 1 步：打开素材文件

打开"素材文件\第 10 章\收支结构分析.xlsx"文件，2022 年上半年收支数据如下图所示。

第 2 步：汇总上半年收入和支出数据

❶在 B9 单元格中设置公式"=ROUND(SUM(B3:B8),2)"，计算 1—6 月主营业务收入的合计数；❷将 B9 单元格公式填充至 C9:F9 单元格区域中，如下图所示。

第 3 步：计算收支比

❶在 G3 单元格中设置公式"=ROUND((B3+C3)/(D3+E3+F3),2)"，计算 1 月份的收支比；❷将 G3 单元格公式复制粘贴至 G4:G9 单元格区域中，即可计算得到其他月份，以及 1—6 月合计收支比，如右图所示。

> （💡温馨小提示）
>
> 收支比是一定时期的收入和支出的比例，收支比越高，相应的收入就越多，支出越少，反之亦然。通过对 1—6 月份的收支比数值，可以清晰地看出各个月份的收支水平。

10.3.2　制作收支结构分析图

在上半年收支数据汇总表制作完成后，接下来根据各月收支项目的数值制作圆环图，具体操作方法如下：

第1步：选择数据源

选中 A2:F8 单元格区域，如下图所示。

第2步：执行"圆环图"命令

❶单击"插入"选项卡；❷在"图表"组中单击"饼图"下拉按钮 ；❸在弹出的下拉列表中选择"圆环图"选项，如下图所示。

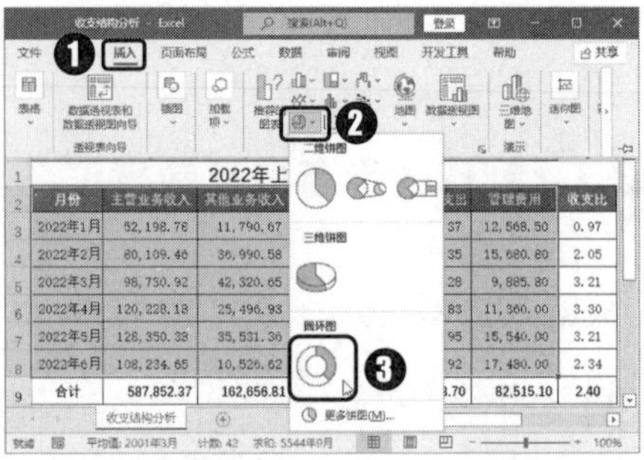

第3步：设置图表标题

插入圆环图后，选中"图表标题"文本框，重新输入文本"收支结构分析图"作为标题内容，如下图所示。

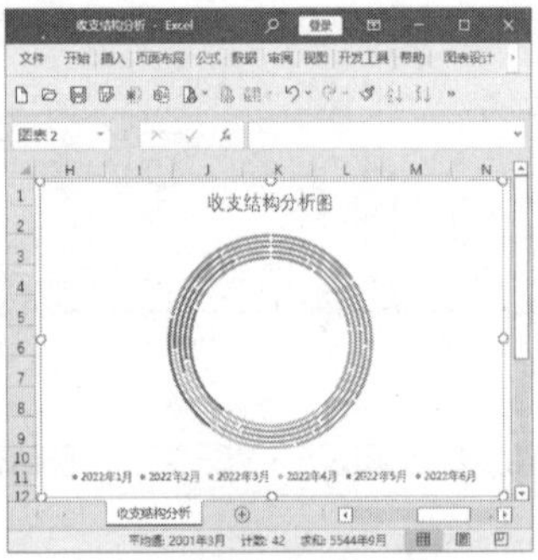

第4步：设置圆环图内径大小

选中图表中的数据系列，激活"设置数据系列格式"任务窗格，在"系列选项"选项卡"系列选项"列表中将"圆环图圆环内径大小"的数值调整为"20%"，如下图所示。

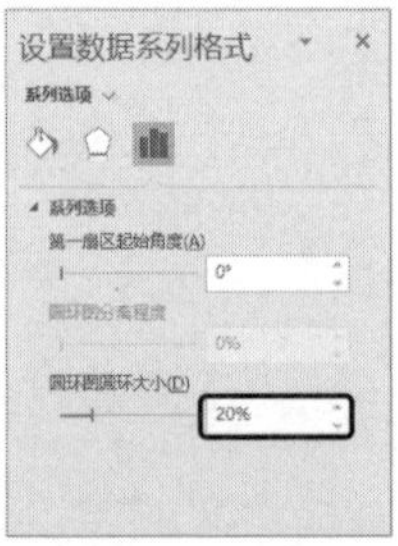

第5步：查看调整效果

调整圆环图圆环内径后的效果如下图所示。

第6步：切换行/列

❶选中图表，单击"图表设计"选项卡；❷在"数据"组中单击"切换行/列"按钮。圆环图同步呈现效果，如下图所示。

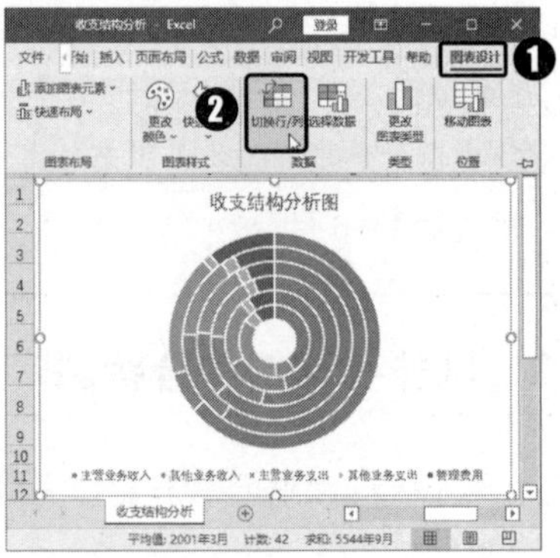

第 7 步：设置图例位置

选中图表中的图例，激活"设置图例格式"任务窗格，在"图例选项"选项卡"图例位置"选项组中选中"靠右"单选钮，如下图所示。

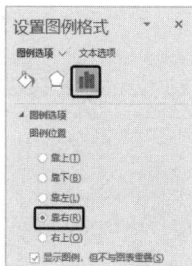

第 8 步：查看设置效果

图例位置设置完成后，即可看到图例已被调整至图表区域右侧，效果如下图所示。

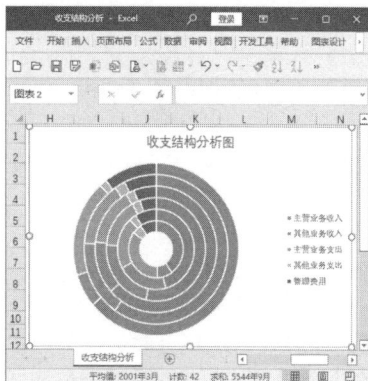

第 9 步：设置图表填充颜色

选中图表，激活"设置图表区格式"任务窗格，选中"填充"选项组中的"渐变填充"单选钮，如下图所示。

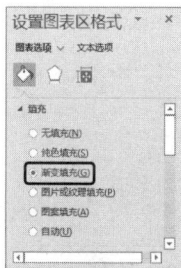

第 10 步：查看效果

操作完成后，收支结构分析图最终效果如下图所示。

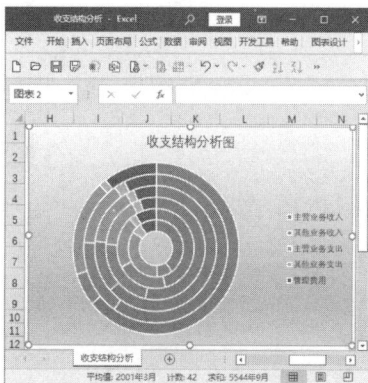

10.4 提升效率——实用操作技巧

通过前面知识的学习，相信大家已经掌握了日常费用管理的相关知识。下面给大家介绍一些实用技巧。

1. 使用"Alt+="组合键快速求和

通常情况下，大家直接使用 SUM 函数进行求和计算。除此之外，也可以通过"Alt+="组合键快速进行求和计算。具体操作方法如下：

第1步: 选中单元格区域

打开"素材文件\第 10 章\提升效率\快速求和.xlsx"文件, 选中 B9:F9 单元格区域, 如下图所示。

第2步: 查看计算结果

按组合键"Alt+="即可计算得出每个字段的合计数, 如下图所示。

2. 快速分析图表

"快速分析"是自 Excel 2013 起推出的一款功能, 可以帮助用户快速地将数据进行统计和分析, 并转化成各种图表。接下来对销售数据进行"快速分析", 并创建统计图表, 具体操作方法如下:

第1步: 执行"快速分析"命令

打开"素材文件\第 10 章\提升效率\快速分析图表.xlsx"文件, 选中 B2:C13 单元格区域, 单击右下角"快速分析"浮动按钮, 如下图所示。

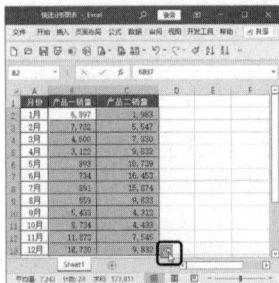

第2步: 快速添加数据条

弹出"快速分析"工具框, 在"格式化"选项卡下选择"数据条"选项, 如下图所示。

第3步: 查看添加数据条后的效果

返回工作表, 即可看到 B2:C13 单元格区域已被添加了数据条, 效果如下图所示。

第4步: 快速创建图表

选中 A1:C13 单元格, 再次单击"快速分析"按钮打开"快速分析"工具框, ❶单击"图表"选项卡; ❷选择一种图表, 例如选择"堆积面积图"选项, 如下图所示。

第 5 步：查看生成的图表

操作完成后，系统即可根据选中的数据区域生成一个堆积面积图，如右图所示。

> **温馨小提示**
>
> 除本例示范的"快速分析"工具的两种应用外，通过"快速分析"工具还可以对数据进行快速汇总（包括求和、平均值、计数、汇总百分别比、汇总等多种汇总方式）。还可快速创建超级表和空白数据透视表，以及迷你图表。

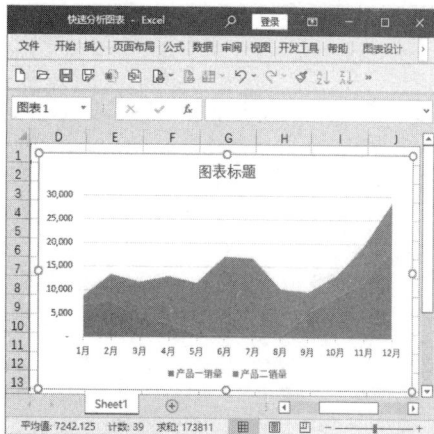

3．设置双轴图表

有时需要在同一个 Excel 图表中反映多组数据变化趋势，例如要同时反映 GDP 和 GDP 增长率，但 GDP 数值往往远大于 GDP 增长率数值，当这两个数据系列出现在同一个组合图表中时，增长率的变化趋势由于数值太小而无法在图表中展现出来。这时可用双轴图表来解决这个问题。设置双轴图表的具体操作方法如下：

第 1 步：选择数据源

打开"素材文件\第 10 章\提升效率\设置双轴图表.xlsx"文件，选中 A2:C13 单元格区域，如下图所示。

第 2 步：插入簇状柱形图

按组合键 Alt+F1 即可在工作表中插入一个簇状柱形图，如下图所示。

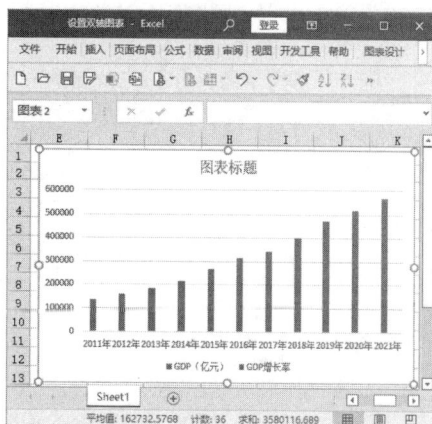

第 3 步：执行 "更改图表类型" 命令

选中图表，❶单击 "图表设计" 选项卡；❷在 "类型" 组中单击 "更改图表类型" 按钮，如下图所示。

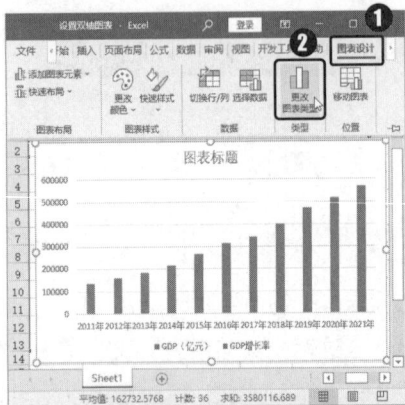

第 4 步：设置组合图的参数

弹出 "更改图表类型" 对话框，❶在 "所有图表" 列表框中单击 "组合图" 选项卡；❷在 "GDP 增长率" 系列名称右侧的 "图表类型" 下拉列表中选择 "带数据标记的折线图" 选项；❸选择右侧的 "次坐标轴" 复选框；❹单击 "确定" 按钮，如下图所示。

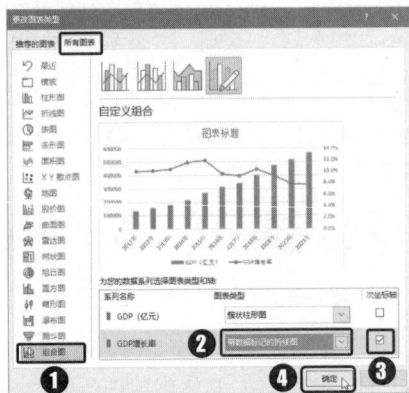

第 5 步：查看图表效果

返回工作表，即可看到图表中的 "GDP 增长率" 数据系列图形已变化为带数据标记的折线，并添加了次坐标轴，形成双轴复合图表，如下图所示。

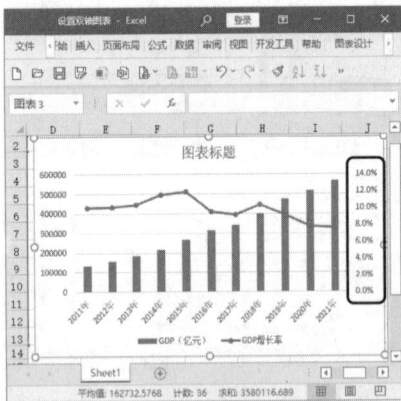

第 6 步：设置图表标题并调整大小

为图表添加标题 "2011—2021 年国内生产总值及增长率"，并调整图表大小，使横坐标轴的标签内容不再倾斜显示。最终效果如下图所示。

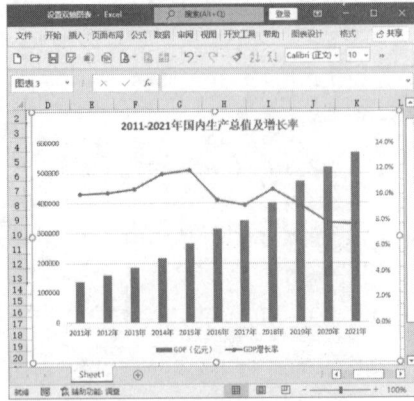

第11章

工资数据管理

↘本章导读

　　为了便于管理员工的补贴、奖金、个税以及应付工资、实付工资等数据，财务人员可以根据企业需要创建适合本单位的工资管理系统。本章将运用多种函数制作工资管理表单、员工工资表及工资条。同时，通过 VBA 编辑代码创建工资系统登录对话框、打开文件弹出的提示对话框，以及可简化计算个人所得税公式的自定义函数。

↘知识要点

❖ 制作基本工资表
❖ 制作奖金表
❖ 制作补贴表
❖ 制作社保缴纳一览表
❖ 个人所得税相关知识
❖ 制作员工工资表

❖ 制作自动工资条
❖ 保存为启用宏的工作簿
❖ 设置个人信息选项
❖ 设置宏安全性
❖ 设置用户登录窗体

↘案例展示

11.1 制作工资管理表单

案例概述

员工工资管理不仅是一个单位管理薪资的重要手段，也是财务人员的一项重要的工作内容，同时也是保障企业运转的基础。为此需要制作相关的工资管理表单，规范企业的管理。接下来，本节将在 Excel 中制作常用的工资管理表单，如基本工资表、奖金表、补贴表和社保缴纳一览表等。

案例效果

利用 Excel 2021 的制表功能常用函数，可以快速制作基本工资表、奖金表、补贴表和社保缴纳一览表。

工资管理表单制作完成后，部分表格效果如下图所示。

同步学习文件

原始文件：素材文件\第 11 章\工资管理表单.xlsx

结果文件：结果文件\第 11 章\工资管理表单.xlsx

同步视频文件：视频文件\第 11 章\11-1.mp4

制作思路

制作工资管理表单的制作思路如下：

制作基本工资表 ➡ 制作奖金表 ➡ 制作补贴表 ➡ 制作保险费缴纳一览表

11.1.1 制作基本工资表

基本工资是根据劳动合同约定或国家及企业规章制度规定的工资标准计算的工资,也称标准工资。在一般情况下,基本工资是职工劳动报酬的主要部分。基本工资表主要包括员工编号、员工姓名、所在部门和基本工资。

例如,假设某企业员工的基本工资按照部门进行分类,不同的部门的基本工资是不同的,如表 11-1 所示。

表 11-1 不同部门员工的基本工资

所在部门	基本工资(元)
办公室	5000
销售部	5500
车间部	4500
后勤部	4000

接下来根据上表 11-1,在 Excel 中制作基本工资表的具体操作方法如下:

第1步:打开素材文件

打开"素材文件\第 11 章\工资管理表单.xlsx"文件,其中包含"基本工资表""奖金表""补贴表"与"保险费"4 张工作表。在"基本工资表"工作表中,表格基本框架及原始数据如下图所示。

第2步:引用部门工资

❶在 D3 单元格中设置公式"=IFS(C3="办公室",5000,C3="销售部",5500,C3="车间部",4500,C3="后勤部",4000)",运用 IFS 函数根据 C3 单元格中的部门名称返回相应的基本工资数据;❷将 D3 单元格公式填充至 D4:D15 单元格区域中,如下图所示。

温馨小提示

一般情况下,基本工资是职工劳动报酬的主要部分。在同等的情况下,职工基本工资的多少,一般反映他们之间的工作能力、业务技术水平和担负职责的差异。基本工资在很大程度上决定了员工收入水平的高低。基本工资的最低数额,应当保证职工本人及其平均赡养人口的基本生活需要。

11.1.2　制作奖金表

奖金作为一种工资形式，其作用是对与生产或工作直接相关的超额劳动给予报酬。奖金是对劳动者在创造超过正常劳动定额以外的社会所需要的劳动成果时，所给予的物质补偿。

例如，假设某企业员工的奖金按照如下公式进行计算：

奖金=基本工资×业绩考核得分

业绩考核得分在 0.06~0.1 之间见表 11-2。

表 11-2　2016 年 11 月员工业绩考核得分

员工姓名	业绩考核得分	员工姓名	业绩考核得分
张三	0.091	郭亮	0.089
李四	0.088	黄云	0.086
王五	0.094	张浩	0.091
陈六	0.089	杜林	0.078
林强	0.079	李佳	0.088
彭飞	0.091	吴洁	0.093
范涛	0.074		

接下来根据表 11-2，在 Excel 中制作奖金表，具体的操作步骤如下：

第 1 步：填入业务考核得分

切换至"奖金表"工作表，在 E4:E16 单元格区域中填入每位员工的业绩考核得分，如下图所示。

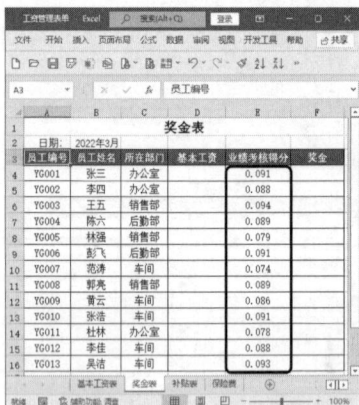

（💡温馨小提示）

在实际工作中，业绩考核得分数据一般由各部门根据企业自定标准自行计算。本例主要讲解工资表表单的制作管理，对于绩效考核方面的计算和管理不再延伸讲解。

第 2 步：引用基本工资

❶在 D4 单元格中设置公式 "=XLOOKUP($A4,基本工资表!$A$3:$A$15,基本工资表!$D$3:$D$15)"，运用 XLOOKUP 函数根据 A4 单元格中的员工编号从"基本工资"工作表中引用基本工资数据；❷将 D4 单元格公式填充至 D5:D16 单元格区域中，如下图所示。

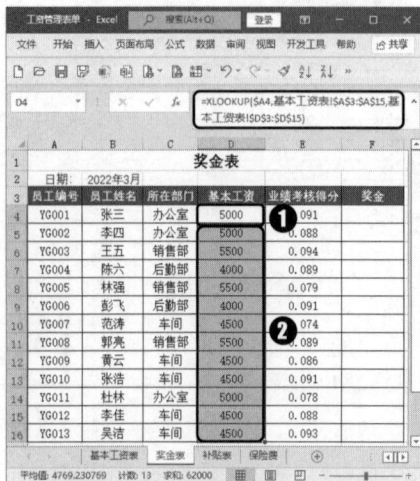

第 3 步：计算奖金

❶在 F4 单元格中设置公式 "=ROUND(D4*E4,2)"，用 D4 单元格中的"基本工资"乘以 E4 单元格中的"业绩考核得分"即可计算得到奖金数据；❷将 F4 单元格公式填充至 F5:F16 单元格区域中，如右图所示。

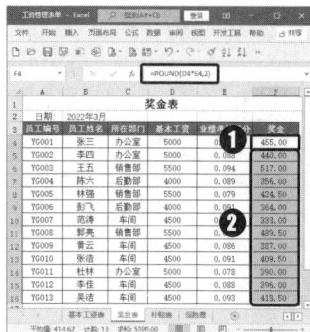

11.1.3 制作补贴表

补贴是指补偿职工在特殊条件下的劳动消耗及生活费额外支出的工资补充形式。常见的包括餐补、交通补贴、通信补贴等。

例如，假设某企业现行的每月部门补贴项目及金额见表 11-3。

表 11-3 部门补贴项目及金额

部门	餐补（元/人）	交通补贴（元/人）	通信补贴（元/人）
办公室	400	300	250
销售部	600	500	300
后勤部	300	200	150
车间部	350	250	200

接下来根据表 11-3，在 Excel 中制作补贴表。具体的操作步骤如下：

第 1 步：制作补贴标准表格

切换至"补贴表"工作表，在 I1:L6 单元格区域制作"部门补贴标准"表格，设置好字段名称，填入部门名称及每种补贴金额，如下图所示。

第 2 步：引用补贴金额

❶在 D3 单元格中设置公式 "=XLOOKUP($C3,$I$3:$I$6,J3:J$6)"，运用 XLOOKUP 函数在 I3:I6 单元格区域中查找与 C3 单元格中相同的部门名称，然后返回 J3:J6 单元格区域中与之匹配的补贴金额；❷将 D3 单元格公式复制粘贴至 D3:F15 单元格区域中，如下图所示。

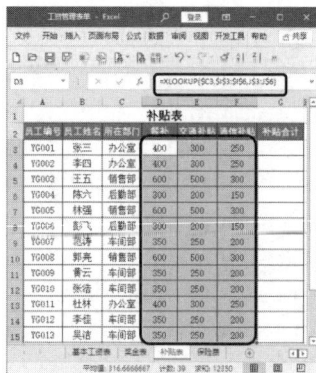

第 3 步：计算补贴合计数

选中 G3:G15 单元格区域，按组合键"Alt+="自动添加 SUM 函数公式，即可快速计算得到每位员工的补贴合计数如右图所示。

温馨小提示

任职受雇的单位对职工发放与任职受雇有关的工资、薪金、奖金、年终加薪、劳动分红、津贴、补贴以及与任职或受雇有关的其他所得，均为个人工资薪金所得，应按"个人综合所得"计征个人所得税。

11.1.4 制作保险费缴纳一览表

本例所指的"保险费"是指国家强制企业为员工缴纳的社会保险和医疗保险费用。其中，社会保险费包括基本养老保险、失业保险、工伤保险、生育保险医疗保险即基本医疗保险。其中，基本养老保险、失业保险、基本医疗保险由企业和员工个人按一定比例共同缴纳，个人缴纳部分由企业作为扣缴义务人，从员工工资收入中代为扣除，再代其向征收部门缴纳。

员工个人缴纳的以上保险费用允许在个人所得税税前扣除。因此，本小节将制作保险费缴纳一览表，以便后面在计算个人所得税时准确计算应纳税所得额。

制作保险费缴纳一览表非常简单，只需从征收部门的官方网站上获取每位员工的实际缴纳数据，复制粘贴至表格中，再计算合计数即可。具体操作步骤如下：

第 1 步：填入保险费数据

切换至"保险费"工作表，将当月实际为员工代扣代缴纳的保险数据填入或复制粘贴至"保险费缴纳一览表"中，如下图所示。

第 2 步：计算保险费合计数

选中 G4:G16 单元格区域，按组合键"Alt+="，即可自动添加 SUM 函数公式，并快速计算得到全部员工的保险费合计数，如下图所示。

11.2　月末员工工资统计

案例概述

工资管理表单制作完成以后，每月月末，财务人员都要根据工资管理表单统计工资数据。下面制作员工工资统计表，并同步计算个人所得税，然后使用函数制作员工工资数据查询表，并制作工资条。

案例效果

员工工资表是用于统计和分析每月员工工资信息的表单，主要包括员工编号、员工姓名、所属部门、应发工资、代扣代缴保险费、代扣代缴个税（个人所得税）、实发工资等项目。同时，个人所得税需要另制表格同步计算。

员工工资表及个人所得税计算表制作完成后，效果如下图所示。

同步学习文件

原始文件：素材文件\第 11 章\员工工资表.xlsx

结果文件：结果文件\第 11 章\员工工资表.xlsx

同步视频文件：视频文件\第 11 章\11-2.mp4

制作思路

"员工工资表"的制作思路如下：

个人所得税相关知识　➡　制作员工工资表　➡　制作自动工资条

11.2.1　个人所得税相关知识

根据相关规定，企业在计算员工工资时，应同步计算个人所得税，并为其代扣代缴。下面介绍个人所得税的相关知识。

个人所得税是对"个人"（即自然人）的所得征税，是国家对本国公民、居住在本国境内的个人的所得和境外个人来源于本国的所得征收的一种所得税。

个人所得税征税对象（即税目）是居民纳税义务与非居民纳税义务取得的各种所得，个人所得的形式包括现金、实物、有价证券和其他形式的经济利益。我国现行的个人所得税法中列举了 9 个征税项目，具体包括：（1）工资、薪金所得；（2）劳务报酬所得；（3）稿酬所得；（4）特许权使用费所得；（5）经营所得；（6）利息、股息、红利所得；（7）财产租赁所得；（8）财产转让所得；（9）偶然所得。其中，第（1）～第（4）项所得，按纳税年度合并计算个人所得税，称为"综合所得"。

1. 应纳税所得额与税率

我国目前对于综合所得税实行按纳税年度合并计算个人所得税，即每月预缴、年终汇算清缴的征收方式，免征额为 60 000 元/年。综合所得适用的个人所得税税率为 7 级超额累进税率。以全年收入扣除准予扣除的项目后，所得额超过 60 000 元的、以每月收入额扣除准予扣除的项目后，每月所得额超过 5 000 元（60 000 ÷ 12 个月）的部分作为应纳税所得额，以此计算并缴纳个人所得税，并按照超出免征额的金额由小到大划分为 7 级，税率也随之逐级递增。全年应纳税所得额、税率及速算扣除数如表 11-4 所示。

表 11-4　个人所得税税率表（全年合计）

全年综合所得应纳税所得额	税率	速算扣除数（元）
全年应纳税额不超过 36000 元的部分	3%	0
全年应纳税额超过 36000 元至 144000 元的部分	10%	2520
全年应纳税额超过 144000 元至 300000 元的部分	20%	16920
全年应纳税额超过 300000 元至 420000 元的部分	25%	31920
全年应纳税额超过 420000 元至 660000 元的部分	30%	52920
全年应纳税额超过 660000 元至 960000 元的部分	35%	85920
全年应纳税额超过 960000 元的部分	45%	181920

根据表 11-4 所示的全年总数，可计算出每月平均应纳税所得额与速算扣除数，作为计算员工每月应预缴的个人所得税的依据，如表 11-5 所示。

表 11-5　个人所得税税率表（每月预缴）

每月综合所得应纳税所得额	税率	速算扣除数（元）
每月应纳税额不超过 3000 元的部分	3%	0
每月应纳税额超过 3000 元至 12000 元的部分	10%	210
每月应纳税额超过 12000 元至 25000 元的部分	20%	1410
每月应纳税额超过 25000 元至 35000 元的部分	25%	2660
每月应纳税额超过 35000 元至 55000 元的部分	30%	4410
每月应纳税额超过 55000 元至 80000 元的部分	35%	7160
每月应纳税额超过 80000 元的部分	45%	15160

2. 税前扣除项目

税前扣除项目是指计算个人所得税时准予从收入中扣除的项目。综合所得的税前扣除项目包括四项：费用 60000 元/年（即免征额，5000 元/月）、专项扣除、专项附加扣除，以及依法确定的其他扣除项目后的余额。

其中，专项扣除包括基本养老保险、基本医疗保险、失业保险等社会保险费和住房公积金等；专项附加扣除包括子女教育、继续教育、大病医疗、住房贷款利息或者住房公积金、赡养老人等六项支出。其他扣除包括个人缴付的国家规定的企业年金、职业年金，个人购买符合国家规定的商业健康保险、税收递延型养老保险支出，以及国务院规定可以扣除的其他项目。

11.2.2　制作员工工资表

员工工资表是对工资管理表单的加工和整理，并汇总计算应发工资总额，再以此为依据计算个人所得税以及实发工资。下面讲解在 Excel 中制作员工工资表，并计算个人所得税及其实发工资。

说明：由于综合所得项目与税前扣除项目较多，且计算方法各有不同。限于篇幅，本例暂不考虑其他项目，仅以工资收入数据作为综合所得数据，以基本养老保险、失业保险、基本医疗保险数据作为税前扣除项目数据，计算个人所得税。

具体操作步骤如下：

第 1 步：打开素材文件

打开"素材文件\第 11 章\员工工资表.xlsx"文件，其中包含 5 张工作表，除"工资表"工作表外，其他 4 张工作表均为第 11.1 章制作，表格框架结构和数据内容与"工资管理表单.xlsx"文件完全相同。"工资表"工作中的表格基本框架与原始数据如下图所示。

第 2 步：引用工资管理表单中的数据

❶在 D3 单元格中设置公式"=XLOOKUP($A3,INDIRECT(D$2&"表!A:A"),INDIRECT(D$2&"表!D:D"))"，运用 XLOOKUP 函数，根据 A3 单元格中的员工编号，从"基本工资表"工作表中的 A:A 列区域查找相同内容，并返回"基本工资表"工作表中 D:D 列区域中与之匹配的基本工资数据。其中，XLOOKUP 函数的第 2 和第 3 个参数均嵌套了 INDIRECT 函数公式。第 2 个参数"INDIRECT (D$2&"表!A:A")"的作用是引用 D2 单元格中的文本"基本工资"，并与文本"表!A:A"组合而成的"基本工资表"工作表中的 A:A 列区域，以此构建成为 XLOOKUP 的查找区域，即"基本工资表!A:A"。第 3 个参数同理，构建成为 XLOOKUP 的返回区域。❷将 D3 单元格公式填充至 E3:F3 单元格区域中，将 E3 和 F3 单元格中的 XLOOKUP 函数的第 3 个参数中的"D:D"部分修改为"F:F"和"G:G"。❸将 D3:F3 单元格区域中的公式填充至 D4:F15 单元格区域中，如下图所示。

第3步：计算应发工资

选中 G3:G15 单元格区域，按组合键"Alt+="，自动添加 SUM 函数公式，并计算得到每位员工的应发工资数据，如下图所示。

第4步：引用代扣代缴的保险费

❶在 H3 单元格中设置公式 "=XLOOKUP($A3,INDIRECT(RIGHT(H$2,3)&"!A:A"),INDIRECT(RIGHT(H$2,3)&"!G:G"))"，公式原理与 D3 单元格公式同理。❷将 H3 单元格公式填充至 H4:H15 单元格区域中，如下图所示。

第5步：绘制个人所得税计算表框架

在 M2:Q16 单元格区域中绘制表格框架，设置好标题、字段名称及基本格式，在 M3:M15 单元格区域中填入每月可扣除的固定费用金额"5000"，预先在 M16:N16 和 P16:Q16 单元格区域中设置 SUM 函数求和公式，如下图所示。

第6步：计算应纳税所得额

❶在 N3 单元格中设置公式 "=IF(G3-H3-M3<0,0,G3-H3-M3)"，运用 IF 函数判断得到"G3－H3－M3"（应发工资－代扣代缴保险费－扣除费用）的值小于 0 时，无须纳税，即返回 0，否则返回"G3-H3-M3"的计算结果；❷将 N3 单元格中公式填充至 N4:N15 单元格区域中，如下图所示。

第 7 步：计算个人所得税税率

❶在 O3 单元格中设置公式 "=MAX(IF(N3>{0,3000,12000,25000,35000,55000,80000},{0.03,0.1,0.2,0.25,0.3,0.35,0.45}),0))"，运用 IF 函数判断得到 N3 单元格中的"应纳税所得额"大于第 1 个数字里 7 个数字中的某个数字时，分别返回第 2 个数组中与之排列顺序对应的税率。然后嵌套 MAX 函数返回税率与数字 0 之间的最大数字，即返回税率。❷将 O3 单元格公式填充至 O4:O15 单元格区域中，如下图所示。

第 8 步：计算速算扣除数

❶在 P3 单元格中设置公式 "=MAX(IF(O3={0.03,0.1,0.2,0.25,0.3,0.35,0.45},{0,210,1410,2610,4410,7160,15160}),0))"，运用 IF 函数判断得到 O3 单元格中的税率等于第 1 个数组中的某一个数字时，即返回第 2 个数组中与之排列顺序对应的速算扣除数。再运用 MAX 函数返回速算扣除数与 0 之中的最大数字，即返回速算扣除数。❷将 P3 单元格公式填充至 P4:P15 单元格区域中，如下图所示。

第 9 步：计算应纳税额

❶在 Q3 单元格中设置公式 "=ROUND(N3*O3-P3,2)"，用 N3 单元格中的"应纳税所得额"乘以 O3 单元格中的"税率"，再减掉 P3 单元格中的"速算扣除数"，即可得到应纳税额；❷将 Q3 单元格中的公式填充至 Q4:Q15 单元格区域中，如下图所示。

第 10 步：测试效果

分别在 N3:N8 单元格中直接输入大于 3000、12000、25000、35000、55000 和 80000 的数字，可看到 O3:O8 单元格区域、P3:P8 单元格区域中分别返回了对应的税率和速算扣除数，如下图所示。

注意，在测试完毕后，务必恢复 N3:N8 单元格区域中的公式。

第 11 步：引用应纳税额

❶在 I3 单元格中设置公式"=Q3"，直接引用 Q3 单元格中的"应纳税额"；❷将 I3 单元格公式填充至 I4:I15 单元格区域中，如下图所示。

第 12 步：计算实发工资

❶在 J3:J15 单元格区域中填入部分"其他扣款"数据；❷在 K3 单元格中设置公式"=ROUND (G3-SUM(H3:J3),2)"，用 G3 单元格中的应发工资减掉 H3:J3 单元格区域中应扣除的项目合计数，即可得到实发工资数据。将 K3 单元格中的公式填充至 K4:K15 单元格区域中，如下图所示。

11.2.3 制作自动工资条

实务中，为了让每一位员工都明确了解各自的具体工资结构，在实际发放工资的同时，还需要附上一份"工资条"，其中仅列示一名员工的工资明细，以便分别发送给每位员工。下面运用 COUNTA、COUNTIF、TEXT、VLOOKUP、MATCH 等函数设置公式制作工资条，使之与工资表数据同步自动生成数据。具体操作步骤如下。

第 1 步：复制表格框架

❶在"员工工资表"工作簿中新增一张工作表，重命名为"工资条"，将"工资表"工作表中的 A1:K3 单元格区域内容全部复制粘贴至"工资条"工作表中的 A1:K3 单元格区域中，在 A4:K4 单元格区域添加加一虚线下边框，作为分割线或裁剪线，将 A1 单元格中的标题文本修改为公式"="2022年 3 月工资条""，可避免在填充工资条时，自动填充标题中的数字；❷工资条中一般不必设置"所属部门"字段，因此可将其删除，同时删除 A3:K3 单元格区域中的内容，如下图所示。

第 2 步：统计员工人数

❶在 K1 单元格中设置公式"=COUNTA(工资表!A:A)-3"，运用 COUNTA 函数统计"工资表"工作表中"员工编号"字段所在的 A:A 列区域中文本的数量，减 3 是要减掉工资表标题、字段行，以及合计行所占用的 3 行。这一公式结果将用于下一步自动生成员工编号。❷将 K1 单元格格式设置为"自定义"格式，代码为"共#名员工"，可使其显示为"共 13 名员工"，如下图所示。

第 3 步：自动生成员工编号

在 A3 单元格中设置公式 "= ="YG"&TEXT (IF(COUNTIF(B$2:B2,B2)<=K$1,COUNTIF(B$2:B2,B2),0),"000")"，自动生成员工编号。公式原理如下：

首先运用 COUNTIF 函数统计 B$2:B2 单元格区域中包含 B2 单元格中的内容的单元格数量，再使用 IF 函数判断其结果是否小于 K1 单元格中的员工人数，如果是，就返回 COUNTIF 函数公式的结果；否则，返回 0。最后嵌套 TEXT 函数将 IF+COUNTIF 函数组合的计算结果转换为 "000" 格式，并与文本 "YG" 组合，即可构成员工编号。公式结果如下图所示。

第 4 步：引用其他工资数据

❶在 B3 单元格中输入公式 "=VLOOKUP($A3,工资表!$A:$K,MATCH(B$2,工资表! $2:$2,0), 0)"，运用 VLOOKUP 函数根据 A3 单元格中的员工编号，在 "工资表" 工作表中的 A:K 区域中查找相同的员工编号，并返回与之匹配的工资数据。其中，VLOOKUP 函数的第 3 个参数使用了 MATCH 函数自动定位 B2 单元格中的字段名称在 "工资表" 工作表的 "2:2" 区域中所在的列数。❷将 B3 单元格公式填充至 C3:J3 单元格区域中。VLOOKUP 函数的第 3 个参数无须进行手动修改。公式结果如下图所示。

第 5 步：填充工资条

选中 A1:J4 单元格区域，使用填充柄向下面区域填充，直至员工编号被填充为 "YG013" 为止。此时即完成全部员工工资条的制作，如右图所示。

> 💡温馨小提示
>
> 本例制作的工资条也可用于员工个人工资查询。只需保留一份 "工资条" 表格，再将 "员工编号" 制作为下拉列表，即可根据所选员工编号查询其工资数据。

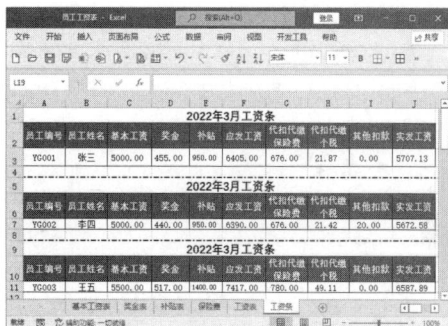

11.3　制作工资系统登录对话框

案例概述

为了防止他人查看或者更改工资系统信息，可以设置用户登录对话框，只有输入正确的用户名和密码之后才可以进入工资系统。本节首先介绍如何将 Excel 保存为启用宏的工作簿，然后介绍如何设置个人信息选项与宏安全性，最后编辑 VBA 代码制作工资系统登录对话框。

案例效果

工资系统登录窗口的设置主要是通过 VBA 代码完成的，在 VBA 代码中要注明窗口名称、用户名、登录密码等信息。

"工资系统登录窗口"制作完成后，效果如下图所示。

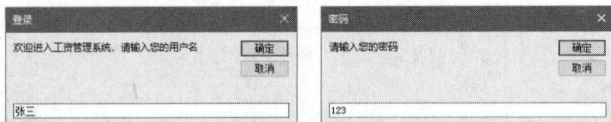

同步学习文件

原始文件：素材文件\第 11 章\工资登录窗口.xlsx

结果文件：结果文件\第 11 章\工资登录窗口.xlsx

同步视频文件：视频文件\第 11 章\11-3.mp4

制作思路

"工资登录窗口"的制作思路如下：

保存为启用宏的工作簿 ➡ 设置个人信息选项与宏安全性 ➡ 编辑VBA代码 ➡ 输入登录用户名和密码

11.3.1 保存为启用宏的工作簿

在 Excel 2007 及以上的版本中使用宏与 VBA 程序代码时，必须首先将 Excel 表格另存为启用宏的工作簿，否则将无法运行宏与 VBA 程序代码。保存为启用宏的工作簿的具体操作如下：

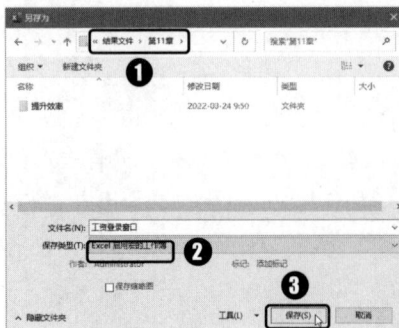

第 1 步：设置保存类型	第 2 步：查看已保存的工作簿
打开"素材文件\第 11 章\工资登录窗口.xlsx"文件，按快捷键 F12 打开"另存为"对话框，❶在"地址"框中选择存储路径为"结果文件\第 11 章"；❷ 在"保存类型"下拉列表中选择"Excel 启用宏的工作簿"选项；❸单击"保存"按钮，如下图所示。	打开"结果文件\第 11 章"文件夹，即可看到第 1 步保存为"Excel 启用宏的工作簿"文件，扩展名为".xlsm"，文件图标与 Excel 普通工作簿也有所区别，如下图所示。

(温馨小提示)

在 Excel 普通工作簿中编辑宏代码后，系统会弹出"无法在未启用宏的工作簿中保存以下功能"的提示信息，因此必须将工作簿保存为启用宏的工作簿。

11.3.2 设置个人信息选项与宏安全性

使用宏与 VBA 程序代码之前，要设置个人信息选项，取消"保存时从文件属性中删除个人信息"选项。另外，还需要设置宏的安全性，启用 VBA 宏，才能正常使用宏。具体操作方法如下：

第 1 步：执行信息中心设置命令

在当前"工资登录窗口.xlsm"工作簿中打开"Excel 选项"对话框，❶单击"信任中心"选项卡；❷单击"信息中心设置"按钮，如下图所示。

第 2 步：设置个人信息选项

弹出"信任中心"对话框，❶单击列表框中的"隐私选项"选项卡；❷取消选择"保存时从文件属性中删除个人信息"复选框，如下图所示。

第 3 步：设置宏安全性

❶单击列表框中的"宏设置"选项卡；❷选中"启用 VBA 宏(不推荐，可能运行危险代码)"选项钮；❸单击"确定"按钮，如右图所示。返回"Excel 选项"对话框再次单击"确定"按钮关闭对话框即可。

11.3.3 设置用户登录窗体

为了防止无关人员查看或者更改工资系统信息，可以设置用户登录窗口，只有输入正确的用户名和密码之后才可以进入该系统。接下来设置用户名为张三，密码为 123 的工资登录系统，具体操作方法如下：

第1步：执行 Visual Basic 命令

❶单击"开发工具"选项卡；❷单击"代码"组中的"Visual Basic"按钮，如下图所示。

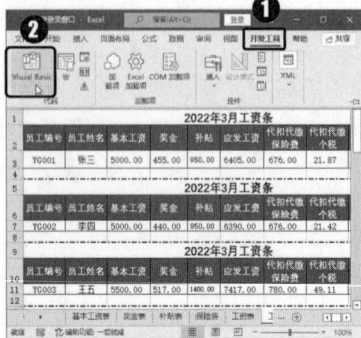

第2步：选择 This Workbook 模块

弹出"Microsoft Visual Basic for Applications–工资登录窗口.xlsm"编辑器窗口，在"工程–VBA Project"列表框中双击"ThisWorkbook"模块，如下图所示。

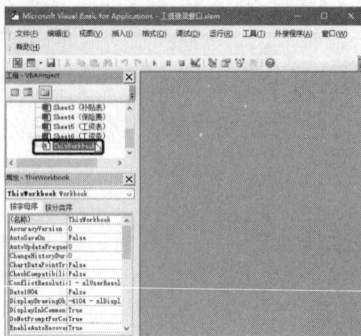

第3步：编辑 vba 代码

在弹出的代码编辑框中输入以下代码，输入完毕，单击工具栏中的"保存"按钮，如右图所示。

```
Private Sub Workbook_Open()
Dim m As String
Dim n As String
Do Until m = "张三"
    m = InputBox("欢迎进入工资管理系统，请输入您的用户名", "登录", "")
  If m = "张三" Then
    Do Until n = "123"
        n = InputBox("请输入您的密码", "密码", "")
        If n = "123" Then
            Sheets("工资条").Select
        Else
```

```
MsgBox "密码错误！请重新输入！", vbOKOnly, "登录错误"
        End If
    Loop
Else
    MsgBox "用户名错误！请重新输入！", vbOKOnly, "登录错误"
  End If
Loop
End Sub
```

第4步：输入用户名

操作完成后，关闭"工资登录窗口.xlsm"工作簿再重新打开，即弹出"登录"窗口，❶输入设置好的用户名"张三"，❷然后单击"确定"按钮，如下图所示。

第5步：输入密码

弹出"密码"对话框，❶输入设置好的登录密码"123"；❷单击"确定"按钮，即可进入工资管理系统，如下图所示。

11.4　提升效率——实用操作技巧

通过前面知识的学习，相信大家已经掌握了工资数据管理的相关知识，下面介绍一些实用技巧。

1. 使用辅助列制作工资条

除了使用 VLOOKUP 函数和数据填充功能制作工资条外，还可以通过设置辅助列的方法，快速制作工资条。接下来，使用辅助列制作工资条，具体操作方法如下：

第 1 步：填充连续奇数

打开"素材文件\第 11 章\提升效率\工资条.xlsx"文件，在 L2 单元格中输入文字"辅助列"，在 L3:L15 单元格区域中填充 1～25 的连续奇数，如下图所示。

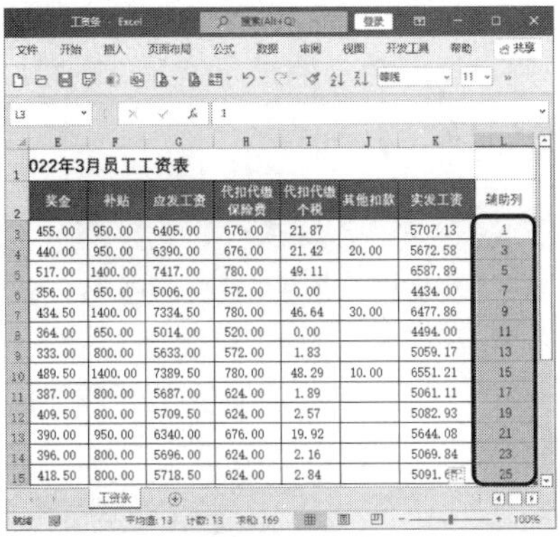

第 2 步：填充连续偶数

在 L16:L27 中填充 2～24 之间的连续偶数，如下图所示。

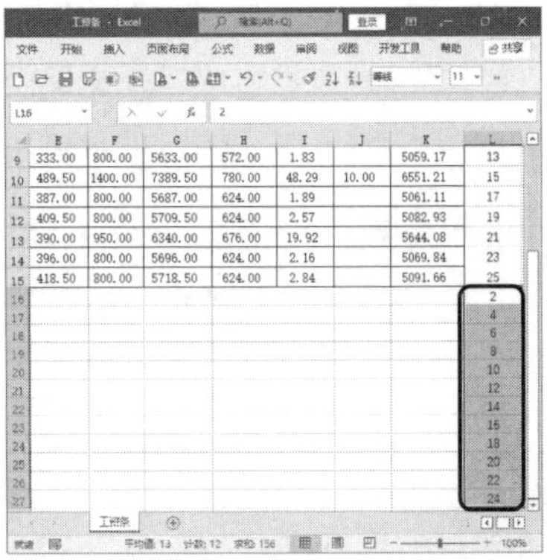

第 3 步：复制粘贴标题行

复制标题行（A2:K2 单元格区域），将其粘贴在 2～24 之间的连续偶数行中，如下图所示。

第 4 步：执行"升序"命令

将 3:27 区域的行高调整至与第 2 行行高一致，❶选中 L3:L27 单元格区域，单击"数据"选项卡；❷单击"排序和筛选"组中的"升序"按钮，如下图所示。

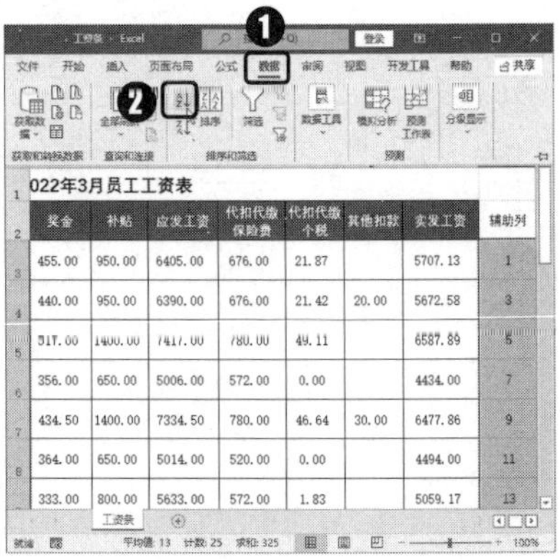

第5步：执行排序

弹出"排序提醒"对话框，系统默认选中"扩展选定区域"单选钮。直接单击"排序"按钮即可，如下图所示。

第6步：查看排序结果

操作完成后，即可看到按辅助列的数值进行升序排序的结果，如下图所示。

在工资条制作完成后，删除"辅助列"即可。

2. 打开文件时弹出提示对话框

在打开 Excel 文件时，如果需要弹出对话框，向用户显示简单的提示信息，就可以使用 MsgBox 函数编辑代码，弹出提示消息框。具体操作方法如下：

第1步：执行查看代码命令

打开"素材文件\第 11 章\提升效率\工资管理系统.xlsm"文件，❶单击"开发工具"选项卡；❷单击"控件"组中的"查看代码"按钮 🔲，如下图所示。

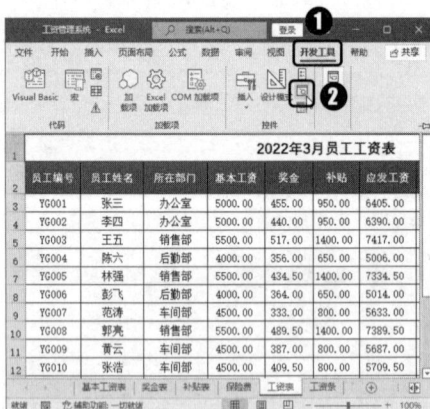

第2步：选择"This Workbook"模块

弹出"Microsoft Visual Basic for Applications – 工资管理系统.xlsm"编辑器窗口，在"工程 – VBAProject"列表框中双击"ThisWorkbook"模块，如下图所示。

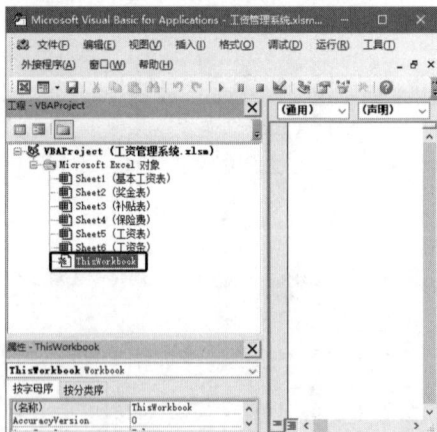

第 3 步：选择 "Workbook" 对象

在弹出的代码编辑框上方左侧 "对象" 下拉列表中选择 "Workbook" 对象，右侧的 "事件" 自动被选择为 "Open" 事件。此时代码编辑框中自动显示以下两行代码，如下图所示。

```
"Private Sub Workbook_Open()

End Sub"
```

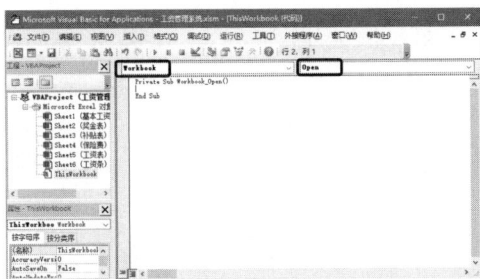

第 4 步：输入 Visual Basic 代码

在两行代码之间的第 2 行输入以下代码，输入完毕，单击工具栏中的 "保存" 按钮，如下图所示。

```
"MsgBox prompt:="欢迎进入工资管理系统! ",
Buttons:=vbOKOnly+vbInformation,
Title:="打开文件""
```

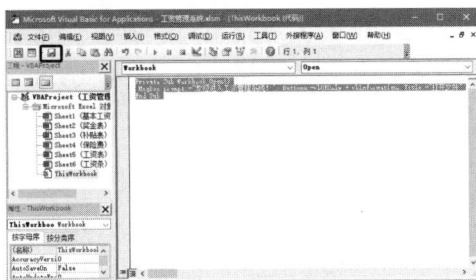

第 5 步：重新打开文件

关闭 "工资管理系统.xlsm" 后重新打开，即可看到工作簿后重新打开，Excel 即弹出对话框，并显示提示信息。单击 "确定" 按钮即可关闭对话框，如右图所示。

3. 使用自定义函数计算个税

在实际工作中，财务人员经常遇到在计算工资时，代扣个人所得税的情况。除了可使用 Excel 普通函数进行计算外，还可以巧妙运用 Visual Basic 代码编辑器功能，自定义函数计算个人所得税。

在 Microsoft Visual Basic 编辑器中自定义个人所得税函数 "sds"，Visual Basic 代码如下：

```
Option Explicit
Public Function sds(gz As Currency) As Currency
' 根据工资计算个税
   If gz > 80000 Then
     sds = gz * 0.45 - 15160
       Else
       If gz > 55000 And gz <= 80000 Then
         sds = gz * 0.35 - 7160
         Else
         If gz > 35000 And gz <= 55000 Then
          sds = gz * 0.3 - 4410
```

```
        Else
    If gz >25000 And gz <= 35000 Then
      sds = gz * 0.25 -2660
      Else
      If gz > 12000 And gz <= 25000 Then
        sds = gz * 0.2 - 1410
        Else
        If gz > 3000 And gz <=12000 Then
          sds = gz * 0.1 - 210
          Else
          If gz > 0 And gz <= 3000 Then
            sds = gz * 0.03
            Else
            sds = 0
          End If
        End If
      End If
    End If
  End If
End If
End Function
```

下面自定义函数个人所得税函数"sds"来计算个人所得税，具体操作步骤如下：

第 1 步：打开素材文件

打开"素材文件\第 11 章\提升效率\自定义计税函数.xlsm"文件，可以看到本月应付工资"8500"，代扣代缴保险费为"892.5"，求本月应该缴纳的个人所得税税额，如下图所示。

第 2 步：打开 Visual Basic 编辑器

按 Alt+F11 组合键，打开 Microsoft Visual Basic 编辑器，如下图所示。

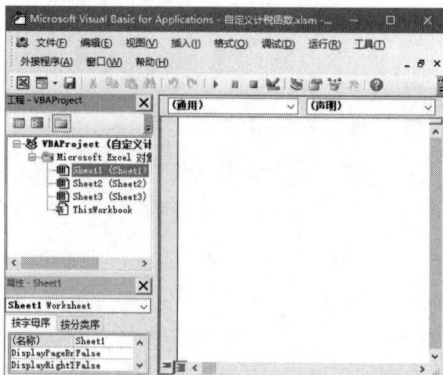

第 3 步：插入模块

❶单击"插入"选项卡；❷在弹出的下拉菜单中选择"模块"命令，如下图所示。

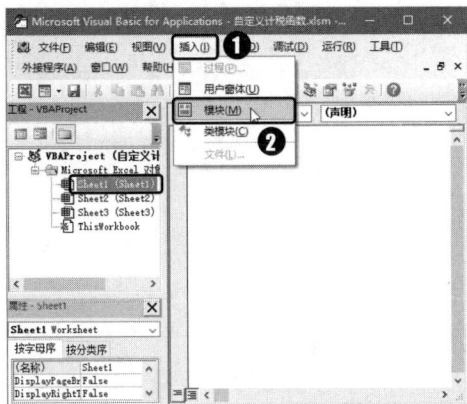

第 4 步：输入 Visual Basic 代码

❶在"模块 1"的代码编辑框中输入下图所示的代码；❷单击"保存"按钮。

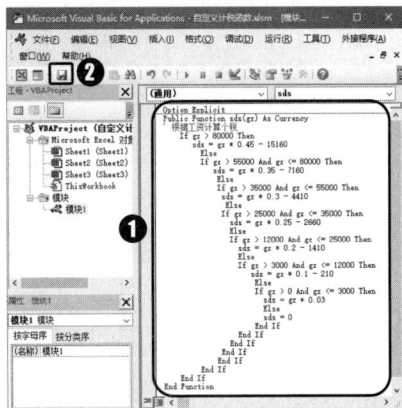

第 5 步：输入公式

关闭 Microsoft Visual Basic 编辑器窗口，返回工作表，在 C3 单元格中设置公式"=ROUND(sds(A3-B3-5000),2"，即可计算得到应当代扣代缴的个人所得税税额，如右图所示。

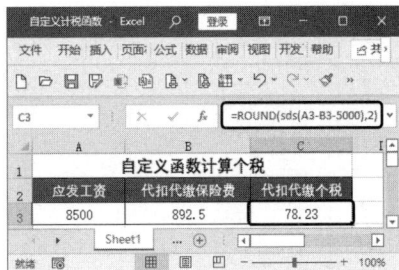

财务报表与指标分析

↳本章导读

　　财务报表是反映企业或预算单位一定时期的财务状况、经营成果和现金流量的结构性报表，是为企业提供最重要财务信息的报表之一。财务指标是企业对财务状况和经营成果进行总结和评价的重要指标。本章主要介绍如何充分运用 Excel 计算和分析财务报表与财务指标数据。

↳知识要点

- ❖ 资产负债表变动分析
- ❖ 利润表趋势分析和结构分析
- ❖ 现金流量表结构分析和趋势分析
- ❖ 偿债能力指标分析

- ❖ 营运能力指标分析
- ❖ 盈利能力指标分析
- ❖ 发展能力指标分析

↳案例展示

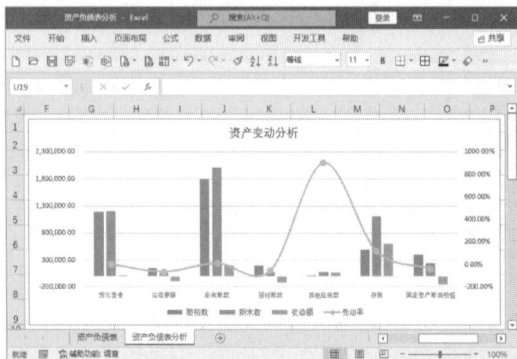

12.1 财务报表分析

案例概述

　　财务报表是指对企业财务状况、经营成果和现金流量的结构性表述。财务报表主要包括资产负债表、利润表、现金流量表、所有者权益变动表。本节介绍如何运用 Excel 分析财务报表的思路和方法，帮助财务人员高效地完成财务报表分析这项重要的工作任务。

案例效果

　　本节部分案例效果如下图所示。

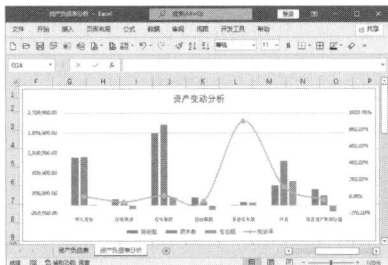

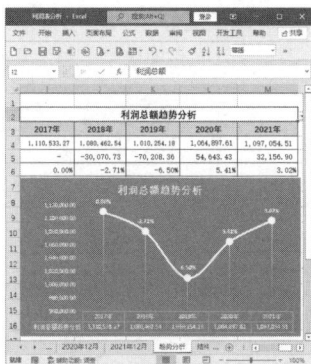

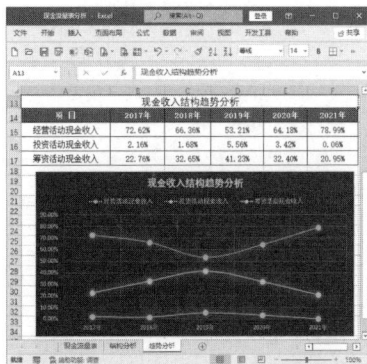

同步学习文件

　　原始文件：素材文件\第 12 章\资产负债表分析.xlsx、利润表分析.xlsx、现金流量表分析.xlsx

　　结果文件：结果文件\第 12 章\资产负债表分析.xlsx、利润表分析.xlsx、现金流量表分析.xlsx

　　同步视频文件：视频文件\第 12 章\12-1.mp4

制作思路

　　资产负债表管理与分析的制作思路如下：

资产负债表分析 ➡ 利润表分析 ➡ 现金流量表分析

12.1.1 资产负债表分析

资产负债表是反映企业在某一特定日期所拥有或控制的经济资源，以及所承担的现时义务和所有者对净资产的要求权的财务报表，是企业经营活动的静态体现。从"资产=负债+所有者权益"这一平衡式可知，式中任意一个要素发生变化，都必然引起其他一个或两个要素同步发生变化。对于资产负债表的分析，主要可从资产变动、负债变动以及所有者权益变动方面进行分析。

1. 资产变动分析

资产主要包括货币资金、应收票据、应收账款、预付账款、其他应收款、存货等科目。资产类会计项目的期末余额变动，必然会引起总资产的变动。下面对资产负债表中的资产类会计项目的期初余额和期末余额进行对比，并使用图表功能，制作资产变化分析图，分析各资产项目的变动情况和变化趋势。具体操作方法如下：

第 1 步：打开素材文件	第 2 步：绘制表格框架
打开"素材文件\第 12 章\资产负债表分析.xlsx"文件，其中包含 1 张名称为"资产负债表"的工作表，资产负债表的数据内容如下图所示。 	新增一张工作表，重命名为"资产负债表分析"，并绘制 3 个框架完全相同的表格，分别用于资产、负债和所有者权益项目的变动分析，再设置好字段名称和基本格式，将需要分析的项目分类填入 3 个表格中，如下图所示。
第 3 步：引用资产项目的期初数和期末数	**第 4 步：计算资产项目的变动额与变动率**
❶ 在 B3 单元格中设置公式 "=XLOOKUP($A3, TRIM(资产负债表!$A:$A),资产负债表!C:C,0)"，运用 XLOOKUP 函数在"资产负债表"工作表中 A:A 列区域中查找与 A3 单元格中相同的项目名称，并返回 C:C 列区域中与之匹配的期初数。如果找不到，就返回 0。本例嵌套了 TRIM 函数，其作用是清除"资产负债表"工作表中 A:A 列区域单元格中的空格。❷ 将 B3 单元格公式填充至 C3	❶ 在单元格 D3 中输入公式 "=ROUND(C3-B3,2)"，用 C3 单元格中的"期末数"减 B3 单元格中的"期初数"，即可计算得到该资产项目的"变动额"数据。❷ 在 E3 单元格中设置公式 "=ROUND (D3/B3,4)"，用 D3 单元格中的"变动额"除以 B3 单元格中的"期初数"，即可得到该资产项目的"变动率"数据。❸ 将 D3:E3 单元格区域中的公式填充至 D4:E9 单元格区域中，即可得到其他资产项目的

单元格中，引用 A3 单元格中资产项目的期末数。

❸将 B3:C3 单元格区域中的公式填充至 B4:B9 单元格区域中，引用其他资产项目的期初数和期末数，如下图所示。

"变动额"与"变动率"数据，如下图所示。

第5步：执行"推荐的图表"命令

❶选中 A2:E9 单元格区域，单击"插入"选项卡；❷在"图表"组中单击"推荐的图表"按钮，如下图所示。

第6步：选择推荐的图表

弹出"插入图表"对话框，默认选择列表中的"簇状柱形图"选项，直接单击"确定"按钮即可，如下图所示。

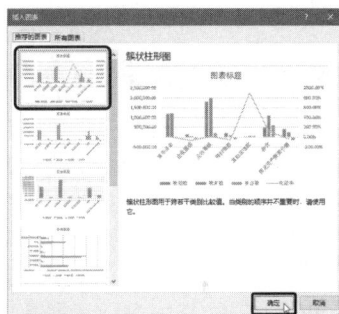

第7步：设置图表标题

返回工作表，选中图表中的"图表标题"文本框，输入标题内容"资产变动分析"，如下图所示。

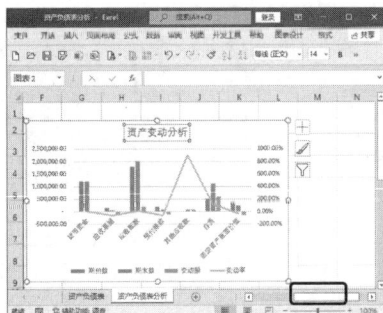

第8步：调整图表布局

对图表布局进行一系列调整。包括：调整主要纵坐标轴的边界值、设置"变动率"数据系列的线条和标记样式、调整横坐标轴的位置以及标签字体的大小，等等。最终效果如下图所示。

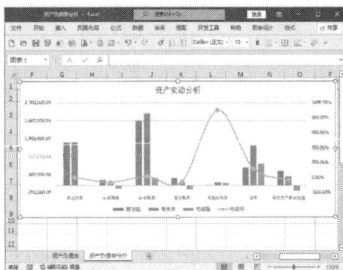

温馨小提示

从图表中不难看出，应收票据和预付账款的增长率为负数，说明了企业的应收票据和预付账款在减少，现金流在增加，坏账损失的风险在降低。如果收入未降低，那么应收票据和预付账款的增长率仍为负数，那就说明企业产品销势良好，供不应求，企业利润也会大幅增长；但是，要是由于收入下降而引起的应收项目的增长率为负数，就不是有利因素了。可能存在市场萎缩或竞争力下降的现象，说明企业前景不好。

此外，其他应收款的变动率为 903.75%，波动幅度最大，对总资产影响也最大。从审计的角度讲，该公司其他应收款项目骤增，可能是信用政策放宽所导致，但也有可能是企业通过该账户在调节利润。如果管理层不能做出合理解释，就应认定为存在重大错报风险，可能的原因是管理层贪污、挪用、股东抽逃资金、虚增收入，或是关联方相互串通通过关联交易虚增资产和利润等。

---

2. 负债变动分析

负债主要包括短期借款、应付票据、应付账款、预收账款、应付职工薪酬、应交税费、应付利润、其他应付款等科目。负债类期末余额变动，必然会引起总负债的变动。接下来对资产负债表中的负债类会计项目的期初余额和期末余额进行对比，并制作负债变化分析图，分析各负债项目的变动情况和变动趋势，具体操作方法如下：

第 1 步：引用负债项目的期初数和期末数

❶在 B13 单元格中设置公式 "=XLOOKUP($A13,TRIM(资产负债表 !$E:$E),资产负债表！G:G,0)"，即可从"资产负债表"中引用 A13 单元格中负债项目的期初数；❷将 B13 单元格公式填充至 C13 单元格中，即可引用 A13 单元格中资产项目的期末数；❸将 B13:C13 单元格区域中的公式填充至 B14:C20 单元格区域中，即可引用其他负债项目的期初数和期末数，如下图所示。

第 2 步：计算负债项目的变动额与变动率

将 D9:E9 单元格区域公式复制粘贴至 D13:E20 单元格区域中，即可计算得到各负债项目的变动额与变动率，如下图所示。

第 3 步：插入图表

选中 A12:E20 单元格区域，使用"推荐的图表"功能插入一个簇状柱形图与折线图组合的图表，如下图所示。

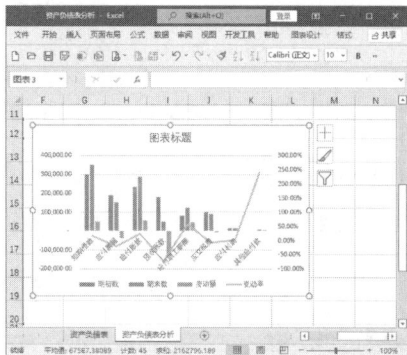

第 4 步：调整图表布局

对图表布局进行一系列调整。最终效果如下图所示。

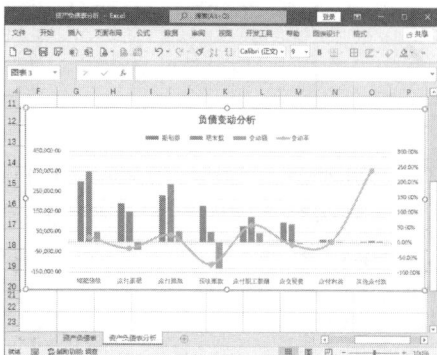

温馨小提示

从图表中不难看出，应付票据和预收账款项目的增长率为负数，应付项目的减少，会引起企业资金的减少，从而影响经营活动，间接影响到企业利润。

此外，其他应付款的变动率为 **240%**，波动幅度最大，对总负债的影响也最大。其他应付款余额太大，可能存在企业有未结转入账的经营收入或其他收入，挂在了其他应付款科目内。对此，应逐笔核实其来源，再根据款项性质确定结转方式，不得贸然结转到长期借款科目。

3. 所有者权益变动分析

所有者权益包括实收资本、资本公积、盈余公积和未分配利润等科目。所有者权益类会计项目的期末余额变动，必然会引起所有者权益增减变动。接下来对资产负债表中的所有者权益增减变动类会计项目的期初余额和期末余额进行对比，使用图表功能，制作所有者权益增减变动分析图，分析各所有者权益增减变动项目的变动额和变动率。具体操作方法如下：

第 1 步：引用所有者权益的期初数和期末数

在"资产负债表"中，所有者权益与负债的项目名称、期初余额与期末余额分别位于同一列区域，因此这里直接将 B20:C20 单元格区域中的 XLOOKUP 中的函数公式复制粘贴至 B24:C27 单元格区域中，即可引用所有者权益项目的期初数和期末数，如下图所示。

第 2 步：计算所有者权益的变动额与变动率

将 D20:E20 单元格区域中的公式复制粘贴至 D24:E27 单元格区域中，即可计算得到所有者权益项目的变动额与变动率，如下图所示。

第 3 步：插入图表

选中 A23:E27 单元格区域，使用"推荐的图表"功能插入一个簇状柱形图与折线图组合的图表，如下图所示。

第 4 步：调整图表布局

对图表布局进行一系列调整。最终效果如下图所示。

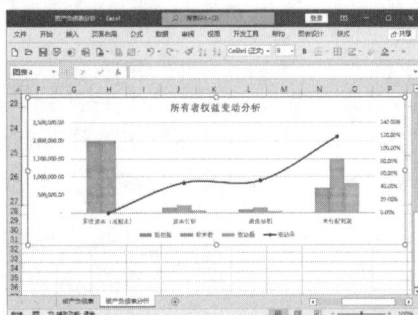

> **温馨小提示**
>
> 从图表中不难看出，资本公积、盈余公积、未分配利润等权益类项目的增长率较高，说明企业经营状况良好。

12.1.2 利润表分析

利润表是反映企业在一定会计期间的经营成果的财务报表。通过利润表，可以了解企业在一定期间内的收入和成本费用状况，并据此分析企业的盈利能力和利润来源。对于利润表数据，除了可通过报表数字本身分析企业的盈亏状况外，一般也可从趋势和结构方面对利润表数据进行对比分析。

1. 趋势分析

下面根据 2017—2021 年的利润表数据，计算各项目的环比增长额与增长率，并设置公式构建动态数据源，以此创建动态分析图表。具体操作方法如下：

第1步：打开素材文件

打开"素材文件\第 12 章\利润表分析.xlsx"文件，其中包含 5 张工作表，分别存储 2017—2021年 12 月的利润表。5 张表格的框架结构完全相同。如下图所示为 2021 年 12 月的利润表框架及数据。

第2步：制作趋势分析表框架

新增一张工作表，重命名为"趋势分析"，将其他任意一张工作表中的表格全部复制粘贴至新工作表中，删除表格中的全部金额，对表格框架稍微进行调整。操作完成后，效果如下图所示。

第3步：引用各年份的本年累计数

❶在 C4 单元格中设置公式"=XLOOKUP($A4,INDIRECT(C$3&"12 月!A:A"),INDIRECT(C$3&"12 月!D:D"),0)"，运用 XLOOKUP 函数在指定区域中查找与 A4 单元格中相同项目名称后，返回另一指定区域中与之匹配的"本年累计"数据。其中，第 2 个参数嵌套了 INDIRECT 函数，其作用是自动引用 C3 单元格的年份，并与固定文本"12 月!A:A"组合，计算结果为"2017 年 12 月!A:A"，因此构建成为 XLOOKUP 的查找区域。第 3 个参数嵌套INDIRECT 函数的作用是构建 XLOOKUP 函数的结果区域。❷将 C4 单元格公式复制粘贴至 C4:G23单元格区域中，即可引用全部年份的全部利润表项目的"本年累计"数据，如右图所示。

第4步：制作动态图表的数据源表格框架

在 I2:M6 单元格区域绘制动态图表的数据源表格框架，设置好字段名称与基本格式。其中，I2 单元格将于下一步制作利润表项目的下拉列表，并设置自定义格式，以生成动态标题，同时也将作为引用数据的关键字，如下图所示。

第5步：制作利润表项目的下拉列表

❶选中 I2 单元格，单击"数据"选项卡"数据工具"组中的"数据验证"按钮，弹出"数据验证"对话框，在"设置"选项卡下的"允许"下拉列表中选择"序列"选项；❷在"来源"文本框中输入要分析的利润表项目"营业收入，营业成本，税金及附加，销售费用，管理费用，财务费用，营业外收入，营业外支出，利润总额，所得税费用，净利润"；❸单击"确定"按钮，如下图所示。

第 6 步：设置自定义格式

返回工作表，在 I2 单元格下拉列表中选择一个利润表项目，如"营业收入"，将 I2 单元格格式设置为"自定义"，格式代码为"@趋势分析"，使之显示为"营业收入趋势分析"。效果如下图所示。

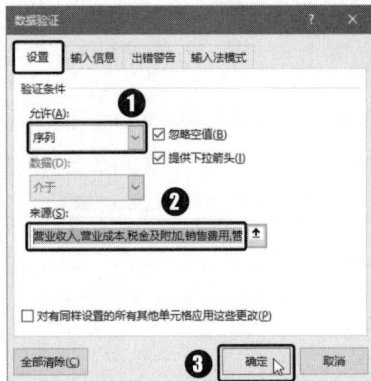

第 7 步：引用指定利润表项目数据

❶在 I4 单元格中设置公式 "=VLOOKUP("*"&$I$2&"*",$A$4:$G$23,MATCH(I3,$A$3:$G$3,0),0)"，运用 VLOOKUP 函数通过通配符 "*" 与 I2 单元格中的利润表项目组合而成的文本，在 A4:G23 单元格区域中查找与之匹配的数据。其中，VLOOKUP 函数的第 3 个参数运用 MATCH 函数自动定位 I3 单元格中的年份在 A3:G3 中的列数。❷将 I4 单元格公式填充至 J4:M4 单元格区域中，即可引用其他年份的数据，如下图所示。

第 8 步：计算增长额与增长率

❶2017 年的数据为基期数据，因此在 I5 和 I6 单元格中直接输入 0；❷在 J5 单元格中设置公式 "=ROUND(J4-I4,2)"，计算 2018 年比较 2017 年的增长额；❸在 J6 单元格中设置公式 "=ROUND(J5/I4,4)"，计算 2018 年的增长率；❹将 J5:J6 单元格区域中的公式复制粘贴至 K4:M6 单元格区域中，如下图所示。

第 9 步：插入带数据标记的折线图

❶选中 I3:M4 单元格区域，单击"插入"选项卡；❷在"图表"组中单击"折线图"下拉按钮；❸在弹出的下拉列表中选择"带数据标记的折线图"选项，如下图所示。

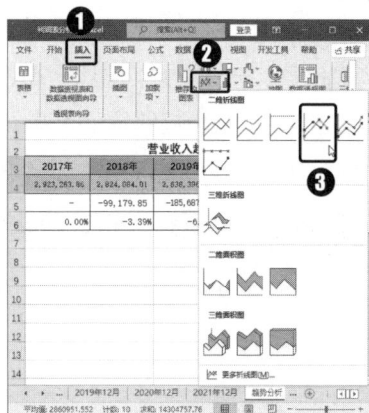

第 10 步：设置图表布局

返回工作表，对图表进行布局设置。如将"图表标题"链接至 I2 单元格，以生成动态标题；添加"数据标签"，并将标签的范围设置为 I6:M6 单元格区域（增长率）；添加"数据表"，并设置格式；一键套用图表内置样式；设置数据系列的标记和线条样式，等等。操作完成后，图表最终效果如下图所示。

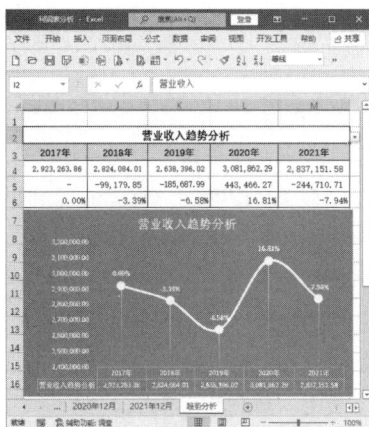

第 11 步：测试图表动态效果

在 I2 单元格中选择其他利润表项目，如"利润总额"，即可看到图表的动态变化效果，如下图所示。

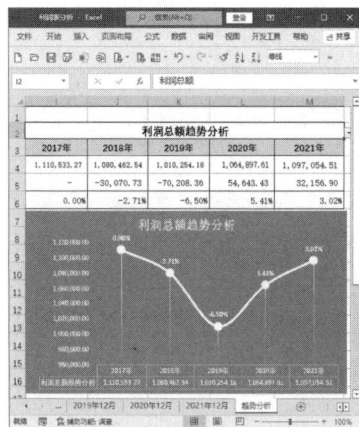

> **温馨小提示**
>
> 从"营业收入趋势分析"图与"利润总额趋势分析"图中可以看出，2017—2021 年这 5 年当中，2019—2020 年的营业收入增长率最高，但是利润总额的增长率却并不高，说明当年发生的各项费用，包括营业成本、税金及附加、销售费用、管理费用及财务费用也必然达到 5 年之中的最高点，同时，这些费用当中至少有一项费用的增长率远远高于营业收入的增长率。那么，企业即可据此找出问题，并及时调整未来销售政策，控制并减少相关费用的发生，从而使未来的利润总额得到提升。

2．结构分析

下面根据 2017—2021 年的利润表数据，创建动态瀑布图，既可呈现营业收入的组成结构，也可直观反映引起营业收入减少的因素，以及营业成本、税金、费用、所得税费用等减少值对营业利润、利润总额以及净利润的影响程度。具体操作步骤如下：

第1步：复制粘贴"利润表"并加以调整

新增一张工作表，重命名为"结构分析"，将"趋势分析"工作表中的"利润表"（A:G 区域）全部复制粘贴至新工作表中，删除利润表中"税金及附加"项目下的明细项目，以及无发生额的"投资收益"项目，删除"行次"字段列。调整完成后的效果如下图所示。

第2步：制作数据源表格框架

在 H3:I15 单元格区域中绘制表格框架，设置好基础格式，填入利润表项目名称，如下图所示。

第3步：制作年份的下拉列表

❶选中 I3 单元格，单击"数据"选项卡，在"数据工具"组中单击"数据验证"按钮，弹出"数据验证"对话框，在"设置"选项卡下的"允许"下拉列表中选择"序列"选项；❷单击"来源"文本框，选中 B3:F3 单元格区域，即可将其设置为下拉列表的"来源"；❸单击"确定"按钮，如下图所示。

第4步：引用指定年份的利润表项目数据

返回工作表，❶在 I3 单元格下拉列表中选择一个年份，如"2017 年"；❷在 I4 单元格中设置公式 "=XLOOKUP(I$3,B$3:F$3,B4:F4,0)"，运用 XLOOKUP 函数在 B3:F3 单元格区域中查找与 I3 单元格相同的年份，并引用 B4:F4 单元格中与之匹配的数据；❸将 I4 单元格公式复制粘贴至 I5:I15 单元格区域中，如下图所示。

第 5 步：将减除项目设置为负数

将利润表中的"营业成本""税金及附加""销售费用""管理费用""财务费用""营业外支出""所得税费用"这些减除项目的数据设置在其公式前添加负号"-"即可，如下图所示。

第 6 步：插入瀑布图

❶选中 H3:I15 单元格区域，单击"插入"选项卡；❷在"图表"组中单击"瀑布图"下拉按钮 ；❸在弹出的下拉列表中选择"瀑布图"选项，如下图所示。

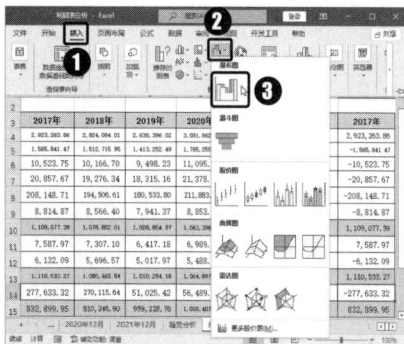

第 7 步：调整图表及横坐标轴标签字号大小

返回工作表，加宽图表区域的宽度，将横坐标轴上的标签字号适当调小，即可使标签不再倾斜，如下图所示。

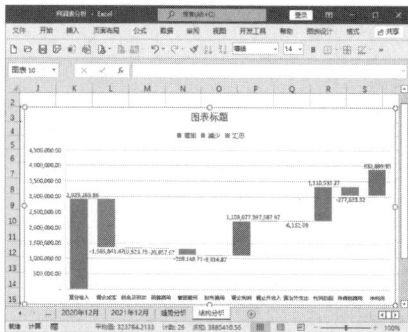

第 8 步：设置数据点为"汇总"

"营业利润""利润总额"和"净利润"项目为汇总数据，应将其设置为汇总项。

双击"营业利润"数据点，再次右击，在弹出的快捷列表中选择"设置为汇总"选项，如下图所示。按上述操作方法将"利润总额"与"净利润"数据点设置为"汇总"。

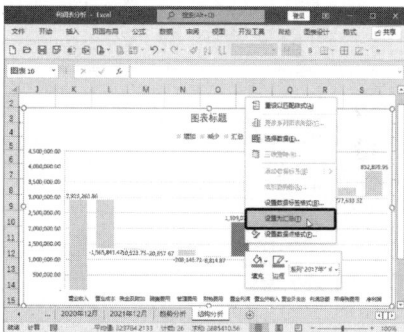

第 9 步：查看效果

操作完成后，即可看到"营业利润""利润总额"和"净利润"数据点被设置为"汇总"后的效果，如下图所示。

第 10 步：调整图表布局

对图表布局进行调整。如一键套用内置图表样式、设置图表标题（瀑布图暂不能设置动态标题），等等。调整完成后，效果如下图所示。

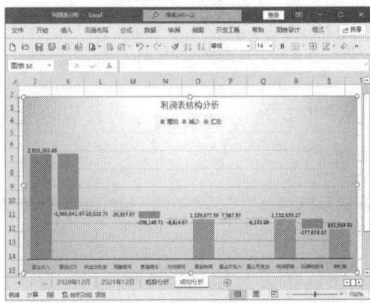

第 11 步：测试图表动态效果

在 I3 单元格下拉列表中选择其他年份，如"2021 年"，可看到瀑布图中数据系列变化效果，如右图所示。

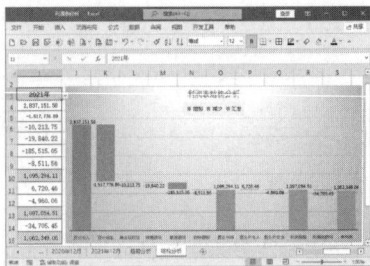

> **温馨小提示**
>
> 从 2021 年的"利润表结构分析"图可以看出，营业成本是引起营业收入减少的主要因素。在三大期间费用中，管理费用的占比最大；而利润总额虽然达到了 100 万元以上，但是所得税费用对其影响较小，结合 2021 年的所得税优惠政策分析即可知悉原因。

12.1.3 现金流量表分析

现金流量表是指反映企业在一定会计期间现金流入和流出情况的报表。现金流量表应当分别将经营活动、投资活动和筹资活动列报现金流量。现金流量应当分别按照现金流入和现金流出总额列报。

1. 结构分析

现金流量结构分析是对同一时期现金流量表中不同项目间的比较与分析，分析企业现金流入的主要来源和现金流出的方向，并评价现金流入流出对净现金流量的影响。

其中，现金流量结构比率是单项活动的现金流量与各单项活动现金流量之和的比率，说明企业现金总流量的构成情况。

$$现金流量结构比率 = \frac{各项活动现金流量}{各项活动现金流量之和}$$

该指标反映企业在三项活动中所产生的现金流量占三项活动现金流量总量的比率，即经营活动现金流量占全部现金流量的比率、投资活动现金流量占全部现金流量的比率和筹资活动现金流量占全部现金流量的比率。

下面根据现金流量表数据，计算现金收入和现金支出的结构占比，并设置公式将需要分析的项目定义为名称，构建动态数据源，创建动态现金结构分析图表。具体操作方法如下：

第 1 步：查看现金流量表

打开"素材文件\第 12 章\现金流量表分析.xlsx"文件，其中包含两张工作表，切换至"现金流量表"工作表，2021 年度现金流量表数据如下图所示。

第 2 步：查看现金收入和支出结构表

切换至"结构分析"工作表，其中包含两个表格，分别用于现金收入和现金支出结构的分析。表格框架及基础内容如下图所示。

第 3 步：引用现金收入数据

❶在 B4 单元格中设置公式 "=XLOOKUP(A13, 现金流量表!A:A, 现金流量表!B:B,0)"，运用 XLOOKUP 函数在"现金流量表"工作表的 A:A 列区域中查找与 A13 单元格相同的项目名称，并返回 B:B 列区域中与之匹配的数据（如果找不到，即返回 0）；❷将 B4 单元格公式复制粘贴至 B5:B6、B8:B11 与 B13:B15 单元格区域中，如下图所示。

第 4 步：计算现金收入合计数

❶分别在 B3、B7 与 B12 单元格中设置 SUM 函数求和公式，计算经营活动、投资活动与筹资活动产生的现金收入的合计数，如 B3 单元格公式为 "=ROUND(SUM(B4:B6),2)"；❷在 B16 单元格中设置公式 "=ROUND(SUM(B3,B7,B12),2)"，对经营活动、投资活动与筹资活动产生的现金收入的合计数再次求和，即可得到现金收入总合计数，如下图所示。

第 5 步：计算各项现金收入占比

❶在 C3 单元格中设置公式 "=ROUND(B3/B$16,4)"；❷将 C3 单元格公式复制粘贴至 C4:C16 单元格区域中，即可计算得到各项现金收入项目占 "现金收入合计" 的百分比，如下图所示。

第 6 步：计算各项现金支出占比

❶参照第 3~第 4 步操作，将 "现金流量表" 工作表中的现金支出数据引用至 "结构分析" 工作表中的 "二、现金支出结构表" 中，并计算现金支出的合计数；❷将 C16 单元格公式复制粘贴至 C20:C31 单元格区域中，即可计算得到各项现金支出项目占 "现金支出合计" 的百分比。结果如下图所示。

第 7 步：定义 "现金收入" 名称

❶按住 Ctrl 键，依次选中 B3、B7 和 B12 单元格，单击 "公式" 选项卡 "定义的名称" 组中的 "定义名称" 按钮，弹出 "新建名称" 对话框，在 "名称" 文本框中输入名称 "现金收入"；❷单击 "确定" 按钮，如下图所示。

第 8 步：定义 "现金支出" 名称

❶按住 Ctrl 键，依次选中 B20、B25 和 B27 单元格，单击 "公式" 选项卡 "定义的名称" 组中的 "定义名称" 按钮，弹出 "新建名称" 对话框，在 "名称" 文本框中输入名称 "现金支出"；❷单击 "确定" 按钮，如下图所示。

第 9 步：制作下拉列表

❶选中 E1 单元格，单击 "数据" 选项卡 "数据工具" 组中的 "数据验证" 按钮，弹出 "数据验证" 对话框，在 "设置" 选项卡下的 "允许" 下拉列表中选择 "序列" 选项；❷在 "来源" 文本框中输入 "现金收入结构分析,现金支出结构分析"；❸单击 "确定" 按钮，如下图所示。

第 10 步：定义 "现金结构分析" 名称

❶返回工作表，在 E1 单元格下拉列表中选择一个选项，如 "现金收入结构分析"；❷单击 "公式" 选项卡 "定义的名称" 组中的 "定义名称" 按钮，弹出 "新建名称" 对话框，在 "名称" 文本框中输入名称 "现金结构分析"；❸在 "引用位置" 文本框中输入公式 "=IF($E$1="现金收入结构分析",现金收入,现金支出)"，运用 IF 函数判断 E1

单元格中的文本为"现金收入结构分析"时，返回名称"现金收入"所包含的范围，否则返回名称"现金支出"包含的范围，这样即可构建成为动态图表的动态数据源；❹单击"确定"按钮，如下图所示。

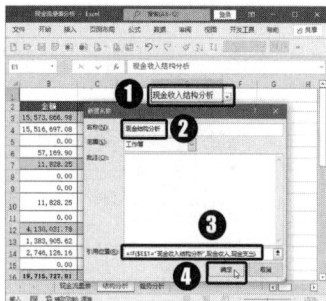

第 11 步：插入空白三维饼图

❶选中任意一个空白单元格，单击"插入"选项卡；❷在"图表"组中单击"插入饼图或圆环图"下拉按钮📊；❸在弹出的下拉列表中选择"三维饼图"选项，如下图所示。

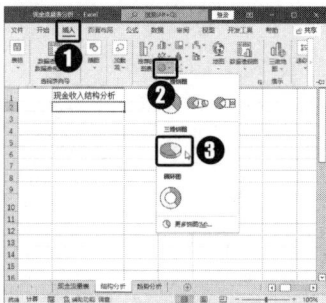

第 12 步：执行"选择数据"命令

右击空白三维饼图，在弹出的快捷列表中选择"选择数据"命令。

第 13 步：编辑数据系列

弹出"选择数据源"对话框，❶单击"图例项（系列）"列表框下方的"编辑"按钮；❷弹出"编辑数据系列"对话框，单击"系列名称"文本框，选中 E1 单元格；❸单击"系列值"文本框，输入"=现金流量表分析!现金结构分析"，即可引用第 10 步定义的名称"现金结构分析"；❹单击"确定"按钮，如右图所示。返回"选择数据源"对话框后再次单击"确定"按钮关闭对话框即可。

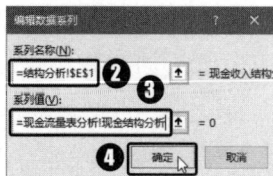

第 14 步：查看图表

返回工作表，即可看到三维饼图已呈现第 7 步定义的名称"现金收入"中所引用的单元格中的数据。效果如下图所示。

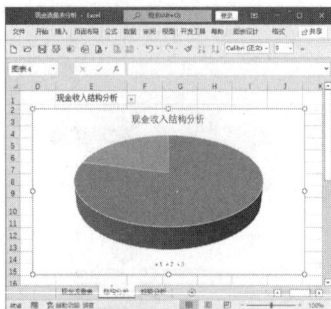

第 15 步：调整图表布局

对图表布局进行一系列调整，包括添加数据标签并设置其格式；一键套用内置图表样式；删除不必要的图例项，等等。调整完成后，效果如下图所示。

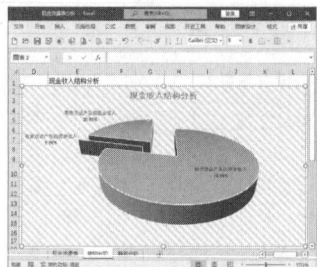

第 16 步：测试动态效果

在 E1 单元格下拉列表中选择"现金支出结构分析"选项，即可看到图表呈现了第 8 步定义的名称"现金支出"中所引用的单元格中的数据。效果如下图所示。

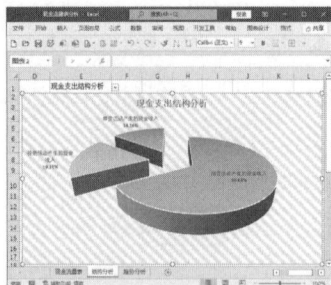

温馨小提示

从"现金结构分析"图中可以看出，企业现金流入的主要来源是经营活动产生的现金流入，占比 78.99%，如果要增加企业的现金流入，主要依靠企业的日常经营活动。

企业现金支出的主要方向是经营活动产生的现金流出，占比 66.68%，说明企业现金支出首先应满足生产经营正常交易的需要，如支付货款、发放工资、缴纳税金等，然后才能用于支付借款利息、分配股息，最后才能考虑对外投资。

2. 趋势分析

现金流量趋势分析主要是通过观察连续几个报告期的现金流量表，对报表中的现金收入、现金支出等重要项目进行对比，比较分析各期指标的增减变化，并在此基础上判断其发展趋势，进而对企业未来发展趋势做出预测的一种方法。对现金流量进行科学合理的趋势分析，可以帮助报表使用者了解企业财务状况的变动趋势，了解企业财务状况变动的原因，在此基础上预测企业未来财务状况，从而为决策提供依据。接下来运用公式、数据验证功能构建动态数据源，创建动态图表，根据 2017—2021 年连续 5 年的经营活动、投资活动和筹资活动的现金收入比重，分析现金收入结构的发展趋势。具体操作方法如下：

第 1 步：在现金结构趋势分析表中填入数据

切换至"趋势分析"工作表，其中包含两个表格，分别列示了 2017—2020 年的经营活动、投

第 2 步：绘制数据源表格框架

在 A14:F17 单元格区域中绘制表格框架，并设置好字段名称及基础格式，预留 A13 单元格制

资活动和筹资活动的现金收入和现金支出的比重。将前面计算得到的 2021 年的经营活动、投资活动和筹资活动的现金收入和现金支出各占现金收入与现金支出和的百分比数字填入表中，如下图所示。

作下拉列表，生成动态标题，如下图所示。

第 3 步：制作下拉列表

❶选中 A13 单元格，单击"数据"选项卡"数据工具"组中的"数据验证"按钮，弹出"数据验证"对话框，在"设置"选项卡下的"允许"下拉列表中选择"序列"选项；❷在"来源"文本框中输入"现金收入结构趋势分析,现金支出结构趋势分析"；❸单击"确定"按钮，如下图所示。

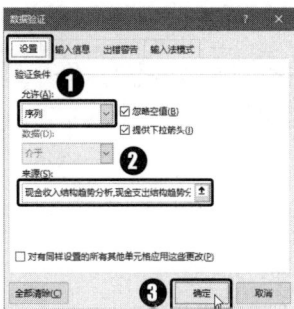

第 4 步：生成动态的现金项目名称

返回工作表，❶在 A13 单元格下拉列表中选择一个选项，如"现金收入结构趋势分析"；❷在 A15 单元格中设置公式"=OFFSET(IF (A13="现金收入结构趋势分析",A3,A9),,,3)"，运用 OFFSET 函数以 A3 或 A9 单元格起点，向下和向右偏移 0 行和 0 列，偏移高度为 3 行。其中，OFFSET 函数的第 1 个参数运用 IF 函数根据 A13 单元格中的文本返回 A3 或 A9 单元格。公式设置后，系统自动将其填充至 A16:A17 单元格区域中，如下图所示。

第 5 步：引用现金项目数据

❶在 B15 单元格中设置公式"=VLOOKUP($A15, $A$1:$F$11,MATCH(B$14,$A$2:$F$2,0),0)"，运用 VLOOKUP 函数根据 A15 单元格中的项目名称，在 A1:F11 单元格区域中查找与之匹配的数据。其中，VLOOKUP 函数中的第 3 个参数运用 MATCH 函数自动定位 B14 单元格中 A2:F2 单元格区域中的列数。❷将 B15 单元格公式复制粘贴至 B15:F17

第 6 步：插入带数据标记的折线图

❶选中 A14:F17 单元格区域，单击"插入"选项卡；❷在"图表"组中单击"插入折线图或面积图"下拉按钮；❸在弹出的下拉列表中选择"带数据标记的折线图"选项，如下图所示。

单元格区域中，如下图所示。

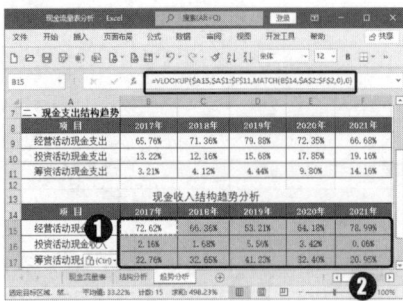

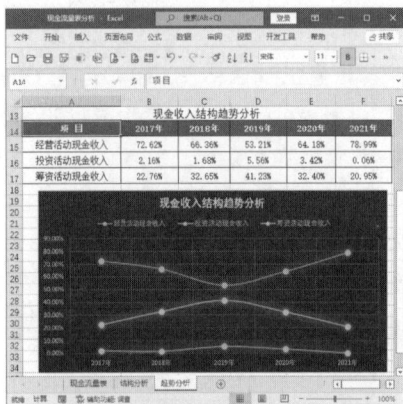

第 7 步：调整图表布局

插入图表后，可对其布局进行一系列调整。包括将图表标题链接至 A13 单元格，生成动态标题；一键套用内置图表样式；设置图表区域的填充色；设置数据系列的线条及标记样式，等等。调整完成后，效果如下图所示。

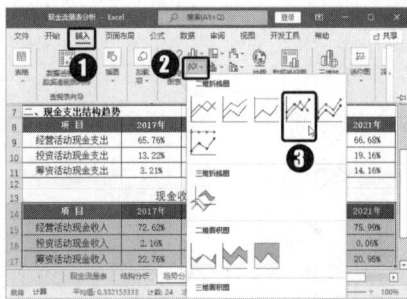

第 8 步：测试动态效果

在 A13 单元格下拉列表中选择"现金支出结构趋势分析"选项，即可看到图表的动态变化效果，如下图所示。

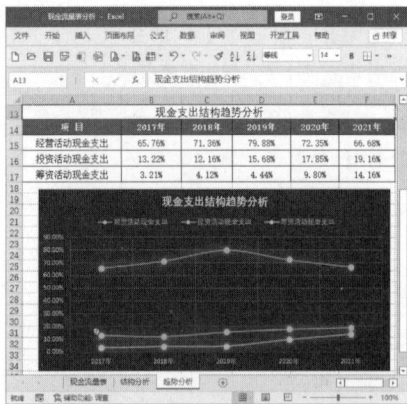

温馨小提示

从"现金收入结构趋势分析"图中可以看出，2017—2021 年中，企业的经营活动现金流入量虽然在 2017、2018 和 2019 年三年中有所下降，但从 2020 年开始，到 2021 年在持续增加。其中，经营活动现金流入量逐年增加，显示了企业状况好转；投资活动和筹资活动的现金流入量都有所减少，尤其是投资活动的现金流入量明显减少，说明企业为保持自身稳定，缩小了投资力度。

从"现金支出结构趋势分析"图中可以看出，2017—2021 年以来，企业的经营活动现金流出量虽然在 2017、2018 和 2019 年 3 年之中有所增加，但从 2020—2021 年，经营活动现金流出呈下降趋势，但所占比重依然最大，说明企业采购业务中现金支付比例下降，或是销售货款回收现金比例下降。投资活动和筹资活动现金流出呈上升趋势，说明企业投资活动中投资支付的现金比重不断增大，而筹资活动中的现金流出主要用于偿还债务，从而导致公司现金流出增加。

12.2　财务指标分析

案例概述

　　财务指标是企业对财务状况和经营成果进行总结和评价的相对指标。财务指标主要包括偿债能力指标、营运能力指标、盈利能力指标和发展能力指标四种。每一种指标发挥不同的评价作用。学习财务指标分析的重点是掌握指标本身的基本概念、评价作用，并熟练掌握计算指标的会计公式。那么，在 Excel 中计算财务指标时，只需根据各项指标的不同会计公式设置函数公式即可。

案例效果

　　下图所示为部分财务指标分析结果。

同步学习文件

　　原始文件：素材文件\第 12 章\偿债能力分析.xlsx、营运能力分析.xlsx、盈利能力分析.xlsx、发展能力分析.xlsx

　　结果文件：结果文件\第 12 章\偿债能力分析.xlsx、营运能力分析.xlsx、盈利能力分析.xlsx、发展能力分析.xlsx

　　同步视频文件：视频文件\第 12 章\12-2.mp4

制作思路

　　财务指标分析思路如下。

偿债能力指标分析 ➡ 营运能力指标分析 ➡ 盈利能力指标分析 ➡ 发展能力指标分析

12.2.1 偿债能力指标分析

偿债能力是指企业用其资产偿还到期债务的能力，包括短期偿债能力和长期偿债能力。

（1）短期偿债能力：企业流动资产对流动负债及时足额偿还的保证程度，是衡量企业当期财务能力，特别是流动资产变现能力的重要标志。主要衡量指标包括营运资本、流动比率、速动比率和现金比率。计算公式如下：

①营运资本=流动资产 − 流动负债

②流动比率 = $\dfrac{\text{流动资产}}{\text{流动负债}} \times 100\%$

③速动比率 = $\dfrac{\text{速动资产}}{\text{流动负债}} \times 100\%$

速动资产=货币资金+交易性金融资产+应收账款+应收票据

=流动资产 − 存货 − 预付账款 − 一年内到期的非流动资产 − 其他流动资产

④现金比率 = $\dfrac{（\text{货币资金+交易性金融资产}）}{\text{流动负债}} \times 100\%$

（2）长期偿债能力：企业偿还长期负债的能力。主要衡量指标也有四项：资产负债率、股权比率、产权比率与权益乘数。计算公式如下：

①资产负债率 = $\dfrac{\text{负债总额}}{\text{资产总额}} \times 100\%$

②股权比率 = $\dfrac{\text{所有者权益总额}}{\text{资产总额}}$

③产权比率 = $\dfrac{\text{负债总额}}{\text{所有者权益总额}}$

④权益乘数 = $\dfrac{\text{资产总额}}{\text{所有者权益总额}}$

=权益乘数 $\dfrac{1}{\text{股权比率}}$

下面根据 2021 年 12 月资产负债表数据，计算企业的偿债能力指标。具体操作步骤如下。

第 1 步：查看资产负债表数据	第 2 步：绘制偿债能力表格框架
打开"素材文件\第 12 章\偿债能力分析.xlsx"文件，其中包含两张工作表。切换至"资产负债表"工作表，2021 年 12 月的资产负债表数据如下图所示。	切换至"偿债能力分析"工作表，绘制两个表格，分别用于引用资产负债表数据和计算偿债能力指标，设置好字段名称和基本格式，填入项目名称、指标名称及计算公式，如下图所示。

第3步：引用资产数据

❶在 B3 单元格中设置公式 "=IFERROR(VLOOKUP("*"&A3&"*",资产负债表!A:D,4,0),0)"，运用 VLOOKUP 函数根据 A3 单元格内容与通配符 "*" 的组合后的内容在 "资产负债表" 工作表中的 A:D 区域中查找与之匹配的数据（如返回错误值，运用 IFERROR 将其屏蔽为 "0"）；❷将 B3 单元格公式复制粘贴至 B4:B9 单元格区域中，如下图所示。

第4步：引用负债数据

❶将 B3 单元格复制粘贴至 D3 单元格中，将 D3 单元格中的 VLOOKUP 函数公式中第 3 个参数（查找区域）修改为 "资产负债表!E:H"，即可引用 "资产负债表" 中与 C3 单元格中项目名称匹配的负债数据；❷将 D3 单元格公式复制粘贴至 D4:D9 单元格区域中，如下图所示。

第5步：计算短期偿债能力指标值

❶在 H4 单元格中设置公式 "=ROUND(B7-D6,2)"，用 B7 单元格中的流动资产减去 D6 单元格中的流动负债，即可计算得到 "营运资本" 指标值；❷在 H5 单元格中设置公式 "=ROUND(B7/D6,2)"，计算 "流动比率" 指标值；❸在 H6

第6步：计算长期偿债能力指标值

❶在 H10 单元格中设置公式 "=ROUND(SUM(D6:D7)/B9,4)"，计算 "资产负债率" 指标值（其中，SUM 函数用于对 D6:D7 单元格中的 "流动负债" 与 "非流动负债" 进行求和）；❷在 H11 单元格中设置公式 "=ROUND(D8/B9,2)"，计算 "股权

单元格中设置公式 "=ROUND(SUM(B3:B5)/D6,2)"，计算 "速动比率"指标值（其中，SUM 函数用于对 B3:B5 单元格区域中的速动资产求和）❹在 H7 单元格中设置公式 "=ROUND (B3/D6,2)"，计算 "现金比率"指标值，如下图所示。

比率"指标值；❸在 H12 单元格中设置公式 "=ROUND (SUM(D6:D7)/D8,2)"，计算 "产权比率"指标值；❹在 H13 单元格中设置公式 "=ROUND(1/H10,2)"，计算 "权益乘数"指标值。

专家会诊台

问：资产负债率的数值是多少合适？

答：资产负债率考核的是企业资金偿还能力。具体的资产负债率要根据行业水平确定，一般在 45%以下，特殊行业，例如房地产行业可能要超出这个水平。一般小企业的资产负债率在 30% 左右，是比较合适的。

12.2.2　营运能力指标分析

营运能力是指企业基于外部市场环境的约束，通过内部人力资源和生产资料的优化配置组合而对财务目标所产生作用的大小。其可分为基本评价指标和具体评价指标，主要是应收账款、存货、流动资产、固定资产和总资产周转指标。

资产运营能力的强弱取决于资产的周转速度、资产运行状况、资产管理水平等多种因素。比如说资产的周转速度，一般说来，周转速度越快，资产的使用效率越高，资产运营能力也越强；反之，运营能力就越差。

资产周转速度通常用周转率和周转期来表示。计算公式如下：

$$周转率（周转次数）=\frac{周转率}{资产平均余额}$$

$$周转期（周转天数）=\frac{计算期天数}{周转次数}$$

$$=\frac{资产平均余额×计算期天数}{周转额}$$

（1）流动资产。流动资产是指可在一年内或者超过一年的一个营业周期内变现或者运用的资产，包括货币资金、存货、应收款项、预付款项、短期投资等。流动资产最显著的特点是周转速度快、变现能力强，企业可以通过对流动资产周转情况的分析来了解管理层对流动资金的利用效率及运用流动资金的能力。具体指标包括应收账款周转率和周转天数、存货周转率和周转天数、营业周期、现金周期、营运资本周转率、流动资产周转率。计算公式如下：

① 应收账款周转率 = $\dfrac{赊销收入净额}{应收账款平均余额}$

② 存货周转率数 = $\dfrac{主营业务成本}{存货平均余额}$

③ 营业周期 = 存货周转天数 + 应收账款周转天数

④ 现金周期 = 营业周期 − 应付账款周转天数

应付账款周转率 = $\dfrac{赊购净额}{应付账款平均余额}$

赊购净额 = 销货成本 + 期末存货 − 期初存货

⑤ 营运资本周转率 = $\dfrac{销售净额}{流动资产平均余额}$

⑥ 流动资产周转率 = $\dfrac{主营业务收入}{固定资产平均余额}$

（2）固定资产。固定资产是指企业为生产产品、提供劳务、出租或者经营管理而持有的、使用时间超过 12 个月的，价值达到一定标准的非货币性资产，是在企业总资产中占有较大比重的一类重要资产，也是企业赖以生产经营的主要资产。分析固定资产的营运能力对企业的生产经营及发展至关重要。固定资产营运能力指标的计算公式如下：

$$固定资产周转率 = \dfrac{主营业务收入}{固定资产平均余额}$$

（3）总资产营运能力。总资产即企业拥有或控制的、能够带来经济利益的全部资产。总资产营运能力指标的计算公式如下：

$$总资产周转率 = \dfrac{主营业务收入}{平均资产总额}$$

下面在 Excel 中计算营运能力指标值，具体操作步骤如下：

第 1 步：查看计算营运能力指标的项目数据

打开"素材文件\第 12 章\营运能力分析.xlsx"文件，其中"营运能力分析"工作表中列示了计算营运能力指标值所需项目及数据，如下图所示。

第 2 步：查看营运能力指标计算表框架

营运能力指标计算表中已预先填入指标及计算公式，如下图所示。

第 3 步：计算流动资产营运能力指标值

❶分别在 J4 和 J5 单元格中设置公式"=ROUND (F5/D3,2)"与"=ROUND(360/J4,2)"，计算"应收账款周转率"与"应收账款周转天数"指标值；❷分别在 J6 和 J7 单元格中设置公式"=ROUND (F4/D4,2)"与"=ROUND(360/J6,2)"，计算"存货周转率"与"存货周转天数"指标值；❸在 J8 单元格中设置公式"=ROUND(J5+J7,2)"，计算"营业周期"指标值；❹在 J9 单元格中设置公式"=ROUND(J8-F6/D8,2)"，计算"现金周期"指标值；❺在 J10 单元格中设置公式"=ROUND (F5/D10,2)"，计算"营运资本周转率"指标值；❻在 J11 单元格中设置公式"=ROUND(F3/D6,2)"，计算"流动资产周转率"指标值。结果如下图所示。

第 4 步：计算固定资产和总资产营运能力指标值

❶在 J14 单元格中设置公式"=ROUND (F3/D5,2)"，计算"固定资产周转率"指标值；❷在 J15 单元格中设置公式"=ROUND (360/J14,2)"，计算"固定资产周转天数"指标值；❸在 J18 单元格中设置公式"=ROUND(F3/D7,2)"，计算"总资产周转率"指标值；❹在 J19 单元格中设置公式"=ROUND(360/J18,2)"，计算"总资产周转天数"指标值。计算结果如下图所示。

> **温馨小提示**
>
> 　　结合流动资产周转情况、固定资产周转情况分析以及总资产周转情况来看，企业的营业周期、现金周期较长，但应收账款、存货的周转率较高。综合来看，该企业的营运能力较强。

12.2.3　盈利能力指标分析

　　盈利能力也称为"企业资产（或资本）增值能力"，是指企业获取利润的能力。主要指标包括总资产收益率、净资产收益率、流动资产收益率、固定资产收益率。

　　（1）总资产收益率：企业的净利润与总资产平均余额的比率。它反映了企业全部资产的收益率。计算公式如下：

$$总资产收益率 = \frac{净利润}{总资产平均余额} \times 100\%$$

　　（2）净资产收益率：

　　企业净利润与平均净资产的比率。它反映股东投入的资产所获得的收益率。计算公式如下：

$$净资产收益率 = \frac{净利润}{平均净资产} \times 100\%$$

$$平均净资产 = 所有者权益平均余额$$
$$= 资产总额平均余额 - 负债总额平均余额$$

　　（3）流动资产收益率：企业净利润与流动资产平均余额的比率。它反映企业在生产经营过程中，利用流动资产实现的利润率。计算公式如下：

$$流动资产收益率 = \frac{净利润}{流动资产平均余额} \times 100\%$$

　　（4）固定资产收益率：

　　企业净利润与固定资产平均净值的比率。它反映固定资产的实际价值及其获取的利润。计算公式如下：

$$固定资产收益率 = \frac{净利润}{固定资产平均余额} \times 100\%$$

　　下面在 Excel 中计算盈利能力指标值，具体操作步骤如下：

第 1 步：查看计算盈利能力指标的项目数据	**第 2 步：查看盈利能力指标计算表框架**
打开"素材文件\第 12 章\盈利能力分析.xlsx"文件，其中"盈利能力分析"工作表中列示了计算盈利能力指标值所需项目及数据，如下图所示。	盈利能力指标计算表中已预先填入指标及计算公式，如下图所示。

第3步：计算盈利能力指标值

❶在 J3 单元格中设置公式 "=ROUND($F$5/D5,4)"，计算 "总资产收益率" 指标值；❷在 J4 单元格中设置公式 "=ROUND($F$5/(C5-C6),4)"，计算 "净资产收益率" 指标值；❸在 J5 单元格中设置公式 "=ROUND($F$5/D4,4)"，计算 "流动资产收益率" 指标值；❹在 J6 单元格中设置公式 "=ROUND($F$5/D3,4)"，计算 "固定资产收益率" 指标值。结果如右图所示。

> 💡 温馨小提示
>
> 从盈利能力指标值来看，企业总体盈利能力较强。其中，固定资产收益率达到 88.83%，表明企业充分利用了固定资产来获取利润。

12.2.4 发展能力指标分析

企业的发展能力，是指企业通过自身的生产经营活动，不断成长、扩大积累而形成的发展潜能。企业的发展能力是直接影响企业财务管理目标实现的一个重要因素，其衡量的核心是企业价值的增长率。影响企业发展能力主要考查以下四项指标：销售（营业）收入增长率、资本保值增值率、总资产长率和销售（营业）利润增长率。

（1）销售（营业）收入增长率：企业本年销售（营业）收入增长额与上年销售（营业）收入总额的比率。它反映了企业 销售（营业）收入的增减变情况。计算公式如下：

$$销售（营业）收入增长率 = \frac{本年销售（营业）收入增长额}{上年销售（营业）收入} \times 100\%$$

（2）资本保值增值率：排除客观因素后的本年年末所有者权益总额与年初所有者权益总额的比率。它反映了企业资本的运营效益与安全状况。计算公式如下：

$$资本保值增值率 = \frac{年末所有者权益总额}{年初所有者权益总额} \times 100\%$$

（3）总资产增长率：本年总资产增长额与年初资产总额的比率。它反映了企业本期资产规模的增长情况，以及对企业发展的影响。计算公式如下：

$$总资产增长率=\frac{本年总资产增长额}{年初资产总额}\times100\%$$

（4）销售（营业）利润增长率：企业本年销售（营业）利润增长额与上年销售（营业）利润的比率。它反映企业经营活动盈利水平的增长速度。计算公式如下：

$$销售（营业）利润增长率=\frac{本年销售（营业）利润增长额}{上年销售（营业）利润}\times100\%$$

下面在 Excel 中计算发展能力指标值，具体操作步骤如下：

第 1 步：查看计算发展能力指标的项目数据

打开"素材文件\第 12 章\发展能力分析.xlsx"文件，发展能力指标项目数据及发展能力指标分析计算表如下图所示。

（温馨小提示）

综合营业收入增长率、资本保值增值率、资本保值增值率和营业利润增长率来看，该企业的发展能力相对较强。尤其是总资产增长率较高，表明企业的成长状态良好。

第 2 步：计算发展能力指标值

❶在 F7 单元格中设置公式 "=ROUND((F3-E3)/E3,4)"，计算"销售（营业）收入增长率"指标值；❷在 F8 单元格中设置公式 "=ROUND(C4/B4,4)"，计算"资本保值增值率"指标值；❸在 F9 单元格中设置公式 "=ROUND((C3-B3)/ B3,4)"，计算"总资产增长率"指标值；❹在 F10 单元格中设置公式 "=ROUND((F4-E4)/E4,4)"，计算"销售（营业）利润增长率"指标值。结果如下图所示。

12.3　提升效率——实用操作技巧

通过前面知识的学习，相信大家已经掌握了财务报表管理和分析的相关知识。下面结合本章内容介绍一些实用技巧。

1. 快速分离饼图中的扇区

在使用饼图呈现数据时，可以通过设置"饼图分离程度"将饼图的全部扇区进行分离。如果要快速分离饼图中的某一扇区，也可以使用手动拖动的方法来实现，具体操作方法如下：

第1步：选中单独的扇区

打开"素材文件\第12章\提升效率\快速分离饼图中的扇区.xlsx"文件，单击图表中的任意一个数据系列，即可选中所有数据系列，再次单击要分离的某一扇区，即可选中该扇区，如下图所示。

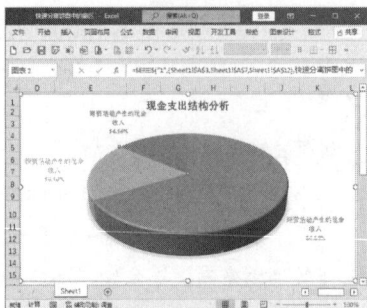

第2步：拖动鼠标

按住鼠标左键不放，向外拖动鼠标，出现扇形虚线，如下图所示。

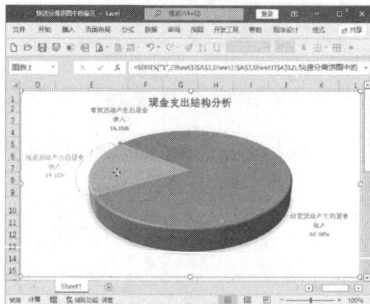

第3步：查看设置效果

释放鼠标，即可单独分离选中的扇区，如右图所示。

温馨小提示

将饼图中的某一扇区单独分离出来，可以突出分离部分，强调重点反映的图表内容，突出想要表达的观点。

2. 设置折线图线条为平滑曲线

在 Excel 中插入的折线图后，可以使用"平滑线"功能将折线设置为平滑曲线，以增加图表的美感。具体操作方法如下：

第1步：打开素材文件

打开"素材文件\第12章\提升效率\设置平滑曲线.xlsx"文件，资产变化分析图中的折线如下图所示。

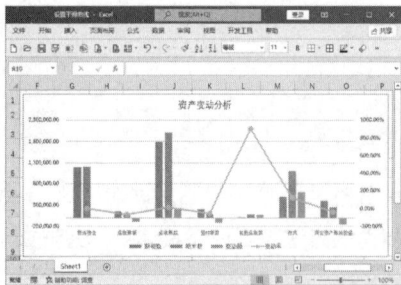

第2步：执行"设置数据系列格式"命令

右击折线，在弹出的快捷的列表中执行"设置数据系列格式"命令，如下图所示。

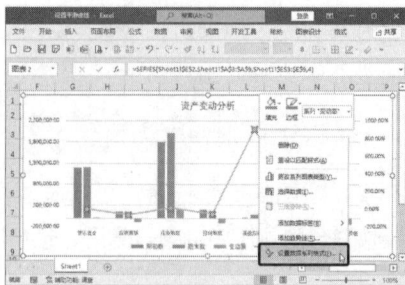

第 3 步：选择"平滑线"复选框

弹出"设置数据系列格式"任务窗格，在"填充与线条"选项卡"线条"选项组中选择"平滑线"复选框，如下图所示。

第 4 步：查看设置效果

此时即可看到图表中的折线就变成了平滑曲线，效果如下图所示。

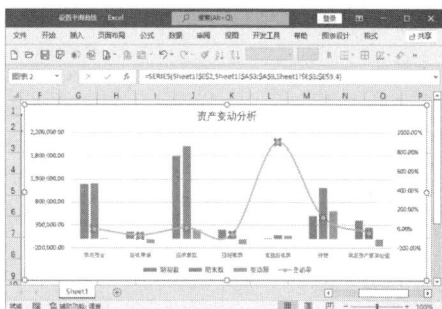

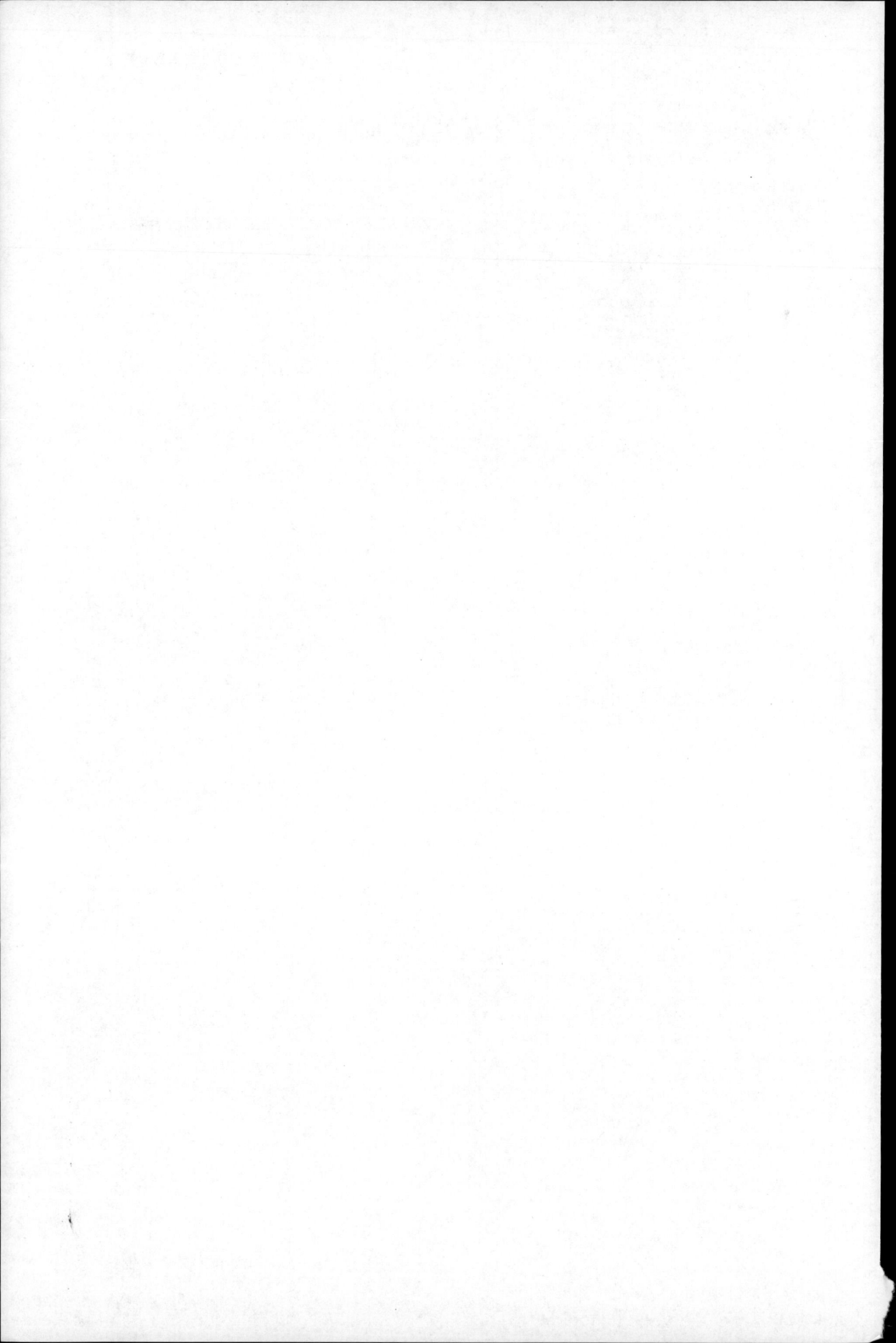